我国运动员保险保障机制研究

李冬梅　著

大连理工大学出版社

图书在版编目(CIP)数据

我国运动员保险保障机制研究 / 李冬梅著. -- 大连：
大连理工大学出版社，2025.1

ISBN 978-7-5685-2741-5

Ⅰ．①我… Ⅱ．①李… Ⅲ．①运动员－保险－研究－
中国　Ⅳ．①F842.62

中国版本图书馆 CIP 数据核字(2020)第 214050 号

大连理工大学出版社出版

地址：大连市软件园路 80 号　　邮政编码：116023
营销中心：0411-84707410　84708842　　邮购及零售：0411-84706041
E-mail：dutp@dutp.cn　　　　URL：https://www.dutp.cn
大连图腾彩色印刷有限公司印刷　　　大连理工大学出版社发行

幅面尺寸：163mm×230mm　　印张：19　　　字数：286 千字
2025 年 1 月第 1 版　　　　　2025 年 1 月第 1 次印刷

责任编辑：邵　婉　张　娜　　　　　责任校对：朱诗宇
封面设计：奇景创意

ISBN 978-7-5685-2741-5　　　　　定　价：99.00 元

本书如有印装质量问题,请与我社营销中心联系更换。

前　言

>>>

　　我国竞技体育在取得巨大成就的同时,运动员保险保障问题又不可回避。如果缺乏完善的保险保障,一旦出现伤残或退役失业,对运动员所在单位和家庭来说,是沉重的负担;对运动员个人来说,生活保障难以维持,更谈不上职业发展问题。

　　近些年来,尽管有关部门不断完善运动员退役后的社会保障制度,并起到了一定作用,但是随着时间的推移,现行保障制度显现一些不适应,包括伤残影响的长期性与一次性保险救助额度之间的不适应、运动员伤残的普遍性和受保对象的规定性之间的不适应等。化解运动员职业风险,不仅事关竞技体育发展,也是对运动员追求美好生活,所想、所盼、所急的积极回应。

　　为了减少或避免体育纠纷,杜绝体坛负面事件发生,维护运动员切身利益,营造良好的竞技体育环境,展现体育强国风范,实现体育大国向体育强国迈进,必须建立与我国体育发展规模相匹配的运动员保险保障机制,它必将有利于体育事业的稳定发展,有利于体育体制改革和机制的转换,有利于充分调动体育工作者的积极性,有利于增加体育资本积累,为经济建设和社会和谐服务。

　　基于这样的思考,我们选择了"我国运动员保险保障机制研究"作为研究课题,以完善我国运动员保险保障为逻辑起点,通过对我国运动员保险保障现状进行分析,深层次梳理我国运动员保险保障存在的问题及其原因,挖掘影响运动员保险保障公平性的体制机制因素,构建适合我国竞技体育发展的保险保障机制。

2011 年,"我国运动员保险保障机制研究"被批准为国家社会科学基金项目(项目编号 11BTY009),课题组陈志凌博士、全海英教授、王月华教授、李杰副教授为本研究的顺利进行倾注了很多心血。同时也引用和参考了很多专家、学者的研究成果,再此一并表示衷心感谢。

由于水平有限,研究成果中一定会有缺点与不足之处,恳请读者批评指正。

著　者

2020 年 10 月

目　录

1　绪　论 …………………………………………………… 1

1.1　选题依据 ……………………………………………… 1

1.2　研究目的及意义 ……………………………………… 2

2　国内外研究综述 ………………………………………… 5

2.1　国外相关文献 ………………………………………… 5

2.2　国内相关文献 ………………………………………… 9

3　概念界定及理论基础 …………………………………… 17

3.1　概念界定 ……………………………………………… 17

3.2　理论基础 ……………………………………………… 22

4　研究对象、研究方法与研究思路 ……………………… 42

4.1　研究对象 ……………………………………………… 42

4.2　研究方法 ……………………………………………… 42

4.3　研究思路 ……………………………………………… 44

5　社会保险保障背景下我国运动员保险保障的现状 …… 46

5.1　我国社会保险保障的内涵分析 ……………………… 46

5.2　我国社会保险保障的功能及主要任务 ……………… 50

5.3　我国社会保险保障制度的历史回顾 ………………… 55

5.4　我国社会保险保障制度的分析——公平性视角 …… 59

5.5　我国运动员社会保险保障的现状 …………………… 67

6 发达国家运动员保险保障机制的借鉴 ·········· 144

6.1 科学的运动员培养规划体系 ·········· 144

6.2 成熟的社会保险保障治理模式作为基础 ·········· 152

6.3 完备的运动员保险保障法律体系作为条件 ·········· 161

6.4 健全的运动员保险保障种类作为保障 ·········· 162

6.5 科学的保险保障机构、共赢式的营销体系作为平台 ·········· 164

7 我国运动员保险保障机制的构建 ·········· 166

7.1 深化结构调整,完善运动员保险保障内容体系 ·········· 166

7.2 完善运动员的综合素质,构建运动员终身教育体系 ·········· 183

7.3 加强规范管理,构建运动员保险保障的法律法规体系 ·········· 215

8 研究结论与展望 ·········· 236

8.1 研究结论 ·········· 236

8.2 研究展望 ·········· 239

参考文献 ·········· 241

附件1 运动员保险保障相关政策 ·········· 248

关于进一步加强运动员文化教育和运动员保障工作的指导意见 ·········· 248

运动员聘用暂行办法 ·········· 254

优秀运动员伤残互助保险办法(试行) ·········· 260

运动伤残等级标准 ·········· 265

运动员保障专项资金实施细则 ·········· 274

体育总局关于进一步做好退役运动员就业安置工作有关问题的通知 ·········· 283

国家体育总局关于进一步加强运动员职业辅导工作的意见 ·········· 287

自主择业退役运动员经济补偿办法 ·········· 290

关于做好运动员职业转换过渡期工作的意见 ·········· 293

附件2 国家队基础教育阶段网络教学工作方案 ·········· 296

1 绪 论

>>>

1.1 选题依据

从 20 世纪 80 年代开始,中国开始以跑步的速度与世界融合,一方面向世界展示新兴大国的风范,另一方面也需要吸收世界各国先进的文化,吐故纳新。奥运会作为最大型的世界性活动,是中国与世界融合的最好平台。1984 年,中国奥运代表团整装待发,向世人宣告了中华人民共和国朝气蓬勃的面貌。

中国政府为了备战 1984 年的奥运会,取得骄人战绩,为国争光,在"举国体制"的发展战略下集中资源配置,发挥了巨大优势,成效非常显著。

从 1984 年中国率队参加的第一届奥运会开始,直到 2016 年里约奥运会,8 个奥运周期,从许海峰奥运第一枪实现金牌"零"的突破,到金牌榜稳居世界前列,在此期间,中国又成功举办了 2008 年北京奥运会,充分完成了我国成为体育大国的历史使命。在国际竞技舞台上,中国运动健儿所表现出来的拼搏精神、精湛技艺和道德风尚,是中华民族精神风貌的集中展现,为促进与世界各国相互沟通、相互认同做出了贡献,对国家经济社会发展进步发挥了积极作用。

运动健儿用汗水和泪水赢得荣誉的同时,有的却以牺牲身体健康甚至生命为代价。做好运动员的保险保障工作不容回避,具体表现为两个方面:伤病后的保障和职业生涯退役后的生存与发展保障。这里既有保险保障中的"兜底"工程,也有面对运动员多元化需求的"提升"工程。研究运动员保险保障现状及存在的困境,寻找突破口意义重大。

21世纪00年代的数据显示,我国金字塔式的"三级训练网"下,塔尖运动员2万余人,塔基运动员多于10万人。80%的运动员都有不同程度的伤病,40%的运动员在退役后无法被安置就业。这些问题给运动员及其家庭带来了沉重的负担。这么庞大的运动员群体的问题在一定程度上对社会的安定和谐势必会产生不利影响,如何有效解决这些问题迫在眉睫。

近年来,国家逐渐重视运动员的社会保险保障问题,从法治层面、规章制度层面、物质层面和情感层面均予以支持,对于保护运动员合法权益,呵护运动员情感起到了一定作用。但是,推行运动员保障工作却也面临一些问题,运动员伤残保障、文化教育、退役安置、保险深度等指标需要进一步完善和不断改进,建立一套完整的与体育强国相匹配的运动员保险保障机制,对于我国体育事业全面可持续发展具有重要的意义。

1.2 研究目的及意义

国外围绕运动员保险保障的相关研究是从20世纪50年代开始的。运动员的文化教育、培养体制、保险理赔、产品研发、营销、市场监督与调控等方面都形成一套完整的、科学的体系。

以美国的《社会保障法》为标志,社会保障制度诞生。作为最早开始实施社会保障制度的国家,美国在20世纪50年代就有了体育保险公司;邻国日本,在举办东京奥运会的同时,使得其运动员保险业迅速发展,并且在20世纪70年代成立了专门针对运动员的社会保障机构,并将其下设在某个部门进行统一管理,整体发生了质的飞跃;韩国通过国家制定宏观政策进行方向性的引导和政策扶持了运动员保障工作,由政府和社会携手共同做好运动员的社会保障工作。它们有一个共同的特征,就是法律法规机制健全而且完备,运动员的合法权益也因此得到充分保护,体育事业更好、更快、更健康地发展。

运动员承担着传扬体育精神的历史使命,解决好运动员社会保障问题,可以解除他们的后顾之忧,更好地发挥他们的运动潜力,创造出优异的运动成绩,关系到运动队的稳定、训练的顺利开展以及整体竞技运动水平的提高,对于我国奥运战略的实现和体育强国战略的有效推进具有重要意义。为运动员建立多层次的社会保障,进行体系革新与机制完善,是现实所需,也是我国体育事业健康、持续发展的必然要求。因此,对这一领域的研究具有重要的理论价值和现实针对性。

1998年"桑兰摔伤致残事件"发生后,运动员的保险保障引起了广泛关注和重视。政府开始关注这一领域并着手治理。学者也开始了这一领域的研究。通过对文献的搜集和整理发现,相关研究主要集中在:①保险保障法律法规研究;②运动员文化教育;③运动员就业安置;④体教结合;⑤运动员商业保险;⑥发达国家运动员保险借鉴。

经过归纳分析发现,研究整体偏向于现状与对策的"就事论事",而缺少在某一理论指导下的深层次研究;从研究方法看,多集中在静态研究,缺少从发展的视角进行动态的研究;研究整体较为零散,没有形成体系。

因此,本课题在社会保障理论、保险理论、人力资本理论、机制理论的指导下,以完善我国运动员保险保障为逻辑起点,深层次梳理我国运动员保险保障存在的问题及其产生的原因,挖掘影响运动员保险保障公平性的体制机制因素,构建出适合我国竞技体育发展的保险保障机制,并在此基础上提出优化路径。

2 国内外研究综述

>>>

2.1 国外相关文献

2.1.1 关于运动伤残保险的研究

国外聚焦于运动员伤残方面的研究认为,运动员致残主要来自物理损伤,降低运动员伤残风险的主要手段包括两个方面:其一,规范运动员训练比赛程序;其二,提高运动器材的维护频率[1]。

有研究认为,运动员的身体健康至关重要,应充分利用传感器监测运动员的身体状况,并将相应的时间序列数据存储在远程数据库(互联网)中。

运动员身体状况的相关数据可由任何专业医生在全球任何地方进行监测并分析特定运动员的身体状况,调整适合运动员身体状况的练习条件[2]。

国外学者对运动员伤残进行了大量研究,发现运动员运动中的不确定因素所导致的伤残是客观存在,无法回避的。为了减小运动员的经济收入水平受到伤残的直接影响,购买医疗保险是十分必要的[3],应制定运动医疗事故标准,为运动员提供治疗方案,有助于医疗工作者准确判断运动员伤病,并提出确切的治疗对策[4]。

针对商业保险进行研究的学者认为,商业保险在运动员保障中具有基础性地位,有效解决运动员伤残事故,仅仅依赖政府提供的赔偿金是远远不够的,商业保险才能从根本上解决运动员损伤带来的终身影响[5]。

2.1.2 关于体育保险制度的相关研究

1. 运动项目风险管理制度的研究

国外学者对在运动风险管理中运动员、教练员和运动医学团队分别应该承担的职责进行了界定。其中,法律责任应由体育卫生保健管理组织承担。强调通过科学、合理地进行体能训练、选择和使用运动营养补充剂,包括保护运动器材的使用等手段对潜在风险进行有效防范和处理;利用通常的医疗条件和额外的健康处方进行运动损伤的预防;运用保险对运动伤害进行管理[6]。

凯瑟琳·M.诺尔(2009)提出了在运动过程中用保险的方式来保障体育主管、教练员、运动员、风险经理、理赔人员、律师和其他人在体育和娱乐活动方面的安全。关于风险管理的全面信息,介绍了如何识别潜在的损失风险,梳理了有关保险索赔和诉讼的过程,最后阐述了风险管理的步骤:风险评估、风险管理、风险控制和风险融资[7]。

当运动员发生伤残事故导致其职业生涯终止时,运动员将面临收入损失的风险。当运动员与运动队签订的合约即将到期,将要获得自由时,运动员还面临着以后的合同报价较低的风险。运动队也面临着运动员受伤不能参加比赛时,运动队仍然要支付运动员工资的风险,以及当球队中的明星球员或者"关键人"受伤不能参加比赛,导致运动队表现不佳从而可能遭受收入损失的风险[8]。

2. 关于运动员保险制度的现状研究

20世纪90年代,威尔士体育俱乐部的39个管理机构(协会)通过了一项个人体育保险方面邮件调查。研究表明：实施全国范围保险的机构（协会）占比 61%；俱乐部层面的保险的机构（协会）占比 3%；剩余 36% 的机构（协会）没有保险方面的要求。另外，33% 的机构（协会）要求所管理的体育俱乐部提供强制体育保险，而相对而言，大多数体育俱乐部会员自主购买保险或根本不进行保险，保险的覆盖面有限[9]。

关于运动员保险费率的相关问题研究认为，运动员保险费的厘定较为困难。其原因在于运动员伤害的相关数据缺乏，保留相关的运动员伤害数据，建立数据资料库非常重要[10]。

关于运动员保险产品的保障范围：作为隶属于英格兰、苏格兰、威尔士、北爱尔兰的运动员享受保险保障。保险产品的责任范围限制在参与体育活动过程中，具体包括公众责任保险和旅行保险。其阐述了公众责任保险的保障范围、区域限制、责任限额、除外责任、注意事项、索赔途径等以及运动员旅行保险的被保险人、在保障期间、受益人、除外责任、索赔渠道等事项。

3. 关于运动员伤病保险制度的研究

英国运动员的伤病保险制度经历了从无到有的发展历程。从 1880 年《雇主责任法案》，到 1897 年《工人补偿法案》（1906 年再一次修订），运动员既没有在法案的保护范围之内，也不享受各项补偿措施。直到 1907 年，英国足球联盟建立了足球共同保险联合会，运动员保险才开始并得到发展。1932 年，各体育联盟开始重视运动员保险并采取强制。

克里斯等人（2007）、克里斯·蒂伯和维雷德·亚科夫伊（2008）对运动伤残保险进行了相关研究。研究内容主要包括：保障范围、保险金额的确定、保险费率的厘定、等待期、保险条款等。研究并结合实例阐述了运动员伤残保险的原理及作用方式。

有学者对美国职业体育联盟中的体育伤病保险进行了研究，提出：随着美国体育竞赛表演市场的快速发展，基于对运动员的保护，在运动员的劳动合同中，严格且全面的伤病保险成为基本条款。体育伤病保险条款分为三个组成部分：保险覆盖范围、保险条件和保费。伤病保险条款在签订前，首先需要对被保险运动员的伤病风险进行详细的统计分析。体育保险市场一经产生就得到了快速的发展，既满足了市场环境、运动员、俱乐部、联盟的需求，产生了巨大的经济效益，同时也保障了美国竞赛市场的健康、有序开展。丹麦法院审判体育保险诉讼的案例的研究中发现，丹麦体育保险条款中"伤病"的定义比较僵化。为了更好地满足体育保险对体育运动从事者的需求，保险条款中"伤病"的定义应体现动态性和个性化，以应对体育运动及其从事者不断变化的环境。

里斯托莱宁、海诺宁、图鲁嫩等（2010）对越野滑雪、游泳、长跑、足球4个体育运动项目的运动员进行了问卷调查，结果显示，不同项目运动员的受伤部位、伤残程度、伤残类别、受伤情境等都存在不同特征。而且负荷差异与劳损部位有密切联系，部分项目的多数急性损伤都发生在一般训练而非专项训练中。因此，健康保险不仅对人们在体育运动中的风险意识有所增强，并且对人们在体育运动中的风险规避行为也具有较大的影响。这种影响不仅仅局限于个人付费保险，也包括其他各种形式的保险。

美国学者大卫·施瓦茨（1999）对美国职业棒球运动员的养老金体系进行了研究，提出职业年金在运动员养老保险体系中发挥重要作用。有学者基于美国运动员养老保险体系的均衡问题，提出了运动员职业年金制度的发展趋势。还有学者在401(k)职业年金模式背景下，对美国五大职业联盟的部分运动员进行了个案分析，考察美国职业运动员退休后的养老金水平，阐述运动员职业年金制度的必要性。

2.2 国内相关文献

2.2.1 关于国外体育保险制度的研究

国内很多学者对西方发达国家的社会保障制度进行研究,研究的主要内容包括:国外体育保障制度的模式、体育保险立法层面和发展模式等方面。通过研究发现,国外的体育保险覆盖面比较广,不仅覆盖体育组织、运动员,还覆盖普通的体育健身者,对他们的利益给予有效的保护;发达国家的社会保障制度非常完善,这些国家通过不断地完善社会保障制度来提高体育组织的管理水平,从而促进他们国家体育产业的发展,等等。具有代表性的包括:

房斌从西方发达国家的体育保险的发展现状、模式及立法等方面进行研究,得出西方发达国家的体育保险非常成熟,是运动员社会保障制度的重要组成部分,值得我国借鉴[11]的结论。

周爱光等学者通过文献资料调研、网络信息检索、分析归纳等方法对美国体育保险的现状进行了探究,从社会保险和商业保险两个角度对美国体育保险进行了深度剖析,并分析了美国体育保险监管制度,梳理了美国体育保险的主要特征[12]。同时,该学者还对日本的体育保险进行了研究,主要是从竞技体育、群众体育和学校体育三大领域对日本的社会保险体系和商业保险体系进行全面考察,并归纳了日本体育保险的特征,从中得到很多有益的启示[13]。

我国运动员保险保障事业起步比较晚,通过对西方发达国家的体育保险制度和社会保障制度模式进行研究,我们可以了解和学习发达国家完善的社会保障制度和立法体系,再结合本国国情和竞技体育发展特点,来推进我国运动员社会保障立法工作,不断完善运动员的体育保险制度,使运动员的权益得到合法化。

2.2.2　关于发达国家运动员保险的经验借鉴研究

国内学者以美国、日本、澳大利亚三个发达国家的体育保险为例,主要从体育保险的法律及规定、保险对象、险种等方面进行国内外比较,得出中国与发达国家体育保险在发展阶段、法规的健全性、覆盖面、险种设计等方面都存在很大的差距,发达国家体育保险发展得非常成熟[14]。

毛伟民学者对国外体育保险制度模式进行了研究,归纳了五种模式:第一种是以加拿大、美国为代表的政府主导模式;第二种是以日本为代表的民间模式;第三种是以英国、德国等西欧发达国家为代表的商业型模式;第四种是以泰国、菲律宾、孟加拉国等亚洲发展中国家为代表的选择性扶持型模式;第五种是以苏联为代表的政府垄断经营型模式,但是该模式已经逐渐消失了[15]。

保险意识方面,通过对中外运动员保险的比较,发现国外运动员的保险意识强,并且国外拥有健全的保险法律法规和完善的社会保险制度以及多元化的商业保险产品,从而归纳出我国运动员保险存在的问题,主要包括:运动员保险意识不强、保险的法律不健全、缺乏保险监管力度、运动员的险种比较单一、缺乏针对性等。因此,我国可以借鉴国外运动员的保险成功经验,积极完善我国运动员的保险业的发展[16]。

保险体系方面,学者从美国、日本和韩国运动员的保障体系研究入手,主要从两方面阐述如何对运动员进行保障,一方面是拥有健全和完善体育保险的法律体系,另一方面是一体化与特殊化相结合,即社会保障体系社会化、规范化和一体化,同时兼顾个别的特殊化。我国应借鉴他们的成功做法,建立适合我国运动员的社会保障体系[17]。

2.2.3 关于运动员保险保障方面的研究

我国对运动员保险保障的研究起步较晚,1998 年"桑兰事件"发生后,才引起重视和关注。通过中国知网,截至 2017 年,以"运动员保险"为关键词检索到的相关文献 44 篇,"运动员保障"为检索词的相关文献 239 篇,"运动员文化教育"为检索词的相关文献 366 篇,"运动员职业发展"为检索词的相关文献 201 篇,"退役运动员"为关键词进行的相关研究 974 篇,说明对退役运动员的社会融入问题较为关注,而对在役运动员社会保险保障的关注相对较少。

1. 关于运动员保险的相关研究

主要围绕运动员保险的现状及对策、发达国家运动员保险的经验借鉴两方面进行研究。

通过对我国运动员保险发展进行研究,得出我国优秀运动员伤残互助保险基金来源不稳定,并且费用非常低;运动员只有在役期间享受社会保险,并没有实现社会化;运动员的商业保险市场尚未有效地开发,并且险种不够健全。针对我国运动员保险制度的实际情况,庞善东学者提出了建立运动员的专项社会保险立法机制,成立运动员专项社会保险基金,完善运动员的社会保险体系、互助保险以及立法体系,同时还要发展和优化体育保险中介等建议[18]。

我国优秀运动员伤残互助保险的标准,发现存在的主要问题有:我国运动员保险市场覆盖面小、运动员保险意识薄弱、保险基金严重不足、保险基金来源渠道单一、保险法治不健全、保险监管不力等,提出的建议有:积极开拓运动员保险市场、加大宣传力度、提高运动员的保险意识、拓宽资金来源渠道、加快运动员保险法规建设等[19]。

丁英俊等学者通过对我国体育保险的历史与现状进行研究,发现我国体育保险的特点是体育保险法规尚不健全、受保的对象涵盖面小、体育保险的险种单一、缺乏体育保险中介机构或者经纪人。指出持续发展我国体育保险业的思路:一是结合国情,逐渐建立、健全体育保险法规;二是体育保险涉及面宽,充分利用体育商业活动;三是体育保险要循序渐进,由点到面;四是开放体育保险市场,充分发挥体育经纪人或中介机构的优势,并做好宣传工作,从全方位来提高运动员的保险意识[20]。

总体而言,我国目前没有形成供需协调的保险市场。体育保险供给方面存在的问题:在社会保险体系中没有专门的体育保险,也没有专门的商业保险;在运动员保险需求方面,专业运动员伤残保险、场外人身意外伤残保险、就业保险以及非专业体育人口的体育保险,这些需求保险都是存在的,但是没有得到很好的开发。并且作者针对中国运动员保险进行了调查,发现运动员的保险需求比较大,期望值比较高,但是保险意识比较薄弱,不愿意自己承担保险费用等一系列问题[21]。

2. 关于运动员社会保障的相关研究

针对运动员社会保障的相关研究,学者主要从运动员社会保障体制现状和退役运动员安置问题进行研究。

(1)运动员社会保障的制度研究

国内学者对运动员社会保障制度的研究比较少,以"运动员社会保障"为关键词在中国知网中文核心期刊检索到的相关文献只有 38 篇,其中,只有 41% 的学者对此方面进行了研究。

王峰在《完善我国运动员社会保障制度的思考》中,分析了目前我国运动员社会保障制度的现状是虽然出台了一系列保障运动员的制度,但是有些政策没有落到实处,导致我国运动员的社会保障制度存在很大的局限性。比如,重视优秀运动员和现役运动员,轻视基层运动员和退役运动员,有关运动员的政策强制性不足,运动员社会保障的法律法规不健全,保险基金不足,尤其是优秀运动员伤残互助保险基金等问题。针对存在的问题,王峰学者提出了自己的设想,主要从法律、运动员待遇、商业保险、基金来源渠道、安置工作等方面进行完善。

邹德新、刘建、林勇虎在《运动员社会保障制度变迁研究》中,以新制度经济学理论为切入点,对我国运动员社会保障制度变迁进行了剖析,得出我国运动员社会保障制度经历了三个阶段的变迁:第一个阶段是1964年到1985年,这一阶段是"国家—单位"体制,是国家或单位的待遇;第二个阶段是1985年到2005年,为过渡阶段,主要是运动员安置工作;第三个阶段是从2006年至今,是"国家—社会体制",此阶段是运动员的社会保障工作和运动员的暂行聘用办法。

(2)关于退役运动员就业安置的研究

此研究不仅是体育研究者的热点问题,还是体育工作者的新课题。学者们主要是对退役运动员就业安置的现状进行研究,其代表性的研究有:

宸铮学者对我国退役运动员就业安置现状进行分析,发现我国退役运动员在就业安置上呈现就业层次低、就业率低和收入水平低("三低")、退役人数增多、滞留人数增多("二多")的特点,俗称"三低二多"。为了更好地解决退役运动员就业安置问题,就必须与退役运动员再教育相结合,这也是从根本上解决退役运动员就业安置问题的方法之一[22]。

李群、季浏、虞轶群在《转型与就业———对我国三省市退役运动员安置现状的研究》中,以上海、江苏、陕西为例,就退役运动员安置现状分析,发现:运动员退役最想从事的工作有教练员、公务员、事业单位工作人员;运动员对于安置工作的依赖性特别大,自主择业比例比较小;待业人员呈上升趋势,安置时间越来越长,安置工作难度越来越大;运动员的社会保险得不到落实;运动员升学的机会比较少。针对问题提出的建议有健全职业培训体系、多部门进行合作、鼓励退役运动员进行自主择业等[23]。

(3)对优秀运动员社会保障其他方面的研究

运动员文化教育方面:2005年国家社科重点项目"我国竞技体育优秀运动员文化教育体制改革的研究"子课题"我国优秀运动员文化教育缺失的分析与思考"(王凯珍、潘志探、王华悼、刘海元),其主要观点是:优秀运动员的文化教育缺失,违背了现代社会对人的全面发展的要求,给社会就业带来了压力,限制了运动员智慧的挖掘,影响了我国竞技体育的可持续发展。计划经济体制下退役运动员就业模式使优秀运动员文化教育缺乏动力,计划经济体制下体育和教育行政部门"条块分割"的管理体制和两者的目标冲突是运动员文化教育缺失的制度原因。

运动员职业生涯规划方面:李强在"运动员职业生涯规划的发展研究"中对我国运动员的职业生涯发展提出建议:第一,制订并实施运动员职业生涯规划计划。第二,建立运动员职业生涯规划发展基金。第三,建立运动员职业生涯规划辅助系统。

运动员保障体系构建研究:罗林等的研究"我国现行运动员保障体系的障碍及再构建举措"认为,我国运动员新型保障体系应由三部分构成:社会保障、商业保障、自我保障。在当前形势下,竞技体育行业的自我保障功能必须强化,进而提出了构建自我保障体系的举措。陈志凌等的研究"美国体育保险特征透视及优化我国体育保险体系的路径"通过对美国体育保险的考察,较全面地介绍了美国体育保险的发展历史及其现状,并对美国体育保险体系运行的主要特征及功效进行了深入分析,指出优化完善我国体育保险体系应借鉴其发展经验。在政府转换职能角色的基础上,加强体育保险立法,努力提高民众自觉投保意识,净化体育保险市场与环境,有效发挥我国体育保险体系的保障作用,为我国体育事业的发展保驾护航。

以上研究成果,既包括国内外体育保险制度的研究,也涵盖体育保险现状、问题研究;既包括理论研究,也包括实践研究。这些研究对于我国优秀运动员保险保障机制的系统深入具有较大的启发意义和一定的参考价值。

①对于运动员社会保险保障的现状有了一定的把握。

②对于运动员社会保障相关制度的变迁有了较为清晰的认识。

③对于在"十二五"期间退役运动员的社会保障,特别是就业安置的现状、存在的问题有了概括性的认识。

④对发达国家的社会保障、运动员保险保障模式、机制有了较为全面的了解,对运动员培养模式有了清晰的认识。

但尚存在以下不足:

①关于运动员体育保险的整体研究缺乏理论深度和可操作性,目前的研究主要集中在现状与对策,缺乏基础理论研究和现状的动因分析。比如:在所搜集的以"运动员保障"为关键词的研究文献中发现,108 篇现有文献,62 篇为现状及对策的研究,占 57.4%。围绕"社会保障理论""保险学"等相关研究较少,理论研究相对滞后于实践。因此,目前的研究结果都是大同小异,没有新的研究结果,提出的对策缺乏可操作性。

②现有的研究成果大多是在现有运动员保险保障制度框架下进行的,缺少对现行制度的反思研究。同时,忽视了运动员社会保障制度与竞技体育体制改革、社会保障制度改革的有机联系,使得研究缺乏可行性和有效性。

③以往的研究普遍单纯从体育学的角度进行,或者从保险学的浅层次进行,缺乏多角度、深层次的研究,而这正是本研究力求探索、努力解决的问题。

④从研究对象看,现有的研究较多集中在对优秀运动员的研究,而缺少普通运动员群体的研究,这一部分恰恰是运动员社会保障问题的关键。

⑤现有的研究成果多以问题为导向,缺少发展的视角,使得研究缺少创新性。

⑥从研究的视角看,主要是围绕着运动员养老保险、伤残保险、再就业等方面进行研究的,通过这些研究来看,对于运动员社会保障问题的研究多集中于某个单方面,没有多方面结合的研究,并且这些研究不能满足社会保障体系的构建,课题的延展性略显不足。

⑦在研究方法上,主要采用文献综述法、专家访谈法等研究方法,缺少实证研究,使得运动员社会保障研究缺少数据支持。

上述研究很少涉及运动员保险保障机制的研究,不论是国内还是国外,都是很少涉及这方面的研究,这就为本研究留下了继续拓展的空间。

3 概念界定及理论基础

>>>

3.1 概念界定

3.1.1 运动员相关概念解读

1. 运动员

从专业的层面,运动员指的是一个人的力量、速度、耐力、敏捷度等等身体条件高于平常人,也因为以上条件而擅长于运动竞赛的人。从更特定的角度来看,运动员是指参加职业运动的人群。

从职业的层面,原劳动部(1992)对运动员概念进行了进一步的确认。运动员,系指专门从事某项体育运动训练和参加比赛的人员。从国家层面确立了运动员的职业身份。原劳动部的这个定义包含职业的几个要素。

要素 1:运动员是专门从事某个项目运动训练的从业人员。

要素 2:同国家其他行业劳动者一样,通过参加运动训练和比赛的形式,具有获得相应的物质报酬的权利。

要素 3:运动员作为一种社会分工,其劳动具有一定的稳定性、长期性。

2. 专业运动员

专业运动员是指以国家培养、政府管理为主的专门从事某项体育运动训练和参加比赛的人员,在这种体制下,运动员的学习、生活、训练、管理都在专业运动队,由国家投入经费,收入也基本由国家供给。在相当长的一段时间,专业运动员是我国竞技体育的主体。

3. 职业运动员

职业运动员是指受雇于一个俱乐部、财团或者一个组织等,把参加体育比赛作为职业,并依靠参与比赛取得个人收入,满足生活需要的运动员。其收入主要包括:基本工资、出场费、比赛奖金等部分。个别优秀的运动员由于具有较高的知名度,在俱乐部允许下,可赚取广告费、赞助费等额外费用。

4. 退役运动员

运动员由于年龄、伤病、竞技状态、运动成绩等,停止训练和比赛,即称其为退役运动员[24]。

在我国,由于竞技体育的管理体制,我国运动员的构成类型既有专业运动员,也有职业运动员,他们担负着攀登世界运动高峰的任务,在我国竞技体育事业发展中发挥着重要作用,国家对运动员的成长、成才投入了大量的人力、物力和财力。但是,体育运动中的风险很大,运动员的伤病防护、伤病后的保险保障以及退役后运动员的再就业问题必须重视。由于我国运动员的培养体制现状,专业运动员的比例非常高,本课题的研究对象主要针对专业运动员,研究他们的保险保障机制的现状、困境以及发展对策。

3.1.2 社会保障

"社会保障"最早出现在世界上第一部的法律保险《社会保障法》中,历经半个多世纪的发展,不同领域对社会保障进行不同的理解和分析,给出了不同的解释。

国际劳工组织将"社会保障"这样解释：组织通过提供保险金的形式对组织内成员所面临的风险提供医疗、失业、养老等方面的保障，使他们的生活得到基本保障。国际劳工大会详细地列举了社会保障包含的内容：失业津贴、工伤津贴、养老津贴、残疾津贴、遗嘱津贴、医疗津贴、疾病津贴、家庭津贴、生育津贴共9项。其中，前五种属于主要津贴。一个国家只要实行其中三种津贴，包含一种主要津贴，就被认定建立了社会保障制度[25]。

随着经济社会的变迁，社会保障理念发生了深刻变化，由"救贫"向"防贫"转变。所谓"防贫"就是通过立法，一方面采取各种手段对国民收入进行重新分配，分配所得变成专门的社会保障基金，对那些遇到困境难以维持生计的社会成员，提供物质援助。另一方面，政府通过提高福利水准，提升社会成员的文化生活质量。

这一保障理念受到了国际社会的普遍认同[26]。

在我国，第一次提出"社会保障"一词是在1986年。其在内涵上与国际劳工组织的提法基本一致。区别在于，强调政府的作用，行政的手段，强调救济、救贫较为突出。保障对象是那些"年老、疾病、伤残、死亡、失业及其他不幸遭遇的发生而使生命出现困难的社会成员"[27]。我国的社会保障制度体系主要包括：社会保险、社会救助、社会福利、优抚安置、社会互助。

3.1.3 社会保险

社会保险是国家采用立法的强制手段，通过国民收入的重新分配，对那些遭受年老、疾病、工伤、残疾、失业、死亡等风险而丧失或减少收入来源的法定社会成员及其家属给予一定的物质帮助，以满足其基本生存需要的行为[28]。社会保险的内容较为丰富，而且独立成体系，在我国主要包括：养老保险、医疗保险、失业保险、工伤保险、生育保险。

3.1.4 运动员社会保障

1. 运动员社会保障概述

"运动员社会保障"一词由学者在 2000 年提出,以正式的文本出现是 2006 年国家体育总局颁布的《关于进一步加强运动员社会保障的通知》文件,文件中提到"认真做好运动员社会保障工作"。"社会保障"一词开始通用。为了成功备战 2008 年北京奥运会,运动健儿发挥自己的最大潜力,取得竞技体育的辉煌至关重要,这一时刻,运动员保障工作被提到前所未有的重要地位上来。因此,以举办 2008 年奥运会为契机,运动员的社会保障工作开始进行系统的改革,取得了飞跃式的发展。从理论层面、内涵层面达成基本共识。运动员社会保障是在政策法规的约束下,通过政府拨款、企业缴纳、企业赞助、运动员缴费筹集资金后,经过再分配,对运动员由于伤病所造成的削弱或失去劳动能力而生活窘迫给予相应补偿,使他们能够维持一定的生活水平或质量,对他们生活基本需求能够提供保障的一整套有组织的措施[29]。

2. 运动员基本社会保障

通过对社会保障和社会保险概念的内涵厘清,以及我国政府出台相关制度对保险保障的界定,如 2006 年《关于进一步加强运动员社会保障工作的通知》的出台,提出运动员基本社会保障包括:运动员的基本养老保险、基本医疗保险、失业保险和工伤保险问题;2010 年,又出台了《关于进一步加强运动员文化教育和运动员保障工作指导意见的通知》,对运动员基本社会保障除进一步完善,明确了运动员伤残保险问题,提出了运动员就业安置和社会优抚。

此外,学者陈林祥在掌握大量文献的基础上,运用问卷调查、专家访谈等方式,构建了我国优秀运动员社会保障体系,分别包括:运动员社会保险、运动员伤残保险、优秀运动员就业安置、优秀运动员福利与优抚[30]。

本课题综合以上理论与实践成果,基于研究的需要,将运动员保险保障界定为社会保险和行业保障两部分。具体包括:运动员社会保险、运动员伤残保险、运动员优抚安置以及运动员社会福利四个层面。

3.1.5　保险保障机制

"机制"的问题越来越受到关注。以"机制"为关键词,通过中国知网查阅相关文献 50 万篇,其中 2/3 属于人文社科范畴,受关注的程度可见一斑。"机制"(mechanism)一词,原指机器的构造和工作原理。最先使用的学科领域是生物、医学。主要是用来解释机体各构成要素之间运转现状及其变化。比如:在医学领域中的免疫机制、遗传机制等。在社科领域,主要是被借鉴来研究各要素在运转过程中的结构变化、相互关系以及相互间的影响。其逐渐发展演变成为一种方法论。研究"机制"的目的是希望系统内部要素发挥预期的作用,或者实现特定的功能而相互协调、有机联系而实现良性运行。社会科学领域的机制,又称为"制度机制",是为实现制度特定的功能和目标,使制度或体制能够正常运行的配套制度;是按照符合机体内部客观规律而人为设定的制度系统内部各组成要素的运行规则。保险保障机制就是为了实现某主体保险保障功能,发挥其应有的作用,相关部门彼此协调,分工合作,实现保险保障工作良性运行的配套制度。

机制需要科学构建,也需要合理设计。机制的有效性问题是机制研究最重要的内容。其程序包括:评估运行机制的现状,然后进行分析,根据分析的结果进行相应的创新性设计。运行机制包括:动力机制、工作机制、治理机制以及保障机制。创新型设计可能包括:顶层的制度、政策层面的设计,也可能包括组织结构、资金运转等方面设计,还可能包括员工激励、奖惩机制的设计等。

支撑机制研究的理论主要来自系统理论、治理理论、机制设计理论和利益相关者理论等。比如，系统理论主要强调，系统中各构成要素都发挥着各自的功能而构成一个统一的整体，每个要素发挥的作用应充分界定，这也是机制研究的基础；利益相关者理论是用来厘清利益相关方，各得其所，各司其职，提高机制的有效性。

3.2　理论基础

3.2.1　人力资本理论

人力资本理论是 20 世纪 50 年代由美国经济学家西奥多·威廉·舒尔茨提出并致力一生进行研究的课题，可以说他贡献卓越。舒尔茨关于人力资本理论的现实意义在于，它最先提出了人力资本对社会进步的重要意义。同时，提出人力资本是投资的结果，对于知识和技能的投资才使得人力资本得以存在并发挥重要的作用。在一切生产资源中，人力资本是最重要的资源，对人力资本投资具有重要意义。

3.2.1.1　人力资本理论发展概述

"西方经济学之父"、英国古典政治经济学的奠基者亚当·斯密在《国富论》中提出"人的才能与其他资本一样是重要的生产手段"的观点，并指出，须接受教育，进学校，虽需花一笔费用，但这种费用，通过赚取利润得以偿还。还指出，人们在天赋上的差异并不明显，人们在青壮年时期之所以能在不同的领域里表现出来能力差距，主要是通过后天的环境、教育等因素作用的结果[31]。这些最早关于人力资本内涵的阐述，奠定了人力资本思想的理论基础。

人力资本经过漫长的积累和发展，直到 20 世纪 50 年代，理论体系才逐渐得以完善并发展成现代经济学的一个独立分支,有了属于自己的学科领地。主要代表人物分别是西奥多·舒尔茨、明塞尔以及诺贝尔经济学奖获得者加里·贝克尔。

舒尔茨是公认的该理论的构建者,他认为人力资本的投资与回报是解决因农业引起的贫困问题的唯一途径。具体来说,他认为,发展中国家的农民之所以落后和贫穷,主要是因为农业人口质量低下,这是对以往经济学家侧重于高估土地的作用而忽视人口质量的有力补充。

在此基础上,舒尔茨还分析了人力资本的投资活动,包括职业培训与正规教育所需的成本与获得的收益。最先阐述了人力资本投资的内容与范围,使人力资本理论体系正式形成。

美国劳动经济学家明塞尔则是以个人收入分配为研究视角进入人力资本领域的。他认为,收入分配的差别不是主要因为各种职能收入的差别,而是由正规教育、在职培训、经验所形成的个人资本的差别。并引入了人力资本理论的分析方法。他出版的论著《人力资本研究》和《劳动供给研究》成为人力资本理论的经典著作。

贝克尔对于人力资本理论的贡献在于:从全新的角度解释经济增长的内在动因,发展了经济增长理论。首先,他反对"自然资源决定论",强调人口质量改变和知识的增进对于经济的促进作用。其次,对人力资本投资进行分析时,首次使用成本—收益分析方法,使人力资本的投资与收益更完整、更准确。

加里·贝克尔的人力资本理论是在舒尔茨和明塞尔基础上进行的综合性的研究,并在此基础上有了科学的量化模型分析,以加里·贝克尔为标志,人力资本理论在现代经济学主流研究领域之中拥有一席之地,使人力资本理论研究迅速成熟和扩展。

将这三位经济学家的理论观点综合起来,提炼出精髓,对人力资本理论可以这样描述:人力资本体现在人的身上,即对生产者进行教育、职业培训等方面的支出加上生产者接受教育、培训时所获得的机会成本的总和,外在表现是蕴含在人身上的各种生产知识、劳动与管理技能以及健康素质的存量总和。

人是生产活动的主体,而且最为活跃,具有最强的能动性。人的能力的大小受多种因素交叉作用和综合影响。人的能力既有先天的条件作为基础,它决定了一个人的原始能力和培养空间,也需要后天的教育、学习和实践,它决定了一个人的发展和提升。

从综合的角度分析,很显然,后天因素比先天因素更为重要,它更为持久,顺应社会变迁的动态特征。在竞技体育领域里更是如此,运动员有运动天赋固然重要,但是如果没有科学、系统的训练体系作保障,没有个人顽强意志品质作支撑,要取得成功是不可能的。

3.2.1.2 人力资本投资概述

1. 人力资本投资的内涵

人力资本投资以三种形态存在:身体素质、文化素质和道德素质。人力资本的含量主要取决于上述三个方面,它们是成正比的关系,也就是这三者素质越高,人力资本含量越大,同时其从事经济活动的能力就越强;这三者素质越弱,人力资本含量就越小,从事经济活动的能力也就越弱。这三方面除了先天禀赋之外,更重要的是通过投资获得。人力资本投资的形式主要包括:保健投资、教育投资、职业培训、人力迁移投资以及信息投资五个方面。因此,人力资本就是指通过人力资本投资所开发形成的人的各种能力的总和。人力资本投资的基本功能就显而易见了,就是开发和聚集上述智力、体力、道德三个方面的能力。由于人的发展过程是一个终身学习的过程,因此,人力资本投资也是一个不断调整和连续的过程。社会经济增长的动因正是人的素质的改变。舒尔茨的人力资本投资理论也正是基于此,而将人力资本投资分为几个部分:

第一，基于身体的健康投资。主要是为了保持肌体健康，延长寿命而进行的投资，这是人力资本形成的基础性投资。

第二，基于智力的教育相关投资。包括：正规教育（学校教育）投资和职业培训等。职业培训主要是为实现职业能力要求而设计的教育活动，包括：就业培训、岗位培训、转岗培训、实用技术和技能培训[32]。学校教育投资包括：基础教育、中等教育和高等教育的投资。在知识经济下，教育投资对人力资本的形成具有至关重要的作用。舒尔茨用经济学的观点对教育投资加以解释，即学校教育的贡献就在于对学生教育的积累，需要在未来才能获得收益，说明了学校教育具有投资的性质。

第三，用于劳动力流动的投资。这种投资主要是个人和家庭为适应变换就业机会的迁移。这种劳动力迁移有利于人力资源的合理配置，充分发挥各种劳动力的专业技术特长。

可以说，人力资本投资应用非常广泛，体现在社会的各个领域和人们的生产活动之中。将人置身于人力资本的视角下，可以最大限度地挖掘人的经济价值和社会价值，可以减少资源的浪费行为，用尽可能小的投资成本换取最大的效益。在体育产业快速发展的背景下，对运动员的人力资本投资进行研究，具有重要的现实意义。

2. 人力资本的分类

根据人力资本在不同范围发挥的作用，人力资本分为专用型和通用型两种。

专用型人力资本：其特点主要是用于培养其专业领域的发展而进行的，比如：知识、技能等。由于体现专业性，所以离开专业的背景就很难转换。比如：运动员的专业技能，离开了竞技运动场，其人力资本很难转换成其他的。

通用型人力资本：其特点主要是用于培养综合素质发展而进行的，离开了专业背景,仍然能够发挥作用。比如:一个文化素质高、社会适应能力强的运动员,离开了运动场,通用型人力资本可以帮助他实现顺利转化。

通用型人力资本和专用型人力资本的关系:人作为资本的存在,在其身上同时体现这两种资本形式可以说是相互补充,彼此相伴共生的。单一发挥作用的情况非常少见,专用性越强,其发展的空间和流动性越差。这也就解释了,为什么有些世界冠军退役后却难以在社会上生存的原因,这种投资的风险是相当大的。

由此,我们国家竞技体育"举国体制"对运动员人力资本的投资就是一种专用型投资,他们一切的投资都是为了在比赛中取得最好的成绩,是一种典型的专用型人力资本的投资,一旦运动员退役离开专业领域,它原有的投资很难迁移或转化。

3.2.1.3 人力资本理论的研究价值

人力资本理论在现代经济学体系中占有着十分重要的地位,已经广泛地应用在企业、教育、家庭以及经济增长等很多领域。

第一,人力资本理论对人的生产能力有了更新的理解和认识。人力资本理论对由知识、体质、技能、道德和智力等先天与后天因素共同塑造的劳动力的内在质量有了深刻的认识。人力资本比物质资本投资的效率更高。也就是说,内在质量与资本效率极其相关。由内在质量所带来的生产力的提高和经济效益的增强非常明显。颠覆了以往靠人口数量取胜的认识,而开始关注人口的内在质量,这也决定了人类未来的命运。

第二,人力资本理论更加关注人的后天发展。虽然说,人的先天素质是人力资本的基础,但是,后天的教育、培训等方面的投资更加重要,它实现了人力资本的最大化价值,毫无疑问是人力资本提高的核心。这也是人力资本理论重要的思想内涵。同时,国民个人经济水平的提高和福利状况的改善,会促进国家整体的福利进步和经济实力的提升。优越的先天因素,更依赖于后天的投资,失去了后天的投资,先天的优势也无从发挥。从历史的角度出发,人的进步与经济发展存在着互动关系。

第三,揭开了经济增长的内在动力。从三个方面加以阐述:首先,后天人力资本的质量取决于教育投资,经济增长的内在动力是人力资本的投资;通过资本收入比率的变动趋势发现人力资本的增长速度远远高于非人力资本。阐释了后天的教育投资是提高人力资本质量的关键部分,人力资本是经济发展与增长的核心因素。其次,使我们在资本收入比率的长期变动中认识到了人力资本的增长速度远高于非人力资本,人力资本的回报率更高,增长速度更快。最后,排除规模收益的影响,总产出增长率和总投入生产率间差异变大的关键因素是人的能力差异。

对于运动员来说,运动员的人力资本就是专业体育技能。因此,以人力资本理论为视角的研究,分析了运动员人力资本的投资现状及困境,提出了优化运动员人力资本的解决路径,拓宽了该领域的研究视角。

3.2.2　保险保障理论

3.2.2.1　社会主义社会保障概述

1. 马克思、恩格斯关于社会保障的思想

这一理论是在社会化大生产的时代背景之下产生的。其动因主要由两大阶级产生的,即资产阶级和无产阶级。

(1)背景梳理

经济发展背景。在工业革命以后,机械化程度大大提高,产业化形式日趋复杂多变,对生产力提出了更高的要求,劳动者就业机遇增加,但是职业病、伤残等方面的风险也随之增加。这些风险单靠个人的力量难以承受,需要国家、政府、社会和劳动者共同解决。由此,社会保障思想和制度应需而生。与此同时,工业革命后机械化程度提高的同时,传统的家庭手工业被取而代之,一些家庭和个人面临失业等的风险,这些也需要通过国家、政府社会所构建的保障制度予以化解。

社会发展背景。无产阶级由于被剥削和压迫,面临着身心和物质利益的双重压迫,为了实现自己的合法权益,无产阶级必须要起来反抗和斗争。资产阶级为了保证其利益的实现,一方面镇压,一方面安抚。安抚的手段之一就是建立一定的社会保障制度。在这一背景下,资产阶级所建立的社会保障制度的实质一方面是保证顺利进行生产,以满足自身的长远利益;另一方面是为了缓解社会矛盾,巩固资本主义的剥削制度。

(2)六个明确

社会主义社会保障理论是在马克思、恩格斯对资本主义社会保障理论全面厘清,深刻剖析的基础之上升华而来的。它是比资产阶级更为科学、合理的社会保障制度。主要表现在六个明确:

第一,明确责任主体。无产阶级社会中,毫无疑问,国家在社会保障事业中占据责任主体。政府集中资金进行再分配,其目的是对弱势群体给予适当补偿,维护社会和谐稳定,人民生活有序进行。但是,社会保障事业要想得到健康、有序发展,仅仅依赖国家是远远不够的,需要集体、企业、社会团体以及个人方方面面的广泛参与,共同支持。

第二,明确保障范围。在社会主义保障体系中,全体社会劳动者都在保障范围之内。也就是说,人们无论有无劳动能力,一旦面临失业,就应该享受社会保障;一旦面临窘迫就应该享受社会保障;一旦孤立无援、无亲无故就应该享受社会保障。

第三,明确资金来源。社会主义保障体系中,社会保障资金来自消费资料中扣除的那一部分。

第四,明确社会保障制度的功能。即帮助劳动者分担风险和补偿损失。

第五,明确社会保障建立的原则。原则一,针对性。对丧失劳动能力的人给予针对性的社会保障,如:年老、失业、疾病、伤残以及生育等;原则二,普及型。保障范围要普及,要涵盖一切雇用劳动者及家属。原则三,集中统一。各种保险的组织要统一。其四,全部性。国家和企业负担一切保险费用,使劳动者享有各个方面的保险。

第六,明确社会保障的终极目标。即实现社会共同富裕,促进人类全面发展。

此外,马克思、恩格斯也强调指出,社会保障必须通过立法强制实施,保证全体社会成员共同遵守才能得到有效实施,最终实现目标。

2. 毛泽东的社会保障理论

毛泽东同志始终把"人民利益高于一切"和"全心全意为人民服务"作为毕生的信念和不懈追求,高度重视社会保障问题,将马克思列宁主义的社会保障思想运用到中国革命和建设的实践过程之中,并且创造性地提出了符合中国社会发展实际的社会保障理论。在其理论中,除了明确提出社会主义保障制度的目的原则之外,对社会主义保障所涵盖的基本内容予以构建和完善,这为我国社会保障体系的构建提供了坚实的理论基础和实践依据。具体表现为三个明确:

第一,明确了社会保障的最终目的。即全体人民的利益,这一点随着革命和建设的深入而不断发展。

第二,明确了社会保障制度的构建原则。首先是结合原则。社会保障制度的建立要紧密结合经济发展速度,实现共同发展,这种创造性的提法符合中国发展实际。其次是协调原则。协调好各方面的关系,既要统筹,还要兼顾其他群体的利益。

第三,明确了社会保障的内涵。主要包括社会救济、社会保险、社会优抚和社会福利等。

毛泽东提出的社会保障内容体系被沿用至今。

3. 邓小平的社会保障理论

邓小平是党的第二代领导集体的核心,也始终把人民利益高于一切作为工作的基本出发点和落脚点,以建设中国特色社会主义为基础,对毛泽东的社会保障理论进行了丰富和完善,充实了社会保障理论。

第一,确立了以经济建设为中心的发展理念。这一点是在毛泽东社会保障理论基础上的升华,体现了与时俱进。邓小平强调了当今社会的发展必须坚持以经济建设为中心的发展理念。社会保障体系的建设必须和经济建设有机结合。

第二,丰富了中国社会保障的体系。邓小平同志在继承社会保障的理论精华的基础之上,重点提出社会保障的重点问题是解决失业问题和提高福利待遇水平。

3.2.2.2　发达国家社会保障概述

1. 社会保障理论的三个典型学派

(1)凯恩斯的社会保障理论

凯恩斯与弗洛伊德、爱因斯坦同为 20 世纪人类知识界的三大巨星。凯恩斯的贡献来自经济学领域。他以需求管理为基础建立社会保障经济理论,弥补了当时该领域的空白,拓宽了传统该领域研究的局限。凯恩斯对社会经济危机和劳动者失业的研究起点来自消费不足而引发的总需求不足。这样解释其原理:供小于求,投资增加,生产规模扩大,就业增加;供大于求,投资减少,生产规模减少,工人失业产生[33]。基于这样的思路,凯恩斯认为,政府不能简单地依靠价格作为调节市场的机制,而是要充分利用货币政策和财政政策对市场经济进行有效干预,以此调节消费结构,使宏观经济保持均衡发展。凯恩斯反对放任自流的经济政策,提出国家直接干预经济的主张。认为:第一,当经济上升时,应加大财政方面的支出,通过基础设施建设资本有效需求,刺激资本家进行投资;当经济萧条时,政府将各种福利政策作为杠杆,使个人收入保持相对水准而不至于因骤降而造成社会动荡;第二,凯恩斯认为应发展与完善社会保障制度,在此基础上通过提高人口增长率和居民生活水平来刺激消费;第三,凯恩斯一直提倡提高民生,比如:消除贫民窟,制定最低工资法,限制工时等。

凯恩斯这一理论体系在当时学界、政界均产生轰动性的影响,成为资本主义国家在制定各项经济和社会保障政策时的重要理论依据。

（2）庇古的福利经济学

这一理论体系主要是以研究社会经济福利为典型特征。其标志就是被称为"福利经济学之父"的庇古所出版的《福利经济学》（1920）,福利经济学从此产生。其理论核心主要包括失业救助制度和养老金制度。边际效应是资产阶级"福利国家"理论重要的依据。这样解释其原理:国民收入增加,福利增加,政府负担降低。

庇古认为,富人应该按照相应比例向政府缴纳累进所得税和遗产税,这些税收转换成养老金、失业津贴、医疗保障金等社会保障金,发放给穷人,以增加货币的边际效应。

与此同时,为了防止一些问题的出现,庇古还提出了一系列的措施以保障计划实施:第一,采取自愿原则,以避免国民收入降低和社会福利减少的问题出现。第二,防止懒惰和浪费的现象滋生,使福利事业收益最大化。第三,为了防止不劳而获,实现社会公平,应实行养老金制度,完成有效收入转移。

庇古的福利经济学想要实现的是在资本主义制度下尽可能地缩小收入差距。虽然很难,但是其为民众谋取福利的理论仍具有重要的理论价值,以此为基础,才有了20世纪30年代所构建的新福利经济学。其中,最为熟知的当属"公平—效率交替论",其影响非常深远。即公平与效率是无法兼得的一对矛盾体。最好的结果,是在其中间寻求一个平衡点,在提高效率的同时,最大限度地兼顾公平。

(3)贝弗里奇的福利国家保障理论

随着经济社会的发展,用社会保障代替传统的家庭保障成为社会稳定和可持续发展的内在动力,于是福利国家产生。1942年11月,英国率先提出了国家福利体系构建的框架,由英国社会保障委员会主席贝弗里奇负责起草。在其起草的报告中,针对国内存在的疾病、贫困、无知等一些弊病现象,他提出社会保险、社会救济、个人自愿保险三种应对措施,满足三种需要。其中,社会保险主要是用来满足居民基本的生活需要,社会救济则主要是用来满足特殊情况的需要,个人自愿保险主要是满足高收入居民的需求。遵循四个基本原则:①普遍性原则。即强调所有公民均可享受社会保障,按标准缴费和领取津贴。②最低需求原则。即以保障居民最低生活标准为尺度。③充分就业原则。即杜绝因为懒惰而逃避工作,不劳而获。④共同承担原则。即要充分发挥政府、企业、个人多方力量,共同承担社会保障责任,共同分享社会保障成果。

综上所述,贝弗里奇社会保障理论体系涵盖的内容非常丰富,惠及范围非常广泛,是现代社会保障理论的重要基础,其绝大部分内容被英国政府采纳,构建了覆盖广泛、内容较为全面的福利国家政策体系。

3.2.2.3　发达国家社会保障实践思考

高福利模式在发展进程中也存在一些弊端,面临资金的重大缺口,政府财政负担加重。综合分析其原因如下:

首先,人口老龄化加剧。老龄化社会使得人口红利消退,增加了社会保障成本。

其次,经济发展速度放缓。经济发展速度已经进入平稳阶段,生产的发展和经济收益也随之减少,但社会保障基金仍然需要维持和发展,成本随之增加。

再次,失业现象增加。社会保障费标准过高,加重雇主负担,企业不得已需降低成本以保持利润,减少劳动力的需求不可避免,提高了社会保障的成本。

最后,民众对高福利的依赖思想严重。高福利的社会保障虽然是西方发达国家的重要发展成果,极力对外宣扬,但是内部却危机四伏,社会民众严重依赖社会保障,这在一定程度上降低了社会成员生产的积极性和主动性,滋生了懒汉行为,使经济效益下降。

基于此,在20世纪80年代,人们开始对政府社会保障的公平性问题进行了重新思考。一些国家,根据本国实际结合相关经验和教训,改革和调整了社会保障制度,例如美国、英国等。改革措施主要包括:

首先,增收节支,缓解社会保障资金的支付压力。为了应对西方国家社会保障金入不敷出的现状,增收节支是必然途径。其中,增收主要是通过提高雇主和雇员的缴费率和取消社会保障缴费收入最高限额来实现;节支主要通过降低养老金的支付水平和减少失业保险的支出来实现。

其次,变革养老保险制度。主要从三个方面入手:第一,政府账户向个人账户转变。以往政府集资收缴养老保险,变革后改为个人储蓄。第二,养老金领取标准向缴费确定制转变。即根据个人对基金的缴纳水平决定其提取养老金标准的高低,保证了公平,体现了权利和义务的平等,提高了保险基金运作效率。第三,对企业补充养老基金的转移逐步取消了限制。这项措施使资源得到合理配置和劳动力的自由流动,进一步提高了经济的运行效率。

再次,改革了医疗保险制度。主要包括:在不损害顾客利益的前提下使成本最小化,实现微观的经济效益;对医疗的支出控制在国家资源的范围之内,提高宏观经济的效益;改革医疗领域垄断,引入竞争机制。在医疗改革过程中,由公立医院和私立医院分别提供免费的和有偿的服务,医疗保险机构来自营利健康保险机构,其费用主要是患者自愿支付。这一改革完善了药品的付费制度,付费支付是根据药品的不同种类而有所不同,以便于医疗保险的赔付;调整了医疗费用的承担比例。如:20世纪90年代,日本把医疗费用的自身负担部分比例上调,由10%提高到20%,健康保险费用从月工资的8%提高到了8.5%,等等。

最后,健全社会失业保险政策。20世纪50年代开始,机械工业取代传统产业,随之而来的是居高不下的失业率,保障失业人员的生活,健全失业保险政策被提到议事日程。其中包括:将非全时就业、临时就业等劳动者纳入社会保障体系,并为临时雇用者提供养老金;充分重视就业援助工作,用就业援助替代失业救助,促进、鼓励就业创业,并将其作为社会保障的重点,以实现劳动力的充分利用和发挥。

[社会保障案例]

社会保障基金的投资管理的国际比较

社会保障基金作为后备基金,具有积累的长期性和支出的不断增长性的特点。因此,世界各国都对社会基金进行有效管理,使其在保守性投资的状况下实现保值增值至关重要。

我国社保基金的管理从2000年开始,经历12年的基金缩水,同时面临社保基金巨额缺口的双重打击,严重影响社会保障制度的顺利运行。在此之后,中国社会保障基金理事会开始参与中国银行、交通银行的战略投资,这些银行股票上市之后,获利颇丰。截至2016年,我国社保基金累计实现投资收益8227.31亿元,年均投资收益率8.37%。社保基金的投资动向包括境内投资和境外投资。其中,境内投资包括:银行存款、债券、信托贷款、资产证券化产品、股票、证券投资基金、股权投资、股权投资基金等,占资产的总比例为93.34%;境外投资包括:银行存款、银行票据、大额可转让存单等货币市场产品、债券、股票、证券投资基金,以及用于风险管理的掉期、远期等衍生金融工具等,占资金的总比例为 6.66%。

美国:社会养老保险基金 80 年拒绝入市

美国社保基金(指美国社会养老保险基金)成立 80 年以来,一直被企图游说入市未果,这与我国社会保险基金管理风格对比鲜明。美国法律规定,除了支付当年退休金等费用之外,其余部分只能用来投资美国财政部发行的非上市债券。如果,资金出现缺口,由联邦财政负责填补,如果有盈余就用来购买债券。在这方面,美国政府异常谨慎、保守。美国社保基金坚决不入市主要来自两方面原因:一是出于风险的考虑,二是联邦财政投资入市,违背市场自由、公平竞争。

瑞典:多样化的投资方式

瑞典的社会保障基金由雇主、雇员、国家共同筹集。政府提供六大方面的保障,包括:儿童保障、教育保障、医疗保障、失业保障、住房保障、养老保障。目前,瑞典的医疗保障覆盖率 100%。失业保障则是失业者从失业的第六天起就可以得到政府提供的 80% 的救济金。可以说,瑞典的社会保障事业非常健全而且发达。

瑞典的基金制养老金、补充养老金和私人养老金三个部分能够进入投资领域,60% 的投资用于被动投资,40% 的投资用于主动投资。大致包括:股票、全球股票、指数化政府债券、对冲基金、私营公司股票等。政府可直接管理 20% 的基金,以用来主动投资,其余的 80% 进行委托性投资。瑞典社保基金多元化的投资组合带来了较为丰厚的回报。

资料来源:

(1)中国财经,2017-06-13

(2)经济参考报,2012-03-29

3.2.3　公共选择理论

公共选择理论就其实质来说,就是把经济学的相关原理与方法应用到研究、解决政治生活中存在的问题,也因此被命名为"新政治经济学"。把政治决策范畴内的个人利益的冲突问题转化为集体利益的选择,通过个人利己主义上升为公共利益导向,协调解决,形成良性的社会秩序,最终实现社会和谐。运用到运动员保障领域,就是把属于运动员利己倾向的问题上升为运动员群体的公共利益问题。

3.2.3.1　公共选择理论的由来

公共选择理论的创始人和代表人物当属诺贝尔经济学奖的获得者——美国著名经济学家詹姆斯·布坎南。其理论体系及由此引发的一系列改革举措填补了经济学研究的空白,也为研究社会的热点问题拓展了思路,具有极大的借鉴意义。

其理论萌芽是在第二次世界大战以后,为了战时所需,政府必须加大行政力量,用来调配很多国家产品和服务转向战争需要,这大大削弱了市场对于资源的配置作用。公共选择理论作为一种新的研究范式,主要是用来解释这一政治困境。它的学术贡献是双向的:从经济学领域来讲,拓宽了研究的视域;从政治学领域来讲,提供了一种全新的方法论。也就是说,政府的行政命令在面临市场的缺陷时显得无能为力,经济学必须参与研究政治的真空问题。

公共选择理论作为方法论,其基础包括经济人假设及个人主义的分析方法。其中,经济人假设是把经济学中作为经济人的假设参与到政治领域进行理性分析,以判断个人对决策规则和集体制度的反应,以期将个人利己主义行为放大到集体行为之中,进而转变为公共利益,重新形成政治秩序。在这一过程之中,为了降低一致同意而可能消耗的成本,又确定了投票机制。

3.2.3.2 公共选择理论的研究起点及其必要性

"政府缺陷"是公共选择理论的逻辑起点。也就是说,政府的理性是有局限性的,政府的决策代表个人的利己行为,不可避免地存在着缺陷或限制。从以下几个方面具体分析"政府缺陷":

(1)政府的有限理性。政府官员有自己的私利,他们的利益与公共利益发生冲突时,往往出现违背公共利益的结果。

(2)政策低效。信息的不对称、环境的瞬息万变、决策者的价值导向、综合素质等诸多因素导致决策者制定的政策有时低效甚至无效。

(3)政府低效。政府各行政部门支配着公共资源,负责分配。极可能出现个人偏好而导致的工作低效。

3.2.3.3 公共选择理论的研究视角

公共选择理论从"经济人"的视角来看待政府职能,分析政府行为。

政府和社会互为补充,相伴互生。市场的作用是合理配置资源;政府的职能是宏观调控、干预经济行为,以弥补市场机制存在的不足。两者利益共容,相互激励。

(1)政府的核心职能是提供公共服务。满足公民公共利益是公共服务的出发点和落脚点。具体包括三方面服务:一是保障公民基本需要的服务,包括就业保障、基本养老保障和基本生活保障等;二是满足公民精神需求的服务,包括教育和文化方面的服务;三是满足公民基本健康的服务,包括医疗、体育服务等。

(2)政府的社会管理职能。经济社会的快速发展所带来的深刻变化是社会结构和经济结构的改变所引发的一系列矛盾。政府的重要职能就是从源头上减少和化解矛盾。从管理理念上要树立服务理念,建设服务型政府。同时,要充分发挥各类主体参与社会管理的积极性,实现多样化的管理,建立健全法治,实现法治管理。真正实现"政企分开""政社分开"、变"人治为法治"的政府职能的彻底转变。

（3）宏观调节经济、发展经济的能力。调控过程本身就是一个持续增长和发展的过程，表现如下特征：①预见性。即，政府对总量进行调控时，要适当地采取提前分析预测，不是等待问题出现恶化时才出手。②结构性。发挥政府优化产业结构的作用，发挥市场在资源配置中的作用，做到有紧有松，张弛有度。③综合性。主要表现在调控的手段应该是包括经济手段、法律手段、行政手段在内的综合体。④长远性。经济可持续必须具有长远的调控策略，只有这样，才能保持经济繁荣的生命力。

（4）市场监管职能。政府市场监管的职能主要包括：政府对价格的监管，主要表现为市场经济条件下一些不应受市场规律产生价格变动的要素，比如能源、土地等；政府对资源使用和方向的监管，主要指涉及一些关系资源的使用方向制定相应的调控政策，如转向土地、专项资金的使用等；政府对生产要素的流动性进行监管，主要是指政府为了保证市场的公平、公正、公开而对企业及其市场行为进行的监管，比如：环境卫生、生产安全、国家经济安全、环境保护、能源节约等；政府对保障国家经济安全和人民生活质量的监管（表 3-1）。完善市场的监管职能是为了营造良好的市场环境。同时，要加强法治建设，为政府实施监管职能提供法律保障。

表 3-1　　　　　　　　　　　政府市场监管

市场监管职能	具体监管内容
1. 价格监管	资本（利率）、能源、土地（地租）及其他一些重要原材料
2. 政府对资源使用和方向的监管	政府规定的专项贷款、专项资金、对土地的使用方向、使用条件
3. 生产要素流动性的监管	企业及市场行为监管
4. 国家经济安全和人民生活质量监管	产品质量、环境质量、生产安全乃至国家经济安全

3.2.4　机制设计理论

机制设计理论的开创人是赫维茨,迈尔森和马斯金从显示原理和实施理论方面进行了理论上的丰富,并通过实践加以验证。因此,美国经济学家利奥·赫维茨、罗格·迈尔森和埃瑞克·马斯金作为机制设计理论的代表人物,通过对博弈论和社会选择理论的综合运用,发展并极大推动了机制设计理论。2006 年,这一理论由于所产生的非凡影响和巨大价值而获得了诺贝尔奖。

1. 机制设计理论的产生与发展

20 世纪 30 年代,政府、学者和企业家们开始争论社会经济发展进程中的焦点问题。问题的核心是计划经济体制能否实现资源的最优化配置,取得成功。其中,争论一方路德维希·米塞斯和哈耶克认为市场经济优于计划经济;另一方兰格和勒纳则认为可以利用市场机制实现计划经济。然而,随着争论的不断深入,经济学家们发现,无论哪种经济体制,都面临着信息分散和激励问题。如何实现资源的有效配置成为亟待解决的重要问题。也就是说,在相对固化的经济环境下,是否存在一个或几个机制通过较少的信息、较低的成本、有效的资源配置就能够实现既定目标。由此,机制设计理论应运而生。

在争论的过程中逐渐发现,信息对称和激励相容是非常值得关注的问题,它直接影响资源配置的低效率,进而阻碍目标的实现。如果前两者存在,实现经济目标的机制就可能存在,而且机制极有可能是几种,接下来如何寻找最优机制成为一个重要问题。20 世纪 70 年代相继提出的"显示原理"和"实施理论"指出,在一定条件下,可以找到实现社会目标的机制。随着信息效率、激励相容、显示原理以及实施理论的提出和研究的深入,机制设计理论走向了成熟和完善。

2. 机制设计理论的基本思路和主要观点

为了实现目标而进行的机制的设计主要解决两个问题:信息效率和激励相容。

信息效率:信息不完全和不对称的假象存在,要求设计者必须在这一前提下制定活动规则,以应对信息效率的问题。机制设计者要规避信息干扰,尽可能减少对信息的搜集,提高信息的效率。

激励相容:当个人利益与公共利益矛盾时,如何采取激励实现双赢,进而帮助机制设计者实现整体目标。

机制设计理论的案例阐释:"分苹果"。A、B两个小朋友要分一个苹果。显然,平均分是最公平的分配结果。但是,A、B两个小朋友是否会公平地分配苹果,对于老师和小朋友本身都是未知的,这就出现了信息的不对称。公平地分苹果就成为老师要实现的目标。"谁来分,怎么分",既要提高信息效率,又要实现激励相容。对此,老师将分配机制设计为"谁分谁后拿"。这个机制对A、B两个小朋友同时产生激励效果,其结果也相对公平,实现了机制设计的目标。

3. 机制设计理论的应用

机制设计理论已由最初的研究市场机制开始,逐渐应用到社会政治、经济制度的研究,甚至渗透到组织内部的微观研究,已经成为一种方法论。如:医疗改革、教育体制改革以及国家政治经济体制改革。我国学者运用机制设计理论也取得较为丰硕的成果。如,《机制设计理论与中国农村扶贫机制改革的路径安排》《机制设计理论与中国经济的可持续发展》等,广泛应用到政治、经济、文化、教育、体育各个宏观或微观研究领域,起到了很好的借鉴和引领的作用。特别是当信息耗散、个人利己和公共利益出现矛盾的时候,引用机制设计理论以及相关研究成果,对于社会整体目标和个人目标和谐共赢具有重要的应用价值。从这一点上来说,机制设计理论对于我们国家经济社会发展的理论贡献不可小觑。就体育领域而言,从中国知网核心期刊来源所搜集的文献分析:目前关于体育各领域中的机制研究并不少见,但是较少在机制设计理论的框架下进行研究。搜集到的303篇相关文献,仅有1篇《机制设计理论下青少年体质提高保障体系研究》,这说明研究的理论深度尚不足。

　　我国运动员保险保障机制也是如此。长期以来,运动员对于社会保障制度一直存在着信息的不完全、不对称,运动员资源配置不合理,政府与体育企业、政府与运动员激励无法相融。尽管国家也提出了一些运动员保险保障制度的改革,但漏洞仍然存在。在机制设计相关研究成果的框架之下分析我国运动员在保险保障机制方面存在的缺陷,设计合理的运动员社会保险保障机制,解决我国运动员资源配置低效、公平向度缺失等问题,对于竞技体育的可持续发展具有深远的现实意义。

4 研究对象、研究方法与研究思路

>>>

4.1 研究对象

(1)我国运动员社会保险、运动员伤残保险以及运动员优抚安置、运动员社会福利的现状。

(2)我国运动员保险保障机制的现状及原因分析。

(3)发达国家运动员保险保障机制的借鉴分析。

(4)我国运动员保险保障机制的优化路径。

4.2 研究方法

4.2.1 文献研究法

基于本研究的需要,充分利用校内外有利资源,如 CNKI、维普、万方以及优秀博士论文库和网络资源,查阅大量关于社会保障、体育保险、运动员保险等国内外大量的文献资料,熟悉我国保险保障的宏观环境,了解该领域已形成的研究成果,同时,研读了管理学、经济学、保险学等相关论著和教材,丰富和拓宽本研究的视域,明确选题的意义和目标。

4.2.2　比较分析法

（1）通过对发达国家（德国、日本、美国、新加坡）社会保险保障的模式进行归纳梳理，找出共性的优势，为下一步研究我国运动员保险保障提供借鉴。

（2）对比分析国内外运动员在培养体制机制上的差异，深层次探寻我国运动员在保险保障方面的特点，为科学、合理设计适合我国运动员的保险保障机制提供实证依据。

（3）对国内一些地区的运动员保险保障的政策法规、条例进行梳理和剖析，通过比较分析，找出存在的优点和不足，取长补短。

4.2.3　案例分析法

登录相关网站，广泛搜集关于不同国家保险保障、运动员的保险保障相关案例，为本研究的深入开展提供素材。

4.2.4　实地考察法

（1）基于本课题的需要，走访保险、体育保险相关专家 10 名，就体育保险的管理、开发、运营等方面进行咨询，对我国体育保险的现状、瓶颈、发展趋势等方面进行全面了解，为开展相关研究提供实证依据。

（2）到辽宁省、江苏省体育局以及运动队进行实地考察，广泛接触主管相关工作的领导以及教练员、运动员、队医等，听取他们对运动员保险保障工作的看法，为课题提供论证依据。

4.2.5　问卷调查法

1.问卷设计

从本课题研究内容与研究思路出发，设计了调查问卷的基本框架，确定了调查的内容，同时对调查问卷进行专家评价与反馈，根据反馈意见多次调整与修改,使调查问卷能够准确反映真实问题,与课题研究思路相一致。

在问卷设计完成后,通过专家的效度检验,认为问卷合理有效,专家效度结果反馈见表 4-1。

表 4-1　　　　专家对问卷内容效度评定统计表($n=10$)

内容	分值						平均数
评分	9.6	9.7	9.3	9.2	8.4	7.6	9.09
专家人数	1	3	2	1	2	1	10

2. 问卷发放与回收

共发放问卷 150 份,回收 138 份,问卷回收率为 92.0%,其中有效问卷 112 份,问卷有效率为 74.7%。

4.2.6　逻辑分析法

通过对运动员保险保障机制现状进行深度剖析,寻找归纳产生的原因,按照逻辑推理,追根溯源,为论证提供依据。

4.3　研究思路

本课题以保险保障理论、人力资本理论、机制设计理论为理论基石,以运动员保险保障现状为研究起点展开研究,从机制层面入手,探讨其存在的困境,分析其产生的原因,通过借鉴发达国家运动员保险保障机制的经验,在实证研究的基础上,结合大量案例,提出我国运动员保险保障机制的优化路径(图 4-1)。

```
          ┌─────────────────────────────┐
          │    我国运动员保险保障的现状      │
          └─────────────────────────────┘
      ┌───────┬──────────┬──────────┬───────┐
      ▼       ▼          ▼          ▼       
┌──────────┐ ┌──────────┐ ┌──────────┐ ┌──────────┐
│运动员社会保险│ │运动员伤残保险│ │运动员优抚安置│ │运动员社会福利│
└──────────┘ └──────────┘ └──────────┘ └──────────┘
          ┌─────────────────────────────┐
          │  我国运动员保险保障机制的困境    │
          └─────────────────────────────┘
      ┌───────┬──────────┬──────────┬───────┐
      ▼       ▼          ▼          ▼       
┌──────────┐ ┌──────────┐ ┌──────────┐ ┌──────────┐
│ 制度供给不足 │ │ 保障深度不足 │ │ 资金投入不足 │ │商业保险局限性│
└──────────┘ └──────────┘ └──────────┘ └──────────┘
          ┌─────────────────────────────┐
          │          原因分析            │
          └─────────────────────────────┘
      ┌───────┬──────────┬──────────┬───────┐
      ▼       ▼          ▼          ▼       
┌──────────┐ ┌──────────┐ ┌──────────┐ ┌──────────┐
│  政府层面  │ │  社会层面  │ │  家庭层面  │ │  个人层面  │
└──────────┘ └──────────┘ └──────────┘ └──────────┘
          ┌─────────────────────────────┐
          │  发达国家保险保障机制的借鉴     │
          └─────────────────────────────┘
          ┌─────────────────────────────┐
          │ 我国运动员保险保障机制的优化路径  │
          └─────────────────────────────┘
```

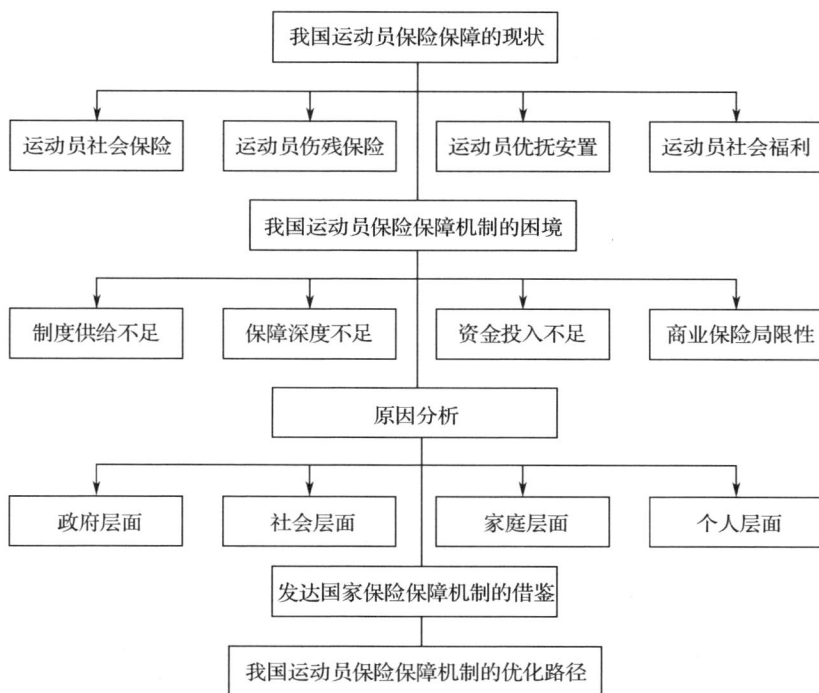

图 4-1　本课题的研究思路

5 社会保险保障背景下我国运动员保险保障的现状

5.1　我国社会保险保障的内涵分析

"社会保障"（Social Security）一词最早出现在美国的《社会保障法》（1935）中。正式被采纳是在 1944 年第二十六届国际劳工大会发表的《费城宣言》（1944）中。从此，社会保障概念开始广泛传播。

1952 年，《社会保障（最低标准）公约》提出：社会保障作为一种制度安排，主要抵御出生、年老、患病、失业、工伤和家庭困难六类社会风险，缓解由此带来的社会矛盾，这一界定被各国逐渐接受，形成广泛共识。社会保障是指"政府通过一系列完备的公共服务向由于疾病、年老、患病、生育、失业、伤残等原因造成生活窘迫的公民提供基本生活开支，以缓解由此而带来的社会动荡"[34]。尽管"社会保障"有了世界通行的语境体系，但是各个国家由于国情和保障理念不同，以及经济社会的发展速度迥异，对社会保障内涵的理解和解释存在一定差异。

在我国，"社会保障"一词在中华人民共和国成立初期最早使用，目的是对有特殊困难的社会成员给予基本生活权利的保障，资金的募集主要是以立法的形式对国民收入进行重新分配的制度体系。凡是中华人民共和国公民,在年老、疾病失能情况下均可以从国家和社会那里获得物质上的帮助。这一点在《中华人民共和国宪法》中明确规定。

5.1.1　我国社会保障的对象

社会保障的主体是国家或社会,社会保障的对象是全体社会成员,具有全民性和普遍性的特点。

5.1.2　我国社会保障的内容

我国改革开放以来,计划经济体制已无法适应社会的快速发展,急需建立与之相配套的社会主义市场经济体制。经过改革深化,社会主义市场经济体制取得重大成就。社会保障制度作为国家重要的福利制度也进行了一系列改革,构建起了与社会主义市场经济体制相适应的社会保障体系。其基本内容包括:社会保险、社会救助、社会福利、优抚安置等。

1. 社会保险

社会保险是社会保障制度的核心,具有保障人民基本生活的重要功能。社会保险分为几个层次:社会保险首先强调国家立法,强制实施,法治化是社会保险的基础;社会保险的条件是指在年老、疾病、生育、失业以及遭受职业伤害的情况下,这是社会保险的给付条件;社会保险的目的是提供一定的物质帮助,保障基本生活需要;社会保险的保障对象是全体劳动者;社会保险的资金主要来源是政府财政拨款、用人单位和劳动者按比例缴费。在绝大多数国家,在社会保障体系中,社会保险的支出比例最大,劳动者在从业期间一直到退休以后工作终止,其间所发生的重大事件或变故都有社会保险活动的参与,涵盖了公民进入劳动年龄到劳动终止的整个生命周期。因此,社会保险是现代社会保障体系的主体和核心。

社会保险中提供的各种保障是以经济保障为前提。纵观世界发达国家的社会保险制度,强制性、社会性、福利性是其共同特征。我国社会保险制度的建立借鉴了国外先进的制度理念,使每个劳动者都能依法、公平享有社会保险权利。经过三十余年的探索,已经建立起以城镇职工为保障对象的社会保险制度体系。主要项目有社会统筹与个人账户制度相结合的养老保险、医疗保险、失业保险、工伤保险、生育保险(简称"五险")。其中,养老保险和医疗保险最为重要,也最受民众关注。收取比例分别是:养老保险单位承担 20%,个人承担 8%;医疗保险单位承担 8%,个人承担 2%;失业保险单位承担 2%,个人承担 1%;生育保险比例为 0.7%;工伤保险比例为 0.5%~1.6%。后两种社会保险都由单位承担。各市根据自身情况设定承担的比例。

除了对劳动者提供基本保障之外,还有补充保险,是为了补充社会保险制度局限而设立的。它体现了多层次的社会保险体系的构建原则,社会保险只能提供基本保障,难以保证生活质量。各国都建立补充保险,比如:企业年金补充保险制度等。我国是从 2014 年推出企业年金制度的。

2. 社会救助

社会救助是指国家和社会由于各种原因而陷入生存困境的公民,给予财务接济和生活扶助,以保障其最低生活需要的制度。社会救助作为社会保障体系的一个重要组成部分,具有不同于社会保险的保障目标。社会保险的目标一是防范劳动风险,二是缓解生活困难[35]。社会救助主要是保基本、兜底线,因此对于实现社会公正公平,维护社会和谐稳定具有重要的意义。它所涵盖的内容非常广泛,涉及医疗救助、教育救助、住房救助、司法救助等多个层面。社会救助作为现代社会保障制度的重要组成部分,包括政府救助和民间互助两种。社会救助体系着力点在于维护社会成员生存底线的基础性保障制度,体现社会公平,是最基本的社会福利制度。

社会救助是国家责无旁贷的职责。经费筹集:主要由国家财政负责拨款;救助的对象主要是遭受灾害、失去劳动能力、低收入的公民;目的:

与社会力量一起,通过物质救助等手段,救助对象维持当下社会最低生活水平。

2014年2月21日,《社会救助暂行办法》正式发布并于5月1日起施行。这是我国第一部上升为国家层面的统筹各类救助制度的行政法规,标志着我国社会救助制度体系的构建。《社会救助暂行办法》的出台,旨在建立完善的社会救助体系,使社会救助事业有了法律依据,对于保障民生、维护社会稳定和公平正义具有重要的意义,为生活困难的公民和群体构筑了一道兜底线、救急难的严密的民生安全保障网。主要包括:

(1)构建了社会救助制度内容体系。主要包括最低生活保障、特困人员供养、受灾人员救助、医疗救助、教育救助、住房救助、就业救助、临时救助等8项制度。这些内容第一次以法律的形式予以明确。

(2)加强了社会救助统筹协调机制。即,政府领导,民政部门牵头,相关部门配合,社会力量广泛参与四位一体的社会救助工作协调机制。同时,为确保公平,坚持城乡统筹发展,救助制度惠及所有困难民众。

(3)强化了社会救助审核机制。建立信息核对平台,对困难居民家庭经济状况进行查询核对,使救助对象认定科学、准确。同时完善救助对象退出机制,确保社会救助事业公正、公平,健康可持续发展。

3. 社会福利

社会福利的含义有广义和狭义之分。广义的社会福利是国家和社会对全体社会成员提供的全部物质和文化生活的保障和福利,不仅包含社会保障体系所涵盖的基本生活需要的保障内容,同时也包括用于改善生活质量的福利内容。社会福利与社会保险、社会救助都是社会保障体系中重要的子系统。

福利制度起源于英国,公民从出生开始,求学、生病、失业、年老和死亡,都享有福利,他们通过国家力量,利用福利分配杠杆,实现社会和谐稳定。在我国,社会福利并存于社会保障体系的子系统当中,其目标是增进社会福利,以提高人们的物质文化生活水平,提升国民生活满意度和幸福指数。因此,社会福利是社会保障制度的另一层次。我国在"十三五"期间,提出了健全以扶老、助残、爱幼、济困为重点的社会福利制度,实现"人民生活水平和质量普遍提高"的发展目标。

4.优抚安置

优抚安置,是指国家对从事特殊工作者及其家属予以优待、抚恤、安置的一项社会保障制度。在我国,优抚安置目前针对的主要对象有:烈军属、复员退伍军人、残疾军人及其家属。优抚安置的内容主要包括:提供抚恤金、优待金、补助金、安置复员退伍军人等。一些学者在关于运动员优抚安置的研究中,以军人的优抚安置为借鉴,提出了一些思路。

5.2　我国社会保险保障的功能及主要任务

5.2.1　我国社会保险保障的功能

1.保障国民生活

这是社会保障最核心的功能,由低到高大致可分为三个不同层次:

(1)提供最低生活保障

我国法律规定:凡是家庭人均收入低于当地城乡居民最低生活保障标准的中国公民,都具有向当地政府提出获得基本生活物质帮助的权利。党的十八大以来,我国实施精准扶贫精准脱贫,农村贫困发生率从2012年底的10.2%下降到2018年末的1.7%,扶贫工作取得了决定性进展。现在对贫困人口的主要救助方式是低保制度。以低于某一收入标准的贫困家庭为目标,给予一定的贫困补贴,对于解决贫困人口的基本生活提供了有力保障。

（2）保障基本生活

这是社会保障的第二层次。主要是指当民众遭遇社会风险时，通过一定的社会保障制度安排，民众能够得到基本生活保障。2014 年 5 月 1 日起开始施行的《社会救助暂行办法》中第一次将急难、疾病应急救助以及临时救助等内容纳入社会救助制度体系之中，对于我国经济发展和社会稳定具有重大而深远的历史意义。

（3）保障国民生活质量，增进国民福利

这是社会保障的较高层次。各个国家都将保障和改善民生作为政府的重要使命。同时，社会保障内容和保障范围也不断扩大和延伸。社会福利模式也逐渐从个别补缺向普遍惠及转变。除了救急救难以外，还涉及更为广泛、全面的公共服务、福利设施，使人们能够充分分享经济和社会发展所带来的成果。社会保障不仅提高了国民的物质精神文化水平，同时还汇聚人心，增强凝聚力。

2.保持社会稳定

社会保障作为民生工程，关系到每一个人的切身利益，关系到老百姓生活的方方面面。社会保障出现问题，直接影响社会稳定。所谓"民惟邦本，本固邦宁"。社会保障起源背景毫不掩饰地体现了这一点。

社会保障制度与社会经济发展是良性互动，共同发展的共生关系。经济是基础，决定了社会保障制度的产生和发展；反之，社会保障制度由于保障居民生活、稳定社会秩序而反作用于经济发展，对经济发展具有促进作用。

3.促进经济稳定发展

社会保险保障化解了劳资双方可能产生的对立，而实现了互利双赢，这是经济社会持续、稳定、健康发展的基础。同时，社会保险保障旨在解决群众切身利益，保障生活质量，可以调动群众参与经济建设的热情，对经济发展有积极的推动作用。

社会保障对经济的促进作用还表现在：

（1）促进消费

一个人收入水平较低，就缺少安全感和安全预期，体现在消费上，就会瞻前顾后，抑制当期需求。反之，保障体系比较完善，老百姓有安全感和安全预期，有利于刺激消费、扩大内需，有利于将经济发展方式向纵深推进，从而带动经济发展。

（2）保障劳动力质量

如果离开了人的发展，社会的发展将无从实现，人的发展是首位。一方面，社会保障资金是一种个人消费品的再消费方式，社会保障水平和质量由劳动就业的收入决定。因此，社会保障可以有效地保护和促进劳动力的再生产。另一方面，在市场竞争机制下，优胜劣汰是正常现象。遭遇市场淘汰陷入失业的劳动者急需社会保障，通过收入再分配，帮助陷入困境的社会成员维持基本生活，从而保护劳动力的生产和再生产得以顺利进行。此外，社会保障生育、抚育子女、教育等福利制度对于提高劳动力整体素质无疑起到重要的作用。

（3）平抑经济波动

市场经济体制下，经济低迷时，购买力呈现下降趋势。国家要充分发挥社会保障的调控作用，提高购买能力，带动有效需求，加快经济复苏的进程；当经济形势高涨，社会失业率、救助比例下降，政府就要限制社会保障的支出，防止需求过剩而导致膨胀，使经济平稳运行。

（4）促进资本市场发展

社会保障基金通过长期积累，资金规模巨大，极为可观。如何管理这笔基金，使其保值增值，不仅可以在支付保障基金时应对自如，同时也可以通过保障基金的有效投资，实现社保基金与资本市场的良性互动。我国政府出于安全性的考虑，社会保障基金仅限于银行存款、买卖国债、上市流通的证券投资基金、股票、信用等级在投资级以上的企业债、金融债等有价证券。风险较低的银行存款和国债的投资份额至少占基金资产总额的 50%。2014 年 6 月,我国出台了《全国社会保障基金信托贷款投资管理暂行办法》,标志着社保基金开始加入投资信托产品的行列,使社保基金开始有了多元化的运作投资渠道。

4. 促进社会公平

世界各国的社会保障制度因历史文化、经济发展水平不同而存在差异。但其背后的理念基础却是高度一致的,即社会公平正义。社会保障作为代表全体人民利益的制度安排,必须符合公平正义。失去公平的社会保障制度不可能保障全体公民的利益。反之,完善的社会保障制度可以促进社会公平,维护社会公正。通过英国社会保障制度的实例来进一步分析两者间的相关性。以贫富差距为例,资本被极少数人垄断,会造成社会不公,加剧社会失衡。社会贫富差距会造成缺乏创新发展的动力机制,从而造成经济停滞。

2016 年 9 月,英国乐施会公布的一项调查显示,英国最富有的 10% 的人口拥有该国总财富的 54%,而占人口总数 20% 的底层贫困人群仅拥有该国总财富的 0.8%,财富分配极度不均。贫富差距拉大加剧了英国社会的分裂。改变这种状况的途径之一就是通过社会保障福利制度加以调节,比如,政府下一步将建造更多的住房,并遏制住房负担能力的下降,让更多的工作者拥有舒适安全的居所,以缩小这种差距,尽可能实现公平。

芬兰作为高福利、高税收的国家代表,其贫富差距也非常之大,收入差距为 15 倍。政府对此明确规定,月工资超过一定限额的不再享受国家养老金,月工资在最低到最高区间内,其享受国家养老金的数额逐步减少。而且,通过征收房地产税、资本所得税和遗产税来抑制贫富差距。经过宏观调控之后,虽然月工资收入相差 15 倍,但享受养老金的差距却在 720~1280 欧元,仅为 1.7 倍。这些实例充分印证了社会保障在促进社会公平中发挥的重要作用。

在我国,贫富差距问题也不容小视。收入再分配的制度改革,促进社会保障制度的公平性,发挥兜底性,确保可持续性,都成为重要的改革议题。

5.2.2 我国社会保险保障的主要任务

社会保险保障的主要任务是通过制度安排化解人们在社会生活中可能遇到的风险,保障人们正常生活顺利进行。良好的社会保障制度可以保障社会有序运行和持续发展。

我们社会保险保障的重要任务就是守住底线,保障低收入人群基本生活,完善城镇职工、失业保险、医疗基本保险等制度,建立更加公平和可持续的社会保障制度。

在"十二五"期间,社会保障向纵深推进取得了不俗成绩,实现"四个注重",即注重保障公平、注重统筹城乡发展、注重优质高效服务、注重可持续发展。比较突出的成绩是 2012 年,养老保险(新农保和城居保)实现了全覆盖。2014 年,城乡三项医疗保险(职工医保、城镇居民医保和新农合)参保率在 95% 以上。

在"十三五"期间,我国社会保障进入了改革的攻坚阶段,以 2015 年启动机关事业单位养老保险制度改革为起点,拉开了新一轮社会保障改革的序幕。在"十三五"期间,社会保障的根本任务是到 2020 年,我国将建成覆盖全民的社会保障体系,基本实现全民依法享有社会保障的发展目标。将继续贯彻国家提出的"全覆盖、保基本、多层次、可持续"的基本方针,以增强公平性、适应流动性、保证可持续性为重点,认真制定各项改革方案以及相关政策措施,统筹安排,协调推进,稳步发展。

长久以来,我国竞技体育无论在国家的政治舞台、经济舞台还是社会文化舞台都发挥着重要的作用。运动员作为主体,其贡献不可或缺。

国家从 21 世纪初开始陆续出台了一系列政策法规、制度，旨在对运动员群体进行保障。2006 年，国家出台了《关于进一步加强运动员社会保障工作的通知》；2010 年，又出台了《关于进一步加强运动员文化教育和运动员保障工作指导意见的通知》，对运动员基本社会保障进一步完善，明确了运动员伤残保险问题，提出了退役运动员的就业安置和社会优抚。各地区各部门也有针对性地做了大量工作，并取得了积极成效，我国对运动员的职业风险由消极对待进入了主动预防和重点突破阶段。

5.3　我国社会保险保障制度的历史回顾

社会保障是现代国家必须具有的基本社会经济制度，是国家和社会根据法律，通过收入再分配对社会成员的基本生活圈予以保障的一项重要制度安排。

社会保障是现代文明的重要标志，体现公民的权利，是国家的义务。中国社会保障在不同的发展理念下，体现了不同的社会保障制度。对我国社会保障制度进行梳理，对于了解我国社会保障制度的整体发展具有重要的现实意义。

5.3.1　中华人民共和国成立初期的社会保险保障制度

1.1949—1957 年

中华人民共和国成立后，1951 年，我国颁布了《劳动保险条例》，对职工在疾病、伤残、死亡以及养老等方面设立保险待遇。由于当时是多种所有制并存，这一保险条例是以企业职工为保险对象，是我国社会保险制度的基本框架。由此，我国开始了社会保障的建设与发展之路。1956 年，全国经济形势好转，社会保险的实施范围进一步扩大到外贸、粮食、民航、地质等 13 个部门的企业职工,覆盖率达 94%。与此同时,机关事业单位的社会保险也逐渐建立起来,相继在公费医疗、养老、生育等领域建立了社会保险制度。1957 年,社会保险和社会救济、社会福利、优抚安置等制度也先后建立,社会保险保障制度得到了进一步的完善。

2. 1958—1966 年

由于当时的社会形势恰好处在"大跃进"和"三年困难时期",社会保障制度受到了一定的影响,但整体来看,还是有所推进。在基本遵循原有的社会保障制度基础上,1958 年,国务院通过了《关于工人、职员退休处理的暂行规定》,将企业职工和机关工作人员的退休制度和退职制度统一起来,从而在保障范围上进一步扩大,体现了社会保障的公平性。

5.3.2 "文化大革命"时期的中国社会保险保障制度

1967—1976 年:"文化大革命"给我国各方面事业带来了极大冲击,社会保障制度也是如此,否定了《劳动保险条例》的有关规定,变社会保险为"企业保险"。由于当时负责社会保障工作的中华全国总工会被迫停止活动,社会保障工作几乎面临瘫痪,加上社会保障重要的组织机构劳动部被撤销,社会保险体系上出现了"真空",处于无人管理的局面。

5.3.3 改革开放时期的中国社会保险保障制度

1978—1992 年:这一时期,我国开始对经济体制进行改革,其核心是转变国有企业经营机制。社会保障制度的改革主要是为国有企业改革服务,作为其企业改革的配套措施来进行。1984 年,首先在全民、集体所有制企业开始退休费用的社会统筹。1986 年,《国营企业职工待业保险暂行规定》出台,我国第一次建立了企业职工待业保险制度。1993 年,又进行了修订,发布了《国有企业职工待业保险规定》,扩大了待业保险的覆盖范围,由国家缴费建立职工待业保险基金,用于保障待业职工的基本生活。由此有了失业保险的雏形。1991年,国务院发布了《关于企业职工养老保险制度改革的决定》,实行基本养老保险、补充养老保险和职工个人储蓄性养老保险相结合的养老保险制度。基本养老费用由国家、企业和个人共同负担,实行社会统筹,从县级开始,逐步过渡。这样,我国养老保险和失业保险基本建立起来。

5.3.4　社会主义市场经济确立时期的中国社会保险保障制度

1992年,党的十四大确立了邓小平建设有中国特色社会主义理论在全党的指导地位,提出了建立社会主义市场经济体制的目标。1993年,党的十四届三中全会通过的《中共中央关于建立社会主义市场经济体制若干问题的决定》,勾勒了社会主义市场经济的基本框架,建立多层次的社会保障制度作为其中一个部分,被确定下来,提出重点建立养老保险、医疗保险和失业保险制度。1997年,发布了《关于建立统一的企业职工基本养老保险制度的决定》,按照个人工资11%的比例,建立了养老保险的账户,将各行业的养老保险进行了统筹管理,统一了城镇企业职工基本养老保险制度。1998年,医疗保险制度的改革开始,建立了与社会主义初级阶段经济水平相适应的城镇职工基本医疗保险制度。1999年,《失业保险条例》的颁布,对覆盖范围、筹资办法、缴费比例、享受条件和保障水平都进行了进一步明确。同年,《城市居民最低生活保障条例》和《社会保险费征缴暂行条例》颁布,开始了社会救助和社会保险征缴的规范工作。2003年,《工伤保险条例》颁布。此后,围绕工伤保险的一系列政策法规也相继出台,标志着与社会主义市场经济体制相适应的工伤保险制度确立。2000年,国务院颁布了《关于印发完善城镇社会保障体系试点方案的通知》,以辽宁省为试点,开始了社会保障体系的建设。2005年,《中共中央 国务院关于推进社会主义新农村建设的若干意见》出台,我国社会保障制度开始进入城乡统筹阶段。同年3月,国务院办公厅转发民政部等部门《关于建立城市医疗救治制度试点工作意见的通知》,规定要对城市低保对象和特殊困难群众实行医疗救助。社会保障制度覆盖面更为广泛,配套制度更为完善。据此,以养老保险、医疗保险、失业保险和城市居民最低生活保障制度为主要内容的适应社会主义市场经济基本要求的社会保障体系框架初步形成。

5.3.5　三个五年计划时期的社会保险保障制度

在"十一五"期间,我国社会保障制度建设取得重大突破,社会保障体系框架基本形成。2007 年,我国城镇居民基本医疗保险开始试点,从制度上实现了基本医疗保险对城乡居民的全面覆盖。2009 年,新农保起步,实现了从无到有的跨越。我国 60 岁以上的农民首次享受到国家普惠式的养老保障。全面建立了城镇职工基本养老保险省级统筹制度,制定实施了企业职工基本养老保险关系转移接续办法,开展了事业单位养老保险制度改革试点,扩大了基本养老保险个人账户试点。2010 年,《中华人民共和国社会保险法》颁布,国务院修订了《工伤保险条例》。社会保障领域的法律法规更加完善。

在"十二五"期间,我国社会保障基本实现了制度全覆盖,基金规模不断扩大,在保障和改善民生、促进经济社会发展、维护社会稳定方面的功能更加显著。在养老保险方面,2011 年开始探索建立城居保制度;2014年 2 月,统一了新农保和城居保,颁布了《城乡养老保险制度衔接暂行办法》。在医保方面,城镇居民基本医疗保险门诊统筹基本建立,探索建立了重特大疾病保险制度。

"十三五"时期是全面建成小康社会决胜阶段。紧紧围绕全面建成小康社会宏伟目标,紧密结合人力资源和社会保障事业改革发展实际,统筹确定未来五年人力资源和社会保障事业发展的主要目标。共包括 5 个目标。第一,实现比较充分和更高质量的就业。在"十三五"期间实现城镇新增就业 5000 万人以上,城镇登记失业率控制在 5% 以内。第二,建立更加公平更加可持续的社会保障制度。全面推进社会保障制度改革,覆盖城乡居民的社会保障体系全面建成,基本实现法定人员全覆盖。第三,建设高素质人才队伍。适应经济社会发展要求,坚持人才优先发展,做大做强专业技术人才队伍和高技能人才队伍。到"十三五"期末,专业技术人才总量达到 7500 万人,高、中、初级专业技术人才比例为 10∶40∶50;高技能人才总量达到 5500 万人。第四,提高人事管理科学化水平。中国特色退役军官安置制度改革不断推进,全面落实军队转业干部安置任务。第五,推动形成合理有序的工资收入分配格局。工资收入分配制度改革不断深化,企业、机关事业单位工资决定和正常增长机制进一步完善。企业工资分配宏观调控体系更加健全。机关事业单位工资结构更加优化。工资收入稳步提高,工资收入分配秩序更加规范、差距逐步缩小。第六,构建中国特色和谐劳动关系。到"十三五"期末,企业劳动合同签订率达到 90％以上,劳动人事争议调解成功率达到 60％以上,劳动人事争议仲裁结案率达到 90％以上,劳动保障监察举报投诉案件结案率达到 95％以上。第七,提升公共服务能力和水平。人力资源和社会保障基本公共服务制度规范基本定型,基本公共服务清单全面建立,标准体系基本健全,基层服务条件更加完善,服务水平和群众满意度明显提升,广大群众享有基本公共服务的可及性显著提高,基本公共服务均等化基本实现。

5.4 我国社会保险保障制度的分析
——公平性视角

社会保障是现代文明的重要标志,是公民的权利,是国家的义务。自现代社会保障制度产生以来,首要遵循的原则就是公平。它和社会保障制度具有内在的一致性。中华人民共和国成立以来,我国社会保险保障在理念上发生了重大变迁,从平均主义、效率至上到公正主义的演变,直接影响了中国社会保障的道路选择。从公平视角认真反思我国社会保障制度现状及问题,总结经验,找出不足,对完善我国的社会保险保障制度具有重要的理论和现实意义。

5.4.1 公平与社会保险保障制度的关系

1. 公平是社会保障制度遵循的首要原则

社会保障制度首先在资本主义国家迅速发展并很快扩展到全球,尽管各国的保障制度内容、途径、方法有异,但维护公平始终是其制度选择的初衷和首要原则。这一点可以首先追溯到 20 世纪末德国的现代社会保障制度,它是基于当时的德国老年人、失业者、工伤者等社会成员收入差距难以调节,为了保障生活、调和劳资矛盾、稳定社会秩序,建立了新的社会保险保障制度。可见,其制度安排的根本原则就是维护社会公平。20 世纪 70 年代后,西方各国家掀起了社会保障制度改革的浪潮,但社会公平的价值目标并没有改变。

其次,就社会保险保障制度本身来说,完善的社会保险保障制度能为社会成员提供基本生活保障。其补偿功能在一定程度上可以促进起点公平和过程公平。社会保障的"非歧视性原则"使社会任何成员只要符合法律规定的条件都可以享受相应的社会保障,每一社会保险保障项目对于其适用范围内的社会成员而言机会是均等的,因而它可以促进机会公平。社会保险保障作为一种再分配政策,具有调节收入差距的功能,因而它又可以在一定程度上促进结果公平。

2. 公平与社会保险保障制度具有内在的一致性

分析社会保险保障的经营特点,政府代表国家对国民收入进行再分配,形成社会保障基金,对全体社会成员特别是丧失工作能力的老、弱、病、残或失去工作机会的人员以及收入不能维持基本生活水平者进行社会救助。社会救助是社会保险保障的重要内容，救助对象是社会上需要帮助的弱势群体。当他（她）们面临生存困境，亟须救助的时候，如果社会保险保障制度十分完善并能发挥应有的作用，整个社会就会形成"一方有难、八方支援"的局面，而这种局面正体现了社会公平的基本特征。

5.4.2　改革开放以来我国社会保障制度的公平性分析

1. 改革发展时期中国社会保障制度公平性的评价

（1）城乡之间

改革开放以来，由于社会保障制度改革将重点放在城镇职工的社会保险上，城镇职工（包括灵活就业人员）的失业、养老、医疗、工伤及最低生活保障等社会保障项目在 2004 年左右基本实现覆盖，但农村的社会保障体系建设却长期被忽略，社会保障项目欠缺，农村居民仅仅在社会救济方面（救灾、救济和"五保户"制度）得到保障。社会救济的资金由当地财政提供。是否能提供救济取决于乡镇的财政状况，税费改革使乡镇经费大幅减少，有些贫困地区的社会救济已陷入了停滞状态，农民生活非常艰苦。在医疗保障方面，20 世纪 80 年代，随着家庭联产承包责任制的推行，集体经济作为合作医疗主要经济来源的支柱地位被严重削弱，农村合作医疗覆盖率从 20 世纪 70 年代后期的 95% 左右跌至 1988 年的 5% 左右。但这一情况并未受到重视。由于农村合作医疗参合率较低，大部分农村居民缺乏医疗保障。很多家庭因病致贫、因病返贫。农民自费医疗的比重非常高，1988 年达到 84.77%，1998 年达到 87.32%，城乡之间差距明显。在养老保障方面，自 1991 年部分农村开始实行基金积累的个人账户模式，即以个人缴费为主、集体补助为辅，国家予以政策扶持。由于制度改革不到位，保障标准太低，居民参与保险的积极性较低。数据显示，1988 年，参加农村社会养老保险的人口为 8025 万，但到 2002 年年末，下滑到

5462 万。从社会保障支出水平来看,1991—2001 年,城市人均社会保障支出占人均 GDP 的比重平均为 15%,而农村只有 0.18%,城市人均享受的社会保障费用支出是农村的 80 多倍。从城乡收入差距来看,2001 年,城乡居民的收入比值为 2.9,含社会保障收入以后,这一比值上升为 3.44,社会保障使城乡居民收入差距增加了 18.6%。

(2)群体之间

不同群体之间的社会保障差异较大,具体表现在:城市内不同群体以及部门间的劳动者。

改革开放以后,随着市场经济的发展和城镇化的推进,人口流动性越来越大,农民工总量相当庞大。2018 年农民工监测调查报告显示,2018 年农民工总量为 2.88 亿。大批农民离开土地,进城务工,为城镇的快速发展作出了重要贡献。但由于户籍制度的限制,他们往往被排除在城镇社会保障体系之外。同在一个城市中生存发展,同工不同酬非常普遍,甚至已经成为一大社会问题。这种状况在 2019 年有了转变,据了解,从 2019 年的 1 月 1 日起,农民工的各项保险包括养老医疗、失业、工伤、生育等均由税务部门代收,由所在的企业或单位统一购买社保,员工的各项保险包括养老、医疗、失业、工伤、生育等均由税务部门代收,这也就是说企业必须强制给每位员工缴纳保险。这个政策对于农民工来说是个好政策,但是也有它的弊端。一方面,社会保障金可能从员工工资扣除,导致员工工资降低;另一方面,农民工所从事的大部分都属于临时性工种,流动性很大,新政虽然保护打工者的权益,但是无形中也增加了农民工找工作的难度。

另外,不同单位、部门之间的劳动者所享受的社会保障待遇和项目差别也很大。如机关、事业单位和企业三种组织形式之间,社会保障标准就存在着明显反差。以养老金为例,2014 年 10 月,城镇企业和机关事业单位退休人员养老保险实行并轨,实现退休人员养老金的同步上调。但是由于企业职工和机关事业单位职工实行不同的缴费标准,加上养老保险制度的历史遗留，二者的养老金差距仍较大。

（3）地区之间

严雅娜、张山采用阈值化方法对原始数据标准化［指标转换后数值＝指标原始值/指标阈值（最大值）］，根据社会保障指标体系各级指标的权重结果，计算出各省社会保险保障覆盖面、社会保险保障水平、社会优抚和救助水平并进行了统计分析（表5-1）。分析表明，各省社会保险保障水平存在较大差距。另外，社会保障待遇水平地区与城乡差距大的问题主要体现在社会优抚和救助水平，表现为不同省区之间某项社会救助项目的待遇存在很大差异，例如：北京社会优抚和救助水平综合指数为1，上海为0.84，而四川仅为0.29，河南为0.30，差距较大。

表 5-1　　　　　　　　　2013 年各省社会保障分项和综合指数

省份	社会保障财政投入	社会保障覆盖面	社会保险保障水平	社会优抚和求助水平	总分
北京	0.518084129	0.86794367	0.861075976	1	0.855723338
天津	0.395804871	0.675119939	0.534141149	0.668028579	0.587924466
河北	0.51188637	0.504363878	0.474964434	0.331253849	0.452953099
山西	0.661327997	0.526188208	0.452128271	0.395454357	0.483241416
内蒙古	0.619688103	0.403921946	0.534225671	0.599970557	0.524756807
辽宁	0.7116745	0.589867151	0.391991664	0.436679798	0.493771136
吉林	0.604529633	0.472327488	0.308560161	0.431638177	0.417040799
黑龙江	0.763770501	0.520233304	0.42052185	0.417994559	0.487270958
上海	0.474311977	0.674822482	0.776127505	0.849926319	0.730836847
江苏	0.333506857	0.447430883	0.477579435	0.474383635	0.451710102
浙江	0.343219387	0.671797423	0.4404661	0.620608527	0.534549016
安徽	0.576984877	0.389835935	0.376802315	0.357340779	0.399241321
福建	0.327844335	0.434945104	0.458227889	0.363039967	0.413867051
江西	0.523120346	0.384454056	0.326227184	0.35243628	0.371396344
山东	0.414317281	0.516668382	0.479058372	0.408683726	0.464805903
河南	0.574116943	0.420967033	0.423565743	0.308905512	0.413213791

（续表）

省份	社会保障财政投入	社会保障覆盖面	社会保险保障水平	社会优抚和求助水平	总分
湖北	0.609572189	0.391566302	0.335164066	0.333957574	0.382419437
湖南	0.598586446	0.42990042	0.378527897	0.322082927	0.404841367
广东	0.36818874	0.777696801	0.425415021	0.384604378	0.504159752
广西	0.507507781	0.346467987	0.396303448	0.295053131	0.371753222
海南	0.603124228	0.594326597	0.426583526	0.401368487	0.486684489
重庆	0.674746911	0.518033035	0.385846724	0.379327218	0.45402403
四川	0.637884574	0.455217221	0.402124211	0.294323117	0.418492125
贵州	0.484477457	0.372183861	0.675170806	0.315112483	0.484882906
云南	0.670375025	0.282925459	0.458284076	0.314565003	0.401542004
陕西	0.638678172	0.400511045	0.492675836	0.452308455	0.475312474
甘肃	0.83275017	0.336872102	0.525744484	0.341024071	0.466734086
青海	0.903380042	0.388650148	0.583782071	0.448989297	0.536479558
宁夏	0.613201885	0.589243664	0.61820404	0.396040344	0.556756822
新疆	0.475073147	0.542878	0.542834131	0.46679136	0.516719112

此外，同一省区内不同县、市间的社会保障待遇水平也存在较大差异，社会保障待遇的地区间和城乡间差异，导致社会保障待遇的公平性受损。

2. 全面建设时期中国社会保障制度公平性的评价

中国社会保障制度作为一项独立的社会制度已经建设 30 余年。30余年来，一方面从制度安排上逐渐完善，体现出公平理念。例如，针对城乡二元结构展现的问题，加大了农村社会保障制度的建设，包括国家推进农村合作医疗制度、建立农村居民最低生活保障制度、实行农村五保户由财政供养的制度等，并确立了在 2020 年实现城乡统筹的发展目标，这些制度安排扭转了过去长期忽视乡村社会保障制度的倾向，体现出社会公平原则。另一方面，在社会保障具体政策的设置上体现出公平与效率的结合。一是城镇居民的养老、医疗、失业保险政策中的"统账结合"模式。在社会保障基本项目中设置社会统筹和个人账户，社会统筹在不同收入间进行再分配，体现了公平，个人账户将个人贡献与获益结合起来，具有激励功能,体现了效率。二是社会保障的责任区间的界定。在社会保障的基础项目中(包括最低生活保障项目、基本养老保险、基本医疗保险项目),实现兜底,应体现公民权利的一致性,凸显公平。这种社会保障制度选择有效地处理了公平与效率、政府与市场、权利与责任的关系,其有效性、适应性大大增强,与当前国际社会保障发展的潮流相一致。

5.4.3 总结与反思

1. 对公平理念的准确定位

理念是人们对某种事物的观点、看法和信念,是指导人们实践活动的行动指南。

理念具有强大的惯性力量,一旦形成就会按照自己的固有规律运行。同样,社会保障理念支配和制约着社会保障的实践活动。它决定着社会保障制度的出发点和发展方向,制约着制度运行和目标实现。

自 1979 年邓小平同志首次提出"小康之家"愿景至今,从小康愿景确立初期的"稳定解决温饱问题",到小康社会勾画阶段的"先富带后富最终实现共同富裕"公平观的确立,从总体小康阶段的"公平与效率关系的动态性调整",到全面建设小康阶段的"将维护社会公平置于更加突出的位置",再到全面建成小康阶段的"推进五位一体建设格局,确立四个全面战略布局和提出五大发展理念,努力营造公平正义的社会环境",可以说是理念的准确使得我们循序渐进地向着小康社会的理想目标前进。

2. 坚持以公平为价值取向是社会保障制度自身发展的要求

公平正义是马克思、恩格斯的思想智慧成果,是制度的最高道德尺度,也是中国共产党人矢志不渝的崇高追求。正如前面分析所指出的,社会保障建立的初衷和目的就是维护社会公平,社会保障的发展过程也就是其公平性不断加强的过程。放眼世界,20 世纪 30 年代西方社会保障制度的建立,20 世纪中叶"普遍福利政策"的实施,缓解了贫困,保障了社会成员的基本生活,调节了收入差距,在一定程度上实现了社会公平,从而创造一个安定的社会环境,起到了安全网和稳定器的作用。近年来,我国社会保障获得了全面发展。养老保险已经实现了制度全覆盖,全民医保的目标初步实现,以低保制度为核心的综合型社会救助制度覆盖城乡,救助水平持续提升;保障性住房建设大规模推进,低收入困难群体的居住条件有了明显改善;养老服务、残疾人福利事业也在快速发展。这些使人民的后顾之忧明显减轻,获得感显著增强。因此,社会保障作为不断增进人民福祉的重大制度安排,事实上已经成为全民共享国家发展成果的基本途径与制度保障。但是从现实出发,公平性依然不足。必须尽快打破地区利益、群体利益固化的藩篱,通过更加有力的改革措施来真正促进制度公平,提高制度运行的效率,并确保制度改革沿着理性的发展之路稳步地循序渐进。

3. 确立社会保障制度建设的公平价值取向必须清除一些错误观点

我国社会保障体系以社会保险为主体性制度安排,就是强调参保人享受各项社会保险待遇前要承担相应的缴费义务,即使是低收入困难群体也要尽可能通过劳动创造收入、改善生活。然而,有一些错误的观点,严重影响着政府树立社会公平的价值理念和政策取向。比如,"天下没有免费的午餐",这种观点不利于救助那些社会弱势群体。社会保障是对社会公平的追求,政府是主导,政府应该发挥主要作用。在社会保障制度上要想实现全民公平,必须确立社会保障制度建设的公平、共享的价值取向,并根据社会公平正义与共享发展成果的原则来推进社会保障制度建设,这无疑是完善社会保障制度的基础。

4. 切实保障社会保障制度的独立地位

在我国,社会保障制度改革的不断推进以及社会保障体系的不断完善,一直是与社会主义市场经济体制相伴相生的。但并不意味着社会保障是依附于市场经济的,不能认为是"市场经济体制的重要组成部分"。

社会保障的基本功能是解除城乡居民生活方面的后顾之忧，并为全体人民提供稳定的安全预期。它是为了满足人们对美好生活需要的相对独立的基本制度保障。它包括经济制度，但并不限于资金筹集和发放、管理和运营。它不仅仅包括现金保障，还包括服务保障、权益保障、组织保障乃至精神保障。社会保障要促进社会公平，发挥其"稳定器"和"安全阀"的社会功能。国家必须把社会保障制度作为一项长期的、基本的制度安排。

5.5 我国运动员社会保险保障的现状

5.5.1 运动员职业的特点

运动员作为一种社会职业，除了具备各类职业所共有的普遍特征，如社会性、稳定性、专业性和经济回报性，还具备运动员职业的一些个性特点：

5.5.1.1 高风险性

高风险性主要体现在高伤病率和高淘汰率两个方面。

首先，高伤病率。运动项目的特点对运动员身体某一部位的过度消耗以及运动员为了追求高水平而要提升运动负荷，伤病不可避免。比如，标枪运动员肩关节伤病率在80%以上。杨继美对参加2008年全国少年儿童体操比赛的122名运动员进行了调查分析，发现100%的运动员均不同程度地受过伤，接近60%的运动员人均受伤3～4次。其他一些诸如摔跤、拳击、篮球、足球等对抗性更强的运动项目，其伤病率更高、伤残后果更为严重。在比赛期间更是如此。根据权威科研机构的统计，在2008年北京奥运会期间，共发生1055例运动员受伤事例；在2012年伦敦奥运会期间，参赛者受伤比例近10%。2014年，国家体育总局政法司理论处对全国4600名退役运动员进行伤残疾病情况调查，结果显示，在4600名退役运动员中,因训练、比赛致残者占被调查者比例为 5.7%,重伤者人数占被调查者人数的 27.6%,无任何伤病者为 0.6%。同时,运动损伤还存在隐匿性、滞后性的特点,需要在长期积累中才会被患者察觉。

其次,高淘汰率。随着现代竞技运动水平的不断提高,项目规则的不断变化,竞争越来越激烈,对运动员天赋、竞技能力的要求越来越高。这加大了运动员被淘汰的概率。在我国现有的运动员培养体制下,逐级选拔,能够到达金字塔塔尖的运动员总是极少数,大量的运动员都成为塔基而被淘汰,这也体现了现代竞技体育的残酷性。

运动员职业的特点决定了风险管理的重要性和迫切性。人们对风险的管理活动早就存在。1952 年,美国的加拉格尔在总结了前期学者的研究成果基础上,在其撰写的调查报告《费用控制的新时期——风险管理》中首次使用"风险管理"一词。1953 年,美国通用汽车公司发生火灾,造成了 5000 余万美元的巨额财产损失,美国企业决策高层意识到风险管理的重要性。风险管理运动在美国迅速开展起来。20 世纪 60 年代,风险管理成为一门独立的学科和一项特殊职能。学者罗森布朗对风险管理进行了解释,提出了"风险管理是处理纯粹风险和决定最佳管理技术的一种方法"。

风险管理的基本程序包括风险鉴别、风险预估、风险评价、风险管理技术选择和效果评价。风险管理的范围广泛,包括可保风险和不可保风险,也可分为纯粹风险和投机风险。保险是风险管理的特殊形式,主要是应对具有可保利益的纯粹风险。保险的发展需要风险管理的技术支持。

"体育风险管理"一词,大约在 20 世纪 70 年代初出现于美国,当时主要使用的是"体育风险管理策略""体育风险管理技术"。目前,国外对于"体育风险管理"概念不统一,整理分析其内涵,主要包括两个方面:其一是准确预测体育相关领域可能存在的风险;其二是最大限度地控制这些风险的发生或使风险的不利影响降低到最低限度。普遍认为"体育风险管理是指规划、管理和控制一个体育组织或体育机构的资源,以使由于该组织或机构举行的体育活动对他人、社团实体、社会和它自身造成的伤害和损失降低到最低限度的过程"[36]。体育风险管理中,运动员的伤害是最为常见的伤害类型之一。

目前,国内外对风险管理、体育风险管理的研究越来越受到关注,但相关研究和实践资料还不够完备,应从立法层面、操作层面尽快完善运动员风险管理体系。

5.5.1.2　职业角色转换的必然性

路易斯认为,职业转换现象通常包括角色间的转换和角色内的转换两种。角色间的转换是指一个人从一个角色到另一个角色的转换。角色内的转换是指个人对业已存在的角色描述和内在期望的改变,它与角色间转换的区别在于,角色间转换往往是在个体没有察觉的情况下发生的。退役运动员的再就业通常属于角色间转换,而且是必然发生的现象。苏联奥卓林对国际优秀运动员多年比赛结果进行统计发现:首先,运动员一般在18—20岁即进入高水平最佳竞技年龄区,20—33岁以后竞技水平开始衰退。也就是说,由于运动生涯的短暂性,相比其他职业会更早面临职业转换。其次,现代竞技运动的高度竞争性和运动员成才过程中的高淘汰率、高更新率,有的运动员达到巅峰后竞技成绩回落,逐渐被淘汰出局,有的运动员由于伤病等无法实现期望的竞技目标,不得不终止训练,寻找新的职业方向。目前,关于运动员职业角色转换有三个途径。

1. 基本途径:培训

所谓培训,是在教育的基础上进一步把外在的人类社会经验逐步转化为人的个体经验,发展人的智力和能力,形成一定的思想道德,促进个人从生物学意义上的存在向社会学意义上的存在的转变的过程。而教育培训是指以提高其职业技能为直接目的,促进其自身素质全面提升的教育活动。通过系统的知识教育和技能训练,提高成人适应社会变迁的能力,帮助成人在工作、生活中不断调整自我、完善自我,获得更大的成功,顺利完成继续社会化过程。运动员在役期间由于半军事化的训练而脱离社会生活,其基本社会化不够完善。退役后急需参加教育培训,实现职业角色转换。

针对退役运动员的教育培训该如何展开,怎样引导完成职业角色转换至关重要。退役运动员参加的成人教育培训通常是以职业为核心的教育方式。通过教育培训,退役运动员不但可以学习新的业务知识和工作技能,而且能在不知不觉中内化新组织文化,为他们职业角色转换起到先驱作用。国家体育总局到各省体育局针对退役运动员开设不同项目的职业培训,如河北省2015—2017年为退役运动员转岗做体育教师、教练员职业相继安排了多期培训班,共有来自全省10个训练单位近100名退役运动员参加培训,在培训导向就业方面也取得了一定成绩。超过三分之二的运动员从事体育教师或教练员工作。

2. 重要途径:角色交流

专业运动员也是一种职业形式,因为不具有终身性,是一个转换的过程,角色转换是不可避免的。运动员需要改变工作角色,以适应新阶段实际的角色需求。角色间的互动交流能否顺利展开和进行必须经过教育培训获得知识技能才能实现。例如:各省市体育部门、人事部门通过为退役运动员积极搜集和提供就业信息,或推荐退役运动员到相关体育行业就业,帮助运动员实现角色交流。

不同职业角色的交流不仅可以满足社会成员之间的情感需要,而且通过角色交流可以逐渐培养良好沟通所应具备的站位、心态、思维模式和技能,如站在对方的角度去倾听和分担,将促进相互了解,最终达成共识,形成共同的认识和情感,增强彼此之间的吸引力和亲和力。退役运动员在进行角色交流时,一方面,通过向工作经验丰富、生活阅历比较多的人请教和学习,加强角色交流,促进相互了解,从而形成和谐、融洽的职业角色关系,进而也为提高退役运动员职业角色转换水平创造了条件;另一方面,职业角色交流之所以是退役运动员职业角色转换的重要途径,是因为通过这种途径,退役运动员可以学习组织文化和业务知识、技能。

3.根本途径:实践

职业角色转换的过程主要有三个阶段,即职业角色学习→角色交流→角色实践。实践则是个人实现社会化的根本途径。

退役运动员首先进行职业角色转换所需的知识、技能的学习,然后通过实践活动检验和巩固职业角色学习的成果,按照组织对职业角色的要求,通过职业角色实践履行职业角色责任。职业角色实践非常重要,是发挥职业角色功能的行动过程,也是深入理解职业角色权利、义务与规范以及工作知识和技能的过程,还可以检验退役运动员的学习成果和实践应用效果。实践活动本身就是退役运动员现实工作环境的模拟演练。角色实践有助于退役运动员深入了解社会,树立正确的人生观和价值观,强化社会责任意识,增强责任感和使命感;有助于将社会公认的法律制度、道德规范、价值观念等内化为个人的人格组成部分,从而使自己的行为符合社会的要求。退役运动员结合所学的理论知识不断地进行实际操作,在工作知识和技能得到巩固和强化的同时,他们的实际操作能力也得到提升,弥补在运动队时社会经验的不足,不断总结、归纳在实践中积累的经验、教训,并积极地吸取经验教训,及时调整和完善知识结构,从而在现实工作中,他们能更好地进入组织环境,尽快地适应新组织的工作状态;有助于培养良好的社会角色和标准的行为规范,提高人际交往和独立生活能力,为担当新的社会角色做好准备。

5.5.1.3 学习与训练的冲突性

1.学训矛盾解析

(1)学训矛盾的外在表现:时间冲突

不管文化学习还是运动训练,时间是基础保证,必须以投入大量的时间作为前提。

以普通高校高水平运动队为例,高校学生运动员在校的两项主要任务是学习科学文化知识和提高运动技术、竞赛水平。二者容易产生冲突,其矛盾的焦点是时间。无论是在训练期间还是在竞赛期间,运动员的生理、心理状态都需要复杂的调整过程。在这个过程中,很难兼顾文化课程的学习。

(2)学训矛盾的内在因素:努力不足

以普通高校高水平运动队为例,有学者研究发现,学生运动员全年日平均可自由支配的余暇时间在 6.7 小时以上。这 6.7 小时的支配意向与意志努力如何对学生运动员来说是其文化成绩优劣的具有决定性意义的弹性空间。既要安排训练准备、训练恢复、神经扩散、人际交往、文化生活等活动,还要合理地挤出更多学习时间。需要个人坚定的意志品质、对学习重要性的高度认识以及高效的协调能力等。从目前的情况来看,大多数学生运动员难以平衡好这种关系。

(3)学训矛盾的客观现实:训练落后

多学科的综合介入、高科技的全面渗透、跨国的加深合作等,运动训练已进入全面提升质量和效益的新时代。特别是近十年,人工智能、大数据分析和可穿戴设备等高科技技术的引领,科研、训练和保障"三位一体"无缝链接,充分融合,世界竞技训练水平和科学化程度越来越高。

相比较而言,我国竞技训练特别是青少年训练仍然处于高投入低产出的粗放式发展模式,依靠延长训练时间、增加运动量来提高运动水平的观念和做法仍然普遍存在,这种做法已经远远落后于现代竞技训练发展的新趋势,挫伤了学生运动员持续运动训练的积极性,同时造成训练疲劳,增加了学生运动员运动损伤的风险。此外,过多占用学生运动员文化学习时间,加剧了学训矛盾,影响其综合文化素质的提高和学生运动员全面和谐发展。

(4)育人夺标分离

我国的竞技体育体制传承于苏联,即举国体制,举全国之力办体育。

竞技体育的管理部门作为一级组织,设有独立且庞大的部门机构、专业的知识结构(话语权)、独立的活动领域。而我国的教育体制,也有一套自己的体系和根深蒂固的传统与传统资源。体育部门和教育部门有各自的目标与利益导向,教育的目标是育人,竞技体育的目标是夺标,两者并未实现有效融合。体教结合虽然运行了很多年,但是个人认为,真正的体教结合乃至融合仍需要很漫长的过程。

[运动员文化教育案例]

学训矛盾,阻碍我国冰雪运动员培养

2015 年,我国成功获得了 2022 年冬季奥运会的主办权,政府向国际奥委会庄严承诺,实现 3 亿人上冰雪。然而,从黑龙江省冰雪运动项目的生源来看,有下滑趋势,人才储备严重不足,已经影响到冰雪运动的整体水平。究其原因,主要是文化教育缺失,很多运动员退役出路不畅。

文化教育对于专业运动员来说,始终是个短板。由于常年训练,很多运动员因为只上半天课,回到学校课程跟不上进度,积少成多,后期很难补上,也在很大程度上影响了学习的兴趣。在训练过程中,有队员中途放弃,也很少有运动员再回到学校,文化课的基础已经没有了。

持续多年的解决运动员文化教育的渠道是集中为运动员补课,但是由于教师力量较弱、水平参差不齐、教学内容不系统、教学组织不严谨等等问题存在,效果十分不理想。

黑龙江省曾经对 60 名九年及以下的运动员进行过基本知识的摸底测试,数学最高分为 25 分,很多学生的分数为个位数。

因为文化教育的局限,生源匮乏现象越来越严重。据统计,2011 年速度滑冰项目的体校运动员近 600 人,而到了 2014 年底,速度滑冰和短道速滑两个项目加在一起才只有 400 人,下滑的速度惊人。很多运动员由于多年文化教育缺失,进入专业队以前如果放弃训练另谋出路,发展很

难。即使进入专业队员行列,成绩一般也享受不到就业安置,多数运动员只能拿点补偿金退役。

(资料选自:王君宝,卢美婷.文化知识成训练短板 阻碍我国冰雪运动员培养.新华网,2015-07-23.)

5.5.2 我国运动员保险保障的实施现状

5.5.2.1 我国运动员保险保障的历史回顾

1. 运动员社会保险保障的产生阶段(1950—1977 年)

改革开放前,我国处于计划经济时期,与计划经济体制相适应。20 世纪 50 年代,竞技体育发展模式是在"中央体训班"模式基础上,组建了部分项目的国家队和体育工作大队。实行半军事化、半封闭式的管理。20 世纪 60 年代,随着党中央提出"调整、巩固、充实、提高"八字方针,按照"缩短战线,确保重点,猛攻尖端"的原则,重新调整了体工大队发展模式,并构建了服务于举国体制,从基层单位业余体校——重点业余体校、中心业余体校—优秀运动队层层衔接的三级运动员培养体系。为保障优秀运动员的训练和比赛,为国争光,政府相关部门先后出台了运动员伤病治疗、退役安置等方面的政策。包括:

1951 年,颁布了《中华人民共和国劳动保险条例》。

1956 年,发布了《关于运动员在比赛中负伤应给予何种劳动保险待遇问题的通知》,提出运动员训练或比赛受伤所享受的待遇与厂矿职工因公负伤待遇等同。这是历史上第一次对运动员进行的保险保障。

1962 年,颁布了《关于处理伤病运动员的几点意见》,对运动员的伤病治疗、待遇以及伤病运动员的安置等问题提出了"先医治后处理"的原则。

这一阶段,优秀运动员保险保障问题开始引起国家重视,这为我国竞技体育的迅速发展提供了有力保证。

2. 运动员社会保险保障体系的初步形成阶段(1978—1992 年)

1979 年,我国恢复了在国际奥委会的合法席位,我国竞技体育进入快速发展的轨道。为了鼓励运动员为国争光,国家对于运动员的管理、保险保障等方面也出台了相关制度。

1980 年 4 月,民政部、国家劳动总局、国家体委联合制定了《关于招收和分配优秀运动员等问题的联合通知》,明确规定:凡自学校、农村或社会上正式参加到省、市、自治区专业运动队的运动员,自进入专业队伍之日起即算为参加工作,成为国家正式职工,与国家职工享受同样的待遇;以后在分配工作或复学、升学时的生活待遇等,均应根据国家对职工的有关规定办理。

1980 年,国家体委印发了《关于优秀运动队建设的几个问题》,要求各级体育部门要加强文化教育,认真解决优秀运动队文化学习的问题,建立正规的文化学习制度。

1982 年,经国务院批准,国家体委颁发了《优秀运动员教练员奖励试行办法》,开始对在国际重大比赛中获得优异成绩的运动员、教练员给予国家奖励。

1986 年 11 月,国家体委颁布了《优秀运动队工作条例(试行)》,其中的第二十八条规定:运动员的工资、福利、伤残劳保以及其他物质待遇,按国家有关规定执行。

推行社会保险,对优秀运动队可以拨出一定经费缴付人身安全保险金,对于受伤致残的运动员,争取从社会保险中获得补偿。

1987 年,国家体委与国家教委颁发了《关于著名优秀运动员上大学有关事宜的通知》,规定奥运会、世界杯、世界锦标赛单项前三名获得者和集体项目前三名的主力队员以及世界纪录创造者,可免试上大学。同年,在运动员管理方面,劳动人事部制定了《关于招收运动员如何实行劳动合同制的通知》，要求国家体委就运动员实行合同制的问题，会同有关部门和地区进行调查研究，制订招用运动员的具体方案。

这一时期运动员社会保障工作取得了阶段性进展，运动员在就业、奖金、福利、教育、医疗等方面均形成一定的社会保障，运动员社会保障体系初步形成。

3. 运动员社会保险保障体系发展阶段（1992—2008 年）

1992 年，党的十四大明确提出了我国经济体制改革的目标——建立社会主义市场经济体制。体育管理体制改革是以 1992 年 11 月 11—17 日"中山会议"为标志，以足球为突破口开始了竞技体育改革的道路。这一改革，激起了社会组织支持体育、发展体育的强大热情，表现在运动员保障方面亦如此。

1995 年 3 月，11 位全国政协委员向八届全国政协会议递交议案，要求为我国体育事业做出突出贡献的优秀运动员和教练员建立伤残和养老保险制度。1996 年，香港南华体育总会会长洪祖杭先生先后捐赠1200 万元，建立"祖杭体育保险基金"。

1998 年，中华全国体育基金会保险部与保险公司共同制定了《国家队运动员伤残保险试行办法》《国家队运动员伤残事故程度分级标准》《国家队运动员伤残事故程度分级标准定义细则》等涉及国家队运动员伤残保险的关键性文件。

1998 年 9 月 8 日，中华全国体育基金会与中保人寿保险有限公司正式签字，中华全国体育基金会出资 100 万元，为 1400 余名国家队的运动员投保了保险金额从 3000 元到 30 万元不等的伤残保险。

1999 年 10 月 20 日，中国太平洋保险公司北京分公司与中华全国体育基金会签署协议，对国家运动员在训练、比赛及日常生活中发生的意外伤害提供保险保障最高保险金额达 7.2 亿元。根据协议规定，在保险期内,所有国家队现役运动员,在运动训练和比赛中发生伤残事故的,每人可获得最高保险赔偿 30 万元,获世界冠军的运动员最高可获赔偿 60 万元。在非训练、比赛时发生伤害的,每人最高可获 20 万元赔偿。但是,这些保险主要针对的群体是优秀运动员。

2001 年北京申办第二十九届夏季奥运会成功后,国家进一步加大了对运动员保障工作的力度,逐步建立起符合我国国情,与社会主义市场经济体制相适应,由国家、社会、行业、地方和个人共同承担、分级负责、多层面、全方位的运动员保障体系基本框架。

2002 年 9 月 27 日,《优秀运动员伤残互助保险试行办法》由国家体育总局颁布。2003 年 11 月,国家体育总局《关于同意修改部分伤残互助保险条款的批复》中扩大了伤残互助保险人员范围,调整了赔付标准等。

2004 年,国家体育总局人事司正式下发了体人字〔2004〕525 号文件《关于印发〈优秀运动员伤残互助保险暂行办法〉的通知》,这是优秀运动员伤残互助保险的法规依据,其中对参保运动员的范围、保险缴费标准、保险金给付标准、运动伤残等级标准、致残分级判定基准有明确规定。

2004 年 3 月 7 日,中体保险经纪有限公司作为首家专业从事体育保险的经纪公司在北京成立,为综合运动会、各单项运动赛事、大型群众活动、职业联赛、文化体育活动、体育场馆、体育经营场所、体育设施及器材、体育院校、专业与职业运动员等提供专业的风险管理与保险经纪服务。

2006 年 11 月,财政部、劳动保障部和国家体育总局联合印发了《关于进一步加强运动员社会保障工作的通知》,这是我国有关运动员社会保障问题的第一个综合性文件。将运动员保障工作纳入国家保障工作的制度体系之中,使运动员保障工作基本进入法治化、规范化、社会化的轨道。

4. 运动员社会保险保障体系完善阶段(2009—2017 年)

2010 年,国务院办公厅转发体育总局等部门发布的《关于进一步加强运动员文化教育和运动员保障工作指导意见的通知》指出：运动员及其所在单位应按照有关规定参加社会保险，按时足额缴纳各项社会保险费，确保运动员享受相应的社会保险待遇。

《工伤保险条例》经过 2010 年的修改，在适用主体、适用范围、保障待遇和工伤认定程序救济上更为完善和全面。各地要将运动员纳入工伤保险统筹范围。要针对运动员的职业特点，进一步研究和完善工伤保险管理和保障机制。完善运动员多层次医疗保障体系。根据运动员伤病特点和运动训练、竞赛的特殊性，有条件的地方可在参加基本医疗保险基础上为运动员建立补充医疗保险，加大保障力度。[37]

2012 年 7 月，国家体育总局、教育部、财政部、人力资源和社会保障部、中央编办发布的《关于深入贯彻落实〈关于进一步加强运动员文化教育和运动员保障工作的指导意见〉（体青字〔2012〕77 号）的通知》中指出：尚未将运动员纳入工伤保险统筹的地区，要采取积极措施，确保当地运动员于 2012 年底前参加工伤保险[38]。

2014—2017 年，国家体育总局连续三年分别颁布了《运动员保障工作要点》。其核心内容是做好社会保障和运动员保障的衔接，完善运动员职业辅导体系和就业服务体系，构建和完善运动员保障长效机制。可以得知，退役运动员的出路问题是未来一段时期运动员保障工作的重中之重。

5.5.2.2　我国运动员社会保险的实施情况分析

《中华人民共和国社会保险法》明确提出职工享有基本养老保险、基本医疗保险、工伤保险、失业保险、生育保险和住房公积金（简称"五险一金"）的保险制度，作为合法权益，覆盖所有公民。运动员也不例外。《关于进一步加强运动员社会保障工作的通知》中明确提出：各级体育、财政和劳动保障部门要建立包含运动员的基本养老保险、基本医疗保险、失业保险和工伤保险在内的统一的社会保障体系。本课题结合运动员社会保险的实际发生情况,重点阐述运动员养老保险、医疗保险、工伤保险。

1.运动员养老保险的实施现状及问题

通过对电话咨询、实地走访的形式,对江苏省、辽宁省、黑龙江省运动员养老保险的制度现状、运行现状以及运动员投保现状、生存现状等方面进行了全方位的考察,归纳出一些共性特征。

(1)实施现状

我国养老保险制度主要包括三部分(三层次):基本养老保险、企业补充养老保险和个人储蓄性养老保险[39]。国家对运动员基本养老保险的规定追溯到 2006 年,国家体育总局协同多个部门发布了《关于进一步加强运动员社会保障工作的通知》,对运动员的社会保险给予规定:按照梯度覆盖的原则,为运动员办理保险手续,首先建立养老保险。缴纳标准与企事业单位员工一致,为工资部分的 8%。执行事业单位岗位绩效工资制度缴纳养老保险费用的标准为岗位工资、薪级工资、部分绩效工资。运动员的工资结构中,基础津贴对应岗位工资,成绩津贴对应薪级工资。

运动员养老保险的月缴费基数＝(基础津贴＋成绩津贴＋
部分绩效工资)×8%

转移接续:省内已经实现了养老保险账户的自由流动,跨省需要办理个人账户的转移手续。

经办流程:自主择业退役运动员的养老保险一般都是根据运动员退役文件简化手续一次性办理。对于组织安置运动员,由于各地工作安置的时间不完全同步,国家要求运动员的养老保险一律简化手续单独办理,以保证与新工作单位实现有效衔接。

(2)问题

①法律法规体系不健全。目前已有的政策法规层级较低且不够清

晰,可操作性不强,这使得运动员在参保过程中很多问题没有法律政策依据,比如,一些非在编运动员的保险问题无章可循等。

②养老金尚未形成有效积累。表现在:首先,国家所规定的领取基本养老金所具备的2个基本条件,达到国家法定退休年龄以及参保期限为15年。退役运动员由于再就业压力较大且呈现多元化,很难满足条件。其次,运动员作为一类群体,退役之后身份差异较大。有学者曾就2014年我国退役运动员在各行业的安置情况进行过研究,其中包括:出国、高校深造、教练、企业就职、政府部门、健身俱乐部、待业等。如果简单地按照统一标准将其纳入城镇职工养老保险体系,必然存在极大不公平。对那些就业不理想或待业的伤残运动员,很难形成有效的养老金积累。此外,运动员在训期间缴纳比例较低,这些都表明运动员难以形成养老金的有效积累。

③训练单位负担过重。目前,国内运动员所参加的机关事业单位职工养老保险中,训练单位缴费比例一般为20%,有的省份更多(江苏省缴费比例为22%)。缴费由各省财政提供,支付压力较大。运动员退役后,能继续承担保费并持续缴纳,直到年满国家规定缴费年限的比例仍很低。此外,很多训练单位每年还要为试训运动员和2008年以前退役的运动员进行养老保险费的补缴,这些补缴费用使得训练单位的用工成本提高,也增加了省财政的预算开支,形成双重压力。

④运动员养老保险基金筹集覆盖范围狭窄。具体表现在两个方面:有实力的企、事业单位、民营企业、俱乐部受利益驱使拖缴、欠缴,无实力的无力缴纳,两个方面使得运动员保障水平偏低,这也将直接影响其未来的预期养老金水平。

⑤养老保险转移接续不通畅。目前,省内养老保险关系已经实现了自由流动,运动员退役后工作就业在本省范围内,养老保险关系转移到新

单位不需要办理个人账户的转移手续,仅仅将办理养老保险时现场打印的养老关系转移单交给新单位,不再另办其他转移手续。但是,如果运动员退役后工作就业在本省外地区,养老保险关系转移手续除了常规的养老保险参保减少手续外,还需要另外办理个人账户的转移手续。有的退役运动员为办理转移手续,要不断在原单位与现社保单位之间进行跨省联系,除了交通、通信等花销,还要消耗大量时间。原参保单位也需要再次前往社保中心办理个人账户转移手续,这对于当前社会保险管理人员队伍本身就人手不足的情况,更显得工作任务增加,工作压力加大,管理成本提高。

2. 我国运动员医疗保险实施现状及问题

（1）实施现状

我国现有的医疗保险制度（城镇职工基本医疗保险、城镇居民基本医疗保险与新型农村合作医疗保险），这三项医疗保险制度已经基本实现了覆盖城乡居民的目标。运动员作为国家公民,毫无疑问,在医疗保险的保障之内。同时,2006 年,国家体育总局下发的《关于进一步加强运动员社会保障工作的通知》中明确规定:运动员及所在单位要按照国家和当地的有关规定,参加城镇职工基本医疗保险并按规定缴费。在参加基本医疗保险的基础上,有条件的地方可为运动员建立补充医疗保险。在编运动员医疗待遇按照包干经费报销方式兑现。

每个月缴纳的城镇职工基本医疗保险费用计算公式如下:

个人城镇职工基本医疗保险缴费全额＝个人城镇职工基本医疗保险缴费比例×

个人城镇职工基本医疗保险缴费基数

城镇职工基本医疗保险缴费由职工个人和用人单位共同参与。一般来说,城镇职工基本医疗保险缴费标准如下:

城镇职工基本医疗保险缴费比例:用人单位 8％,个人 2％（各地标准不一）。

城镇职工基本医疗保险缴费基数：在职职工的缴费基数为本人上一年度月平均工资。本人上一年度月平均工资高于上一年度本市在职职工月平均工资300%的，超过部分不计入缴费基数；低于上一年度本市在职职工月平均工资60%的，以上一年度本市在职职工月平均工资的60%为缴费基数。

（2）黑龙江省运动员医疗保险实证分析

黑龙江省雪上训练中心按照国家实施的基本医疗保险要求，参与基本医疗保险，专业滑雪运动员与普通城镇居民医疗保险待遇一致。雪上训练中心和专业滑雪运动员都需要缴纳保险费，黑龙江省体育局每月按照雪上训练中心、专业滑雪运动员工资总额的6%缴纳基础保险费用，70%划入统筹账户，其他的划入专业滑雪运动员个人账户；专业滑雪运动员每月缴纳的保险费用则为工资收入的2%，全部纳入个人账户。

（3）问题

首先，运动员享受医疗保险的比例是所有险种当中最高的，但是由于医疗保险本身的特点"保病不保伤"，对运动员还缺乏职业的针对性。

其次，各省训练队财政拨款所占比例很小，大部分经费需要单位自筹，压力很大。

再次，优秀运动员和普通运动员享受医疗保险的差距较大。目前，省属优秀运动队都是采用医疗费报销制度，报销比例根据运动员国内外大赛成绩的高低进行划分。没有参赛机会的运动员只能享受最基本的医疗保险。

最后，转移接续难。运动员退役后医疗费报销待遇停止。在训期间没有缴纳基本医疗保险,无法进行医疗保险的转移接续。进入新单位后要进行基本医疗保险的新参保开户和缴费等手续。而且,基本医疗保险待遇是与缴费年限挂钩的,参保缴费年限越长,基本医疗保险个人账户存入的费用越多,参保人员就相应享受较高的医疗待遇,可以承担较大的医疗风险。而这目前对于运动员而言,从政策层面上尚不存在转移接续,不具备医疗保险缴费年限连续计算的条件。

3. 运动员工伤保险实施现状及问题

(1)实施现状

国家对运动员工伤保险有明确规定,提出将由于运动引起的伤病纳入工伤范畴予以保障,因工致残并且被鉴定伤残等级的退役运动员待遇,要按照工伤保险的有关规定执行。这对运动员保险保障进行了有力的完善和补充。也就是说,运动员参加工伤保险之后,其训练和比赛所造成的伤病,由专业部门给予认定,从工伤保险基金中支付医疗、护理、康复等费用,并按照相关规定享受一次性伤残补助金、伤残津贴等工伤保险待遇。这对运动员来说起到了一定的保障作用。

(2)问题

首先,由于运动员低工资、高奖金的收入特点,工伤保险的保障水平还较低。如果以普通运动员每月工资 2000 元进行计算,最高工伤鉴定为一级伤残,那么按照的新《工伤保险条例》,伤残补助金只有 27 个月本人工资的工伤保障 54000 元。对于一级伤残基本上丧失劳动能力,生活不能自理的运动员来说,五万多元的补偿金对于保障今后的生活和疾病康复显然是微不足道的。

其次,工伤保险无法体现竞技体育职业化的特点。比如,摔跤耳、网球肘、关节软骨损伤、软组织完全断裂等职业性伤病。这些运动员职业生涯中的"常见病"并未涵盖到工伤保险条例《劳动能力鉴定　职工工伤与职业病致残等级》(GB/T16180-2014)的条目当中。因此,对于运动员在职业生涯中的受伤给予区别对待,制定出适合运动员的工伤保险的缴费标准和赔付标准是迫切需要解决的问题。

再次,非在编运动员政策适用性问题。目前,一些运动项目,特别是非奥运项目,由于临时组队,没有编制,无法享受与在编运动员一样的社会保障。按照现行法律规定,是否"有编制",并不影响运动员享受工伤待遇,因为运动员即使"无编制"也与运动队之间构成劳动合同关系,只要存在劳动关系,就应该适用工伤保险条例的相关规定。

5.5.2.3 我国运动员行业保障的实施现状分析

目前,我国运动员行业内的保障主要包括运动员伤残保险、运动员优抚安置以及运动员社会福利三部分,如图 5-1 所示。

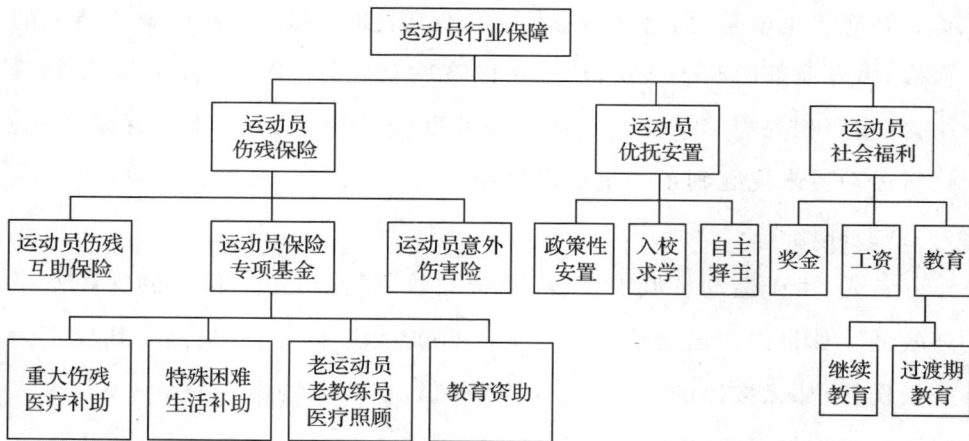

图 5-1 运动员行业保障结构

1.运动员伤残保险的实施现状及问题

运动员伤残保险主要包括三部分:一是中华全国体育基金会发起的优秀运动员伤残互助保险,二是财政部发起的运动员保障专项资金,三是国家队或地方队为运动员办理的意外伤害险。

（1）优秀运动员伤残互助保险的实施现状及问题

实施现状：

伤残保险最早是1998年针对国家队的运动员所设立的。在此基础上，2002年又制定了《优秀运动员伤残等级标准》《优秀运动员伤残互助保险试行办法》两部政策性文件，在此基础上又扩大了保障对象，覆盖三种类型运动员，分别是高水平运动队中从事奥运会和全运会项目正式在编、享受体育津贴奖金制的运动员以及集训和试训运动员；各地市级运动队中承担省级高水平运动队训练、比赛任务并从事奥运会、全运会项目正式在编、享受体育津贴奖金制的运动员；各省、自治区、直辖市、解放军体育运动学校和各地体育院校附属竞技体育学校中作为国家队、省区市高水平运动队后备力量培养的并从事奥运会和全运会项目的学生。所属正式在编、享受体育津贴奖金制，并且在参加国内外重要赛事的"优秀运动员"均可享受伤残保险。2003年，国家体育总局继续扩大运动员伤残互助保险的范围，调整了伤残等级并适度提高了赔付标准。2017年，国家体育总局人事司委托中华全国体育基金会在深入调研、广泛征求意见的基础上，针对2004年《优秀运动员伤残互助保险暂行办法》（体人字〔2004〕525号），进行了重新修订。主要涉及《伤残互助保险办法的制定和修订》《运动伤残等级标准的制定和修订》《伤残互助保险缴费标准和保险待遇标准的制定和修订》。

覆盖对象：

全国各省、自治区、直辖市、计划单列市、解放军及前卫体协、火车头体协高水平运动队中从事奥运会和全运会项目正式在编、享受体育津贴奖金制的运动员以及集训和试训运动员，解放军军事五项队运动员。

各地市级运动队中承担省级高水平运动队训练、比赛任务并从事奥运会和全运会项目正式在编、享受体育津贴奖金制的运动员。

各省、自治区、直辖市、解放军体育运动学校和各地高等院校中作为国家队、省区市高水平运动队后备力量培养的并从事奥运会和全运会项目的学生。

缴费标准：

随着我国运动员伤残保险事业的开展，共有 59 项奥运会和全运会项目能参与伤残互助保险，缴费标准从 50 元到 190 元。优秀运动员伤残互助保险缴费标准见表 5-2。

表 5-2 优秀运动员伤残互助保险缴费标准

类别	运动项目	缴费标准(年/元)
1	摔跤、柔道、跆拳道、武术散打、体操、艺术体操、蹦床、自行车、铁人三项、曲棍球、手球、垒球、排球、沙滩排球、军事五项、赛艇、皮划艇、田径、高山滑雪、跳台滑雪、北欧两项、单板滑雪、雪车、钢架雪车、雪橇、攀岩、冲浪、空手道28项	190
2	拳击、跳水、马术、举重、游泳、现代五项、足球、篮球、棒球、冰球、橄榄球、滑板、短道速滑、速度滑冰、花样滑冰、自由式滑雪16项	110
3	射击、射箭、花样游泳、乒乓球、冰壶、高尔夫、水球、武术套路、击剑、羽毛球、网球、越野滑雪、冬季两项、帆船(板)、激流回旋15项	50

资料来源：国家体育总局人事司 2017 年 12 月 15 日下发的《关于印发〈优秀运动员伤残互助保险办法（试行）〉的通知》。

给付标准：

保险等级为 11 级，特级为 50 万元人民币，十级为 3500 元人民币。伤残互助保险金给付标准见表 5-3。

表 5-3 伤残互助保险金给付标准　　　　　　　　单位：万元

等级	特级	1 级	2 级	3 级	4 级	5 级	6 级	7 级	8 级	9 级	10 级
金额	50	30	25	15	10	8	5	3	1.5	0.6	0.35
总计	11 个等级										

资料来源：国家体育总局人事司 2017 年 12 月 15 日下发的《关于印发〈优秀运动员伤残互助保险办法（试行）〉的通知》。

截至 2018 年,优秀运动员伤残互助保险已覆盖全国 31 个省区市体育局、5 个计划单列市体育局、中央军委训练管理部军事体育训练中心、有关行业体协,涉及 255 个基层训练单位。启用了运动员保障信息系统,建立了全国运动员保障信息数据库,进一步加大了对运动员的保障力度,优化了省区市体育局的工作流程。全年参加互助保险共计 34240 人,基金会组织医疗专家组鉴定 12 次,补助 1334 人次,共补助 610 万元。

问题:

运动员伤残保险作为"赞助性公益化模式",对于一定程度保障优秀运动员权益,缓解其由于伤残造成的经济损失具有积极作用。但是运行 20 多年来,与当今社会经济的快速发展相比也出现了诸多不适应。

首先,标准中符合投保的运动员覆盖面仍有限。虽然 2017 年《优秀运动员伤残互助保险办法(试行)》进行了调整,涉及运动员群体较以往相比有了一定的扩大,包含部分体育协会的运动员以及部分参加奥运会、全运会的运动员学生。覆盖人数与我国庞大的运动员基数差距仍然很大。特别是近些年,我国将体育提升到重要的发展高度,运动员的人数大大增加。应该继续扩大运动员的保障对象,积累、增加伤残互助保障基金。

其次,缴纳标准过低。与以往相比,运动员伤残互助保险有了一些提高。从原来的 40 元,80 元,100 元,提高到现在的 50 元,110 元,190 元。上涨幅度仍与经济发展水平严重不匹配,加之运动员职业风险的特点,这种相当于普通保险的缴纳金额,无法满足运动员职业伤病所造成的损失,应适当提高缴纳标准和赔付标准。

最后,非奥运项目受冷落。在"奥运战略"中,我国将体育运动项目划分成奥运项目与非奥运项目大类。但两者在国家政策扶持、资金投入及科学研究等方面严重失衡。国家体育总局官方网站列出的非奥运项目包括航空运动、滑水运动、极限运动、潜水运动、健美操等累计 37 个单项。目前的伤残互助保险中,只局限于奥运项目,非奥运项目则不能参保。但从现实情况看,爬山、跳伞等其他竞技项目都属于高危项目,运动员受伤风险非常高,且都是较为严重的伤病,所以保险对他们来说显得格外重要。非奥运项目运动员发生伤病时无法得到基金会的保险赔偿,这给其运动生涯和退役生活带来了巨大挑战。

(2)运动员保障专项资金的实施现状及问题

实施现状:

运动员保障专项资金最早是在 2008 年由财政部设立,2011 年又进行了重新修订。其中,基金中心具体负责运动员重大伤残医疗补助、特殊困难生活补助和教育资助的实施工作;人力中心具体负责运动员职业辅导项目经费的实施工作。运动员保障专项资金作为专项资金,强调了帮助运动员解决因重大伤残和特殊生活困难所面临的工作和生活问题,其包括:运动员重大伤残医疗补助金、运动员特殊困难生活补助金、运动员教育资助金以及组织开展运动员职业辅导、就业服务等职业发展项目。

重大伤残医疗补助:主要针对运动训练中的死亡和重大伤残事故,按照国家质量监督检验检疫总局、国家标准化管理委员会批准发布的《劳动能力鉴定 职工工伤与职业病致残等级》(GB/T16180-2014)予以评定(1~4 级)。这种情况,个人在住院治疗和康复期间,对个人自付部分的 50% 给予补助,每人每年最多不超过 5 万元。因国内无法医治,经批准到国外进行治疗的,按其在国外治疗费用的 50% 给予补助,补助金额每人每年不超过 50 万元,治疗时间一般不超过一年。

运动员特殊困难生活补助:是指运动员因重大疾病、运动伤残、慢性运动损伤或失业等,生活非常困难的,可以一次性享受不超过 5 万元的运动员特殊困难生活补助。在治疗期间有固定收入来源或已参加工伤保险、基本医疗保险的,且本人收入低于当地城镇职工平均年收入的,给予一次性不超过 3 万元的运动员特殊困难生活补助。重大疾病参照原劳动和社会保障部《职工非因工伤残或因病丧失劳动能力程度鉴定标准(试行)》(劳社部发〔2002〕8 号)和中国保险行业协会制定的《重大疾病保险的疾病定义使用规范》中有关规定进行认定。

运动员高等教育资助:一部分退役运动员退役后,选择了继续接受教育。国家对此也持鼓励的态度,并通过政策给予支持。一般来说,我国退役运动员进入高校继续深造的方式有三种:一是达到国家制定标准,成绩优异的运动员能够直接免试入学;二是一些运动员可享受单招,达到指定成绩标准,考试后进入体育院校学习;三是以高水平队的形式,通过高校体育特长生的身份进入学校。

运动员高等教育资助主要包括在役运动员参加高等学校学习,按个人所付学费标准给予资助,原则上每人每学年资助金额不超过 2500 元。退役运动员进入高等学校学习,在学习期间无固定收入来源的,按个人所付学费标准给予资助,原则上每人每学年资助金额不超过 5000 元。

此外,2003 年,国家体育总局制定了《国家队老运动员、老教练员关怀基金实施暂行办法》,并委托中华全国体育基金会具体实施。中华全国体育基金会设立国家队老运动员、老教练员关怀基金审定小组,负责接受申请和资格审查。根据老运动员、老教练员实际所遇到的困难程度,将关怀基金资助标准分为三个等级,分别为 5 万元、3 万元、2 万元。2004 年,在中央领导的关怀下,财政部、人事部、卫生部、劳动和社会保障部与国家体育总局联合下发了《关于对部分老运动员、老教练员给予医疗照顾的通知》,对十一届三中全会以前获得世界冠军的运动员以及教练员、突破世界纪录和珠穆朗玛峰登顶成功的运动员给予医疗补助。

问题：

运动员保障专项基金的设立，对于运动员在医疗、生活、教育等方面遇到的困境确实起到了一定的缓解和补充作用，体现了国家对退役运动员的关怀，可谓"雪中送炭"。但是，由于资金来源的单一性，一次性且金额有限，伤残保障金额和覆盖面都十分有限。如果真正使这些运动员从困境中解脱出来，保障他们未来的生活，仅仅依靠政府力量是远远不够的，需要全社会共同关注。一些公益基金的成立，是社会筹集基金帮助困难运动员的重要平台，具有很好的示范作用。

（3）意外伤害险

实施现状：

运动员意外险是指以运动员、教练员的身体和生命作为保险标的的保险，它的基本内容是指体育组织（投保人）与保险公司通过订立保险合同明确双方的权利与义务，通过保险标的、保险契约、保险费、赔率和保险金额，将体育人身意外伤害风险进行规范化和程序化的管理。但是，由于国内保险企业缺乏相关的经验和精算数据，加上专业人才的缺乏，国内的体育保险事业发展较缓慢。通过对很多投保系统的调研发现，大多数意外伤害险并不是专门针对体育项目特点而制定的，而是参照人身意外伤害保险条款进行承保，责任范围包含意外残疾、意外医疗等 10 项保障，其中意外残疾保额为 5 万元到 20 万元。还有一些是以赞助的形式。比如，在"十二运"期间，中国人寿与"十二运"组委会商定，独家提供赞助款 6000 万元，为运动员和赛会服务人员提供 540 亿元的风险保障。目前，国家队或地方队一般都会给运动员办理"意外伤害保险"。保费是 100 元/年，最多可购买三份。在训练或比赛期间，如果出现死亡或重大伤残，每份保单可赔付近 10 万元,最多可赔付近 30 万元。

问题:

目前针对运动员的意外伤害保险只是一般性的商业保险,没有体现运动员伤残的特点。运动员意外伤害保险急需从法律的层面给予保护,以切实保障运动员权益。同时,应加快开发运动员意外伤害保险的力度,全方位为运动员提供保障。

2. 运动员优抚安置

运动员不是终身职业,运动员退役后如何融入社会,继续发挥他的更大价值亟待解决。政府在这一方面也给予了高度关注,出台了一系列指导性政策,帮助运动员平稳实现过渡。目前对退役运动员的安置主要包括:政策性安置、入校求学、自主职业。

(1)政策性安置

实施现状:

从政策变迁的轨迹来看,我国运动员安置工作大致分为三个阶段:

第一阶段为计划性安置阶段(1952 年至 1979 年)。运动员退役安置工作发起于 1952 年我国组队参加的芬兰赫尔辛基奥运会。以制度形式规定是在 1962 年 9 月 21 日国家体委颁布的《关于处理伤病运动员的几点意见》,其中指出:"凡在训练、比赛中受伤致残的运动员,均按国务院对处理国家职工因公成残的有关规定,给予妥善处理与安置,使其安置后的生活,不受大的影响。""在安置伤病运动员的工作时,要根据其身体条件,分配力所能及的事情,不要勉强分配身体负担不了的工作和劳动。"[41] 1978 年开始,我国进入改革开放新时期,体育事业发展的社会背景发生巨大改变,但是体育在相当长的一段时间内仍然保持着计划经济色彩。计划性安置仍然在运动员的退役安置政策中占据着主导地位。

第二阶段为市场化安置引入阶段（1980—2009 年）。1980 年 4 月 15 日，国家体委、民政部、劳动总局联合颁布了《关于招收和分配优秀运动员等问题的联合通知》，明确了优秀运动员退役后就业安置的双重标准，打破了原有的"平均分配""同等对待"的安置标准，对鼓励运动取得更好的成绩起到了积极的促进作用，在市场经济条件下引入了竞争机制。2002 年 9 月，国家体育总局与中编办、教育部、财政部、人事部、劳动保障部联合下发了《关于进一步做好退役运动员就业安置工作的意见》（体人〔2002〕411 号），强调要充分发挥政府的主导作用，研究制定退役运动员就业安置工作的优惠政策措施，建立进出畅通机制；要根据本地区的实际情况，在不断完善退役运动员就业安置政策和办法的基础上，积极探索适应社会主义市场经济体制要求的退役运动员就业安置的新思路和新办法，拓宽就业安置渠道政策性安置意向通常有两条途径；一条途径是直接在体育系统内任职；另一种途径是被推荐到系统外任职。在计划经济时期，这两条安置途径都较为通畅，为运动员退役后的发展问题提供了有效保证。

第三阶段为市场化安置政策的完善阶段（2010 年至今）。2010 年 3 月 30 日，国务院办公厅发布了《关于进一步加强运动员文化教育和运动员保障工作指导意见》（国办发〔2010〕23 号），关于就业安置问题强调"建立和完善运动员职业转换社会扶持体系，帮助运动员顺利实现职业转换"……"引导和支持退役运动员进入高等学校和各类职业学校培训和学习，不断提高综合素质和就业能力，帮助运动员实现职业转换。"……"运动员自主择业的，按规定享受相应的就业扶持政策。对退役运动员自主创业按规定给予政策性支持。"这里面主要传递两个信号：一是要运动员通过各种教育培训提高综合素质，二是在市场机制下鼓励运动员自主创业。2014 年 10 月 8 日，国家体育总局发布了《国家体育总局关于进一步做好退役运动员就业安置工作有关问题的通知》。通知中提到四点意见：一是加快适应转变体育发展方式的新要求，积极拓宽退役运动员就业安置渠道；二是创新办法和规范程序，不断改进退役运动员就业安置方式；三是围绕不断提高退役运动员职业转换能力，做好职业转换过渡期的职业辅导工作；四是不断整合资源并形成合力，做好退役运动员就业服务工作。

问题：

问题一：随着市场经济体制改革的不断深化，就业市场的供需格局发生了很大变化，人才规格与以往有了很大调整和提高，原本通畅的政策性安置面临失灵，政策性安置面难度越来越大。运动员人力资本具有很强的专用性，运动员退出竞技体育领域，就很难在其他社会领域具有生产力，虽然暂时得到安置，往往会因为无法适应快速的社会变化重新面临失业。

问题二：公平性问题。政策性安置的"效率"是以运动员运动成绩为明确标准，突出了运动成绩的重要性，2007年颁布实施的《运动员聘用暂行办法》中就明确规定："取得优异成绩的退役运动员应聘各类体育事业单位的体育工作岗位，可直接考核、免试录用。"但是，取得优异成绩的运动员毕竟只是极少数，大多数运动员还是无法享受到制度内的政策照顾，显然是不公平的。

（2）入校求学

实施现状：

学历教育是退役运动员安置的方向，也是运动员退役安置体系的一个重要部分。

2002年，《关于进一步做好退役运动员就业安置工作的意见》中第七条明确规定："鼓励运动员进入高等学校学习并通过高校毕业生就业渠道就业。获得全国体育比赛前三名、亚洲体育比赛前六名、世界体育比赛前八名和获得球类集体项目运动健将、田径项目运动健将、武术项目武英级和其他项目国际级运动健将称号的运动员,可以免试进入高等学校学习,高等学校还可以通过单独组织入学考试、开办预科班等形式招收运动员入学。"

国家体育总局科教司一直在组织优秀运动员免试进入高等学校学习的工作。2018 年,符合三类条件其中任一条件即可免试入学:曾获指定项目(54 个项目)比赛最高级别组;全国前三名、亚洲前六名、世界前八名,武术套路传统项目运动员需同时获得运动健将等级称号;获得足球、篮球、排球、田径和武术项目运动健将称号;获得国际级运动健将称号。

2019 年,运动成绩符合以下条件的五类优秀运动员可免试获得国际级运动健将称号;参加指定项目国际赛事,取得亚洲前六名、世界前八名成绩;获得足球、篮球、排球、田径和武术项目运动健将称号;参加指定项目赛事(除棋牌和武术类项目)奥运会项目组别的最高级别组比赛,取得全国前三名成绩;参加棋牌与武术类项目指定赛事最高级别组比赛,取得全国前三名成绩。其中,武术套路比赛传统项目组需同时获得运动健将等级称号。

近年来,优秀运动员免试入学的比例逐年上升。2017 年共有 669 名运动员进入普通高等学校就读;2018 年,共有 928 名运动员申请免试入学,925 名通过审核,获得推荐资格;2019 年,共有 1072 名运动员申请免试入学。经招生院校、各省区市体育局、总局各运动项目管理中心或协会审核,共有 939 名运动员通过审核,获得推荐资格。

问题:

优秀运动员免试入学这一政策解决了很多优秀运动员退役后的发展问题,为他们实现就业起到了文化上的补充以及缓冲作用,是国家对优秀运动员为竞技运动付出的充分肯定和关怀。但是,这一政策也饱受社会的质疑与批评。

问题一:在优秀运动员"免试入学"政策的运行过程中,高校应该冷静面对当下竞技体育的强势冲击,主动抵制体育异化的消极影响,坚守教育公平的基本底线,而不是把教育资源作为"赠品"。这也是我国优秀运动员"免试入学"政策实现健康、可持续发展必须坚守的底线。

问题二:必须以尊重教育规律为基本前提。这需要在实践运行中坚持基本的规范。有些优秀运动员进入学校以后,成绩、日常管理的要求也存在特殊化现象,这违背了教育公平、公正的原则,对运动员的发展也极为不利。

表 5-4 　　　　　　　　2019 年优秀运动员免试入学的竞赛项目及赛事表

序号	项目	全国体育比赛		亚洲体育比赛		世界体育比赛	
		名称	组别	名称	组别	名称	组别
1	射箭	全运会	个人、团体赛	亚运会	反曲弓组	奥运会	反曲弓组
		全国室外锦标赛	反曲弓组	亚洲锦标赛	反曲弓组	世界锦标赛	反曲弓组
		全国冠军赛	反曲弓组		反曲弓组	世界杯总决赛	反曲弓组
2	射击	全运会	奥运会项目组	亚运会	奥运会项目	奥运会	奥运会项目组
		全国锦标赛	奥运会项目组	亚洲锦标赛	奥运会项目(成年组)	世界锦标赛	奥运会项目(成年组)
		全国冠军赛	奥运会项目组	亚洲飞碟、气枪锦标赛	奥运会项目(成年组)	世界杯总决赛	奥运会项目
3	自行车	全运会	□	亚运会	□	奥运会	□
		全国锦标赛	成年	亚洲锦标赛	成年	世界锦标赛	成年
		冠军赛总决赛	成年			世界杯	成年
4	击剑	全运会	□	亚运会	□	奥运会	□
		全国锦标赛	□	亚洲锦标赛	□	世界锦标赛	□
		全国冠军赛总决赛	□	亚洲 U23 锦标赛	□	国际剑联积分排名前三	□

（续表）

序号	项目	全国体育比赛		亚洲体育比赛		世界体育比赛	
		名称	组别	名称	组别	名称	组别
5	现代五项	全运会	个人赛 团体赛 接力赛	亚运会	个人赛 团体赛 接力赛	奥运会	个人赛 团体赛 接力赛
		全国锦标赛		亚洲锦标赛		世界锦标赛	
		全国冠军赛总决赛				世界杯总决赛	
6	马术	全运会	□	亚运会	□	奥运会	□
		全国锦标赛	□	亚洲锦标赛	□	世界锦标赛（世界马术运动会）	□
		全国冠军赛总决赛	□	国际马联各分项最高星级比赛	□	世界杯总决赛	□
7	铁人三项	全运会	男子优秀组 女子优秀组 混合接力组	亚运会	男子优秀组 女子优秀组 混合接力组	奥运会	男子优秀组 女子优秀组 混合接力组
		全国锦标赛		亚洲锦标赛		世界系列赛总决赛	
						混合接力世界锦标赛	
8	赛艇	全运会	□	亚运会	□	奥运会	□
		全国锦标赛	成年	亚洲锦标赛	□	世界锦标赛	□
		全国赛艇冠军赛（春季）	□	亚洲杯	□	世界杯	□
9	皮划艇（静水、激流回旋）	全运会	□	亚运会	□	奥运会	□
		全国锦标赛	□	亚洲锦标赛	成年	世界锦标赛	成年
		全国冠军赛（春季）	□	亚洲杯	□	世界杯	□
10	帆船帆板	全运会	□	亚运会	□	奥运会	□
		全国锦标赛	□	亚洲锦标赛	□	世界锦标赛	□
		全国冠军赛	□	单项级别冠军赛	□	世界杯分站赛	□

（续表）

序号	项目	全国体育比赛		亚洲体育比赛		世界体育比赛	
		名称	组别	名称	组别	名称	组别
11	冲浪	全运会	□	亚运会	□	奥运会	□
		全国锦标赛	□	亚洲锦标赛	□	世界锦标赛	□
		全国冠军巡回赛	□	亚洲冠军赛	□	世界职业赛	□
12	举重	全运会	总成绩	亚运会	总成绩	奥运会	总成绩
		全国锦标赛	总成绩	亚洲锦标赛	总成绩	世界锦标赛	总成绩
		全国冠军赛	总成绩	亚洲杯	总成绩	世界杯	总成绩
13	柔道	全运会	□	亚运会	□	奥运会	□
		全国锦标赛	□	亚洲锦标赛	□	世界锦标赛	□
		全国冠军赛	□		□	世界大师杯赛	□
14	跆拳道	全运会	□	亚运会	□	奥运会	□
		全国锦标赛	□	亚洲锦标赛	□	世界锦标赛	□
		全国冠军赛	□		□	世界杯	□
15	摔跤	全运会	国际式摔跤	亚运会	国际式摔跤	奥运会	国际式摔跤
		全国锦标赛	国际式摔跤	亚洲锦标赛	国际式摔跤	世界锦标赛	国际式摔跤
		全国冠军赛	国际式摔跤			世界杯	国际式摔跤团体
16	拳击	全运会	□	亚运会	□	奥运会	□
		全国锦标赛	□	亚洲锦标赛	□	世界锦标赛	□
		全国冠军赛	□		□		
17	空手道	全运会	□	亚运会	□	奥运会	□
		全国冠军赛	成年甲组	亚洲锦标赛	□	世界锦标赛	□
		全国锦标赛	成年甲组	亚洲杯	□	世界杯	□

（续表）

序号	项目	全国体育比赛		亚洲体育比赛		世界体育比赛	
		名称	组别	名称	组别	名称	组别
18	田径	全运会	成年组	亚运会	成年组	奥运会	成年组
		全国田径（竞走、马拉松）冠军赛	成年组	亚洲田径（竞走、马拉松）锦标赛	成年组	世界锦标赛	成年组
		全国田径（竞走、马拉松）锦标赛	成年组			世界杯赛（竞走、马拉松）	成年组、团体
19	游泳	全运会	□	亚运会	□	奥运会	□
		全国锦标赛	□	亚洲锦标赛	□	世界锦标赛	□
		全国冠军赛	□		□	世界短池游泳锦标赛	□
20	跳水	全运会	□	亚运会	□	奥运会	□
		全国锦标赛	□	亚洲锦标赛	□	世界锦标赛	□
		全国冠军赛	□	亚洲杯	□	世界杯	□
21	花样游泳	全运会	□	亚运会	□	奥运会	□
		全国锦标赛	□	亚洲游泳锦标赛	□	世界游泳锦标赛	□
		全国冠军赛	□	亚洲杯	□	世界杯	□
22	水球	全运会	□	亚运会	□	奥运会	□
		全国锦标赛	□	亚洲锦标赛	□	世界游泳锦标赛	□
		全国冠军赛	□	亚洲杯	□	世界杯	□
23	体操	全运会	□	亚运会	□	奥运会	□
		全国锦标赛	□	亚洲锦标赛	□	世界锦标赛	□
		全国冠军赛	□		□	世界杯赛	□
24	艺术体操	全运会	成年组	亚运会	成年组	奥运会	成年组
		全国锦标赛	成年组	亚洲锦标赛	成年组	世界锦标赛	成年组
		全国冠军赛	成年组			世界杯总决赛	成年组

（续表）

序号	项目	全国体育比赛		亚洲体育比赛		世界体育比赛	
		名称	组别	名称	组别	名称	组别
25	蹦床	全运会	☐	亚运会	☐	奥运会	☐
		全国锦标赛	☐	亚洲锦标赛	☐	世界锦标赛	☐
		全国冠军赛	☐	亚洲青少年锦标赛	15岁以上组	世界杯	☐
26	手球	全运会	☐	亚运会	☐	奥运会	☐
		全国锦标赛	☐	亚洲锦标赛	☐	世界锦标赛	☐
		全国冠军杯赛	☐	亚洲俱乐部锦标赛	☐	世界俱乐部锦标赛	☐
27	曲棍球	全运会	☐	亚运会	☐	奥运会	☐
		全国锦标赛	☐	亚洲杯	☐	世界杯	☐
		全国冠军杯赛	☐	亚洲冠军杯赛	☐	世界联赛总决赛	☐
28	棒球	全运会	☐	亚运会	☐	奥运会	☐
		全国锦标赛	☐	亚洲锦标赛	☐	世界棒球经典赛	☐
		中国棒球联赛	☐		☐	世界杯（U23）	☐
29	垒球	全运会	☐	亚运会	☐	奥运会	☐
		全国锦标赛	☐	亚洲锦标赛	☐	世界女垒锦标赛	☐
		全国冠军杯赛	☐	东亚杯赛	☐	世界杯	☐
30	足球（11人制）	全运会	男足U20、女足成年组	亚运会	男足U19、女足U19	奥运会	男子、女子
		中国足球协会超级联赛	男子、女子	亚足联亚洲杯	男子、女子	国际足联世界杯	男子、女子
		中国足球协会青年联赛	男足U19、女足U18	亚运会	男子、女子	奥运会	男子、女子

（续表）

序号	项目	全国体育比赛		亚洲体育比赛		世界体育比赛	
		名称	组别	名称	组别	名称	组别
31	篮球	全运会	□	亚运会	□	奥运会	□
		中国男子篮球职业联赛	□	亚洲锦标赛	□	世界锦标赛	□
		全国女子篮球锦标赛	□	亚洲杯	□	世界杯	□
32	排球	全运会	□	亚运会	□	奥运会	□
		全国锦标赛	□	亚洲锦标赛	□	世界锦标赛	□
		全国联赛	□	亚洲杯	□	世界杯	□
33	沙滩排球	全运会	男女单项	亚运会	男女单项	奥运会	男女单项
		全国锦标赛	男女单项	亚洲锦标赛	男女单项	世界锦标赛	男女单项
		全国巡回赛年度积分排名	男女单项	亚洲沙滩运动会	男女单项	国际排联年度积分排名	男女单项
34	乒乓球	全运会	□	亚运会	□	奥运会	□
		全国锦标赛	□	亚洲锦标赛	□	世界锦标赛	□
			□	亚洲杯	□	世界杯	□
35	羽毛球	全运会	□	亚运会	□	世界锦标赛	□
		全国锦标赛	□	亚洲锦标赛	□	汤尤杯赛	□
		全国冠军赛	□	亚洲青年锦标赛	□	苏迪曼杯赛	□
36	网球	全运会	□	亚运会	□	奥运会	□
		全国单项锦标赛（总决赛）	□	戴维斯杯亚太区	A组	戴维斯杯赛	世界组
		全国团体锦标赛	□	联合会杯亚太区	A组	联合会杯赛	世界组
37	短道速滑	全国冬运会	成年	亚洲冬运会	□	冬奥会	□
		全国锦标赛	成年			世界锦标赛	□
		全国冠军赛	成年			世界杯总排名	□

（续表）

序号	项目	全国体育比赛		亚洲体育比赛		世界体育比赛	
		名称	组别	名称	组别	名称	组别
38	自由式滑雪	全国冬运会	□	亚洲冬运会	男女个人	冬奥会	男女个人
		全国锦标赛	男女个人				
		全国冠军赛	男女个人				
39	单板滑雪	全国锦标赛	成年	亚洲冬运会	成年	冬奥会	成年
		全国冠军赛	成年			世界锦标赛	成年
						世界杯赛	成年
40	冰壶	全国冬运会	男子、女子、混双、混四	亚太冰壶锦标赛	男子、女子、混双	世界杯总决赛	男子、女子、混双
		全国锦标赛	男子、女子、混双	亚洲冰壶大奖赛	男子、女子、混双	世界锦标赛	男子、女子、混双、混四
		全国冠军赛	男子、女子、混双	亚洲冬运会	男子、女子、混双	冬奥会	男子、女子、混双
41	冬季两项	全国冬运会	成年	亚洲锦标赛	□	冬奥会	□
		全国锦标赛	成年	亚洲冬运会		世界锦标赛	□
		全国冠军赛	成年			世界杯	□
42	速度滑冰	全国冬运会	□	亚洲冬运会	□	冬奥会	□
		全国锦标赛	□	亚洲锦标赛	□	世界杯总排名	□
		全国冠军赛	□		□	世界锦标赛	□
43	花样滑冰	全国冬运会	成年	亚洲冬运会	成年	冬奥会	成年
		全国锦标赛	成年	亚洲锦标赛	成年	世界花样滑冰成年大奖赛	成年
		全国冠军赛	成年			世界花样滑冰成年大奖赛总决赛	成年
44	冰球	全国冬运会	□	亚洲冬运会	□	冬奥会	□
		全国锦标赛	□	亚洲挑战赛	□	世界锦标赛	□
		全国冰球联赛	□				
45	雪车	全国冬运会	□	亚洲冬运会	□	冬奥会	□
		全国锦标赛	□	亚洲锦标赛	□	世界锦标赛	□
		全国冠军赛	□			世界杯	□

（续表）

序号	项目	全国体育比赛		亚洲体育比赛		世界体育比赛	
		名称	组别	名称	组别	名称	组别
46	武术套路	全运会	☐	亚运会	☐	世界锦标赛	☐
		全国锦标赛	☐	亚洲锦标赛	☐	世界杯武术套路比赛	☐
		全国冠军赛	☐		☐	世界青少年武术锦标赛	A组
47	武术散打	全运会	☐	亚运会	☐	世界锦标赛	☐
		全国锦标赛	☐	亚洲锦标赛	☐	世界杯武术散打比赛	☐
		全国冠军赛	☐	亚洲杯武术散打比赛	☐	世界青少年武术锦标赛	☐
48	围棋	全运会	☐	亚运会	☐	三星杯世界围棋大师赛	☐
		全国锦标赛	☐	亚洲室内运动会	☐	LG杯世界围棋棋王战	☐
		全国智力运动会	☐	亚洲杯围棋电视快棋赛	☐	国际智力运动联盟智力精英赛	☐
49	国际象棋	全国团体锦标赛	☐	亚洲团体锦标赛	☐	世界国际象棋奥林匹克团体赛	☐
		全国个人锦标赛	☐	亚洲个人锦标赛	☐	世界国际象棋团体锦标赛	☐
		全国智力运动会	☐	亚洲室内及武道运动会	☐	世界国际象棋个人锦标赛	☐
50	中国象棋	全国锦标赛	☐	亚洲象棋锦标赛	☐	世界象棋锦标赛	☐
		全国智力运动会	☐	亚洲象棋个人锦标赛	☐	世界智力运动会	☐
		全国象棋甲级联赛	☐	亚运会	☐	国际智力运动联盟智力精英赛	☐

（续表）

序号	项目	全国体育比赛		亚洲体育比赛		世界体育比赛	
		名称	组别	名称	组别	名称	组别
51	橄榄球（7人制）	全运会	7人制团体	亚运会	7人制团体	奥运会	7人制团体
		全国锦标赛	7人制团体	亚洲系列赛	7人制团体	世界杯	7人制团体
		全国冠军赛	7人制团体	亚洲杯	7人制团体	世界巡回赛	7人制团体
52	高尔夫	全运会	团体	亚运会	团体、个人	奥运会	个人
		全国团体赛	团体、个人	野村杯亚太队际赛	团体、个人	中国巡回赛总排名	个人
		全国冠军赛	个人	皇后杯亚太业余队际赛	个人	世界业余高尔夫球队际锦标赛	团体、个人
53	滑板	全运会	街式、碗池	亚运会（街式、碗池）	街式、碗池	奥运会	街式、碗池
		全国锦标赛	街式、碗池	亚洲轮滑锦标赛	街式、碗池	世界锦标赛	街式、碗池
		全国俱乐部联赛	街式、碗池			Vans、SLS职业全球总决赛	街式、碗池
54	攀岩	全运会	☐	亚运会	☐	奥运会	☐
		全国锦标赛	☐	亚洲锦标赛	☐	世界锦标赛	☐
		全国职业联赛	☐	亚洲杯	☐	世界杯	☐

3. 自主择业

从 2002 年开始，退役运动员安置政策进入了新的发展阶段，其中标志性事件是确立了退役运动员的经济补偿制度和就业培训制度，鼓励运动员退役后自主择业。目前，关于退役运动员自主择业主要有两部分：一部分是经济补偿；一部分是创业扶持。

实施现状：

经济补偿：2003 年，国家体育总局与财政部、人事部联合印发了《自主择业运动员经济补偿办法》，这也是绝大多数运动员所选择的安置渠道。国家对自主择业的运动员从基础安置费、运龄补偿费和成绩奖励三部分给予相应的货币补偿,最终目的是鼓励运动员独立创业和择业。其中,基础安置费主要是用于运动员基本安家费和退役后重新学习技能的培训费,一般不低于1万元;运龄补偿费主要是对运动员在训练期间身体伤害的补偿,计算办法国家有明确规定,一般是每满一年运龄给予4个月基础津贴补助;成绩奖励主要是对运动员在大赛中取得优异成绩的一种奖励,各地标准都不尽相同,一般最低不少于5000元。

创业扶持:为了进一步提升运动员保障工作水平,促进体育事业的可持续发展,在2008年国务院办公厅颁布的《关于促进以创业带动就业工作的指导意见》之后,2009年国家体育总局在中华全国体育基金会设立了"中国退役运动员创业扶持基金",推动运动员保障体系建设,鼓励和资助运动员退役后自主创业,服务社会。在《全国体育人才发展规划(2010—2020年)》中也提出对运动员进行"创业扶持"。2009年12月至2011年6月,中华全国体育基金会首先在吉林、江苏、湖北、福建四省对退役运动员创业扶持工作进行了探索和实践。在第一批试点期间,全国四省份共开办了九期创业培训班,有671名退役运动员参加培训,有65名退役运动员通过扶持自主创办了经营实体,并接收从业人员664人,实现创业、就业729人。2013年,在第一批试点的基础上,又增加了天津、黑龙江、安徽、山东、广东、四川、贵州、甘肃,共12个省市进行第二批试点,使创业试点工作能够更好地按照分步骤、分阶段,先易后难的原则,稳步推进。

问题:

关于退役运动员自主择业的货币补偿,不同地区间存在明显差异,工作的推进速度也参差不齐。作为经济强省的福建,除了国家规定以外,额外补偿8万元,其余大多数省市都按照国家标准给予补偿。但是,这些货币补偿金无法达到应有的效果。

问题一:退役运动员人力资本存量无法通过经济补偿弥补。这一点从运动员就业能力和现状就可以得到答案。无论是塔尖运动员还是塔基运动员,其自主创业之路都存在隐忧。

问题二:货币补偿基金政策出台不利于公平公正,一些发达国家经费不成问题,而在一些不发达地区,补偿费给政府带来沉重的财政负担,也不利于运动员的良性流动。

[退役运动员职业发展案例]

打造退役运动员就业创业广阔平台　精准孵化　梦想破壳而出

"繁星计划"是国家体育总局人事司牵头,人力中心、基金中心、地方体育部门以及相关的机构共同参与的公共就业服务项目。其旨在招募更多的扶持运动员就业创业的创新企业,为运动员提供实习培训和就业岗位,以进一步拓宽运动员就业渠道,完善运动员职业转换社会扶持体系。

"繁星计划"启动以来,各省市积极响应。山东省退役运动员、山东体育学院"弹弓运动"选修课教师陈策主讲的"小弹弓,大梦想"荣获金奖并斩获大赛唯一的"最佳创意奖",充分体现了中国传统体育的特色,展示了退役运动员就业创业的奋进风采。2016年起,山东省将退役运动员自主创业项目纳入山东省体育产业发展引导资金,启动了体育科技服务创新研发平台,成立了山东省互联网＋体育科技协同创新孵化基地,立足体育科技前沿,发展互联网业态,促进体育产业转型升级,在全民健身、竞技体育、群体赛事、场馆运营、体育保险和智能设备等方向全面布局,根据退役运动员的特点,引导他们在擅长的、专业的领域内尝试,从而保证产业的独创性和关联性,形成一种体育产业的生态发展,专业孵化,4年来累计为17名运动员提供扶持资金385万元。

上海体育国家大学科技园利用自身体育产业企业集聚优势,发挥体育创新创业人才培养的重要功能作用,先后与上海相关的重点企业合作,为"繁星计划"安排了多个岗位,组织接收来自内蒙古、海南、广西、辽宁、湖南等地的多名退役运动员实习就业,通过建立退役运动员与社会企业之间的互动机制,在解决企业人才需求的同时,让退役运动员通过企业实习经历掌握在社会立足的本领,实现多方共赢。

(案例摘自:刘昕彤.打造退役运动员就业创业广阔平台精准孵化 梦想破壳而出.中国体育报,2019-08-21)

问题:

随着运动员对知识的渴望越来越强烈,退役运动员到大学求学已成为普遍性趋势。但是,继续教育三种渠道对于竞技成绩优异运动员倾斜力度较大,而普通运动员则很难从中受益。另外,运动员缺少系统教育,造成知识断层,知识存量不足。大学教育对于退役运动员提升综合素质、顺利融入社会,究竟能够起到多大作用值得深思。

4. 运动员社会福利

我国运动员工资体系在法律上予以确认是在 1985 年。国家体委制定颁布了《关于实施〈运动员、教练员工资制度改革方案〉若干问题的规定》和《运动员、教练员工资制度改革方案》两个文件。制定原则主要体现"少劳少得、多劳多得、奖优罚劣和工资与成绩好坏、贡献大小直接挂钩"。随着 1992 年市场经济体制改革的确立,人事制度改革也开始进行。我国体育事业走向逐步分流的道路,运动员也逐步分为专业运动员和职业运动员两类。本书主要阐述专业运动员的福利待遇。经过资料收集分析,政府目前的社会福利制度主要针对优秀运动员。为了更有效地说明问题,本书分别阐述优秀运动员和普通运动员不同群体的社会福利。

现状:

运动员的社会福利是指为运动员提供一切资源保障与服务支持,用来满足他们物质与精神生活的需要。具体项目包括:运动员工资、奖金、教育及其他福利项目。

(1)工资

运动员的工资主要是实行体育津贴、奖金制。1994年,人事部、国家体委关于印发《体育运动员、教练员贯彻〈事业单位工作人员工资制度改革方案〉的实施意见的通知》中明确提出,体育运动员实行体育津贴、奖金制。

体育津贴、奖金制由体育基础津贴、运动员成绩津贴和奖金三部分构成。

体育基础津贴:按运动员入队年限,分为二十个档次。北京奥运会后,运动员基础津贴起点由515元调整到670元(表5-5)。

表 5-5	运动员体育基础津贴标准表	
档次	入队年限	标准/元
一	2—4 年	670(+15/年)
二	5—10 年	715(+20/年)
三	11—16 年	800(+25/年)
四	17—19 年	935(+35/年)
五	20 年	1170

运动员实行全面考核,凡连续两年考核合格的,可以晋升一档体育基础津贴。考核优秀并做出突出贡献的运动员,经上级主管部门和人事部门批准,可提前晋升或越级晋升体育基础津贴,其人数要控制在单位总人数的3%以内。

运动员成绩津贴,主要包括国家规定的津贴和各地自行制定的津贴两块。

国家规定津贴:主要依据两个标准,即比赛级别和比赛名次。我国运动员成绩津贴发放主要分为国际比赛(包括奥运会、世界锦标赛、世界杯赛、亚运会)和国内比赛。国内比赛主要是全运会。在指定比赛中,取得获奖名次的运动员按相应的津贴标准领取成绩津贴(详见表5-6)。领取成绩津贴的运动员,获奖名次有提高的,可以按提高的名次从下一年度一月起领取相应的成绩津贴。其中,首次获得世界冠军的运动员,从取得成绩的下月起领取相应比赛层次的成绩津贴。运动员再次获得奥运会比赛第一名时,按第二名到第一名的津贴差额增加成绩津贴。一年内获得多项获奖名次的,按其中最高一项名次确定成绩津贴。

表5-6 　　　　　　　　　　　　**运动员成绩津贴标准表** 　　　　　　　单位:元/月

比赛名称＼奖金(万元)＼名次	一	二	三	四	五	六	七	八
奥运会	2000	1700	1440	1260	1140	1040	950	880
奥运会项目世界锦标赛和世界杯赛	1350	1170	1050	960	890	830	780	740
奥运会项目世界锦标赛和世界杯赛、世界运动会、亚运会等	1120	1000	900	820	760	700	660	620
奥运会项目亚洲锦标赛、亚洲杯赛	990	870	770	700	640	590	540	510
非奥运会项目亚洲锦标赛、亚洲杯赛、全运会	860	750	670	600	540	490	450	420
全国比赛、世界青年锦标赛	730	630	550	490	440	400	370	340

各地自行制定的津贴:省、自治区、直辖市比赛的成绩津贴标准由各省、自治区、直辖市根据实际情况确定,原则上不高于全国比赛第六名的

运动员成绩津贴标准。实施意见中,成绩津贴起点(全国前8名)由140元调整到340元,奥运冠军成绩津贴由755元提高到2000元。

表5-7未能涵盖个别项目成绩,比如:在表5-8中标明的5个层次之外运动成绩奖励、集体项目中的非主体队员等根据实际贡献,参照表7降档执行。

表 5-7   **全国以下比赛的成绩津贴标准表**   单位:元/月

名次 比赛层次	一	二	三
亚洲青年比赛、城市运动会	400	300	220
全国青年比赛、全省比赛	370	270	200
入队三年及以上取得名次的正式运动员	150		

(2)奖金

主要包括参赛奖金、训练奖金以及突出贡献奖励。

①参赛奖金:运动员获得参赛奖金的最低等级为亚洲级别(详见表5-8)。奖金的分配偏重奥运会的奖励,各级比赛奖励差距较大。这些大赛除了国家给予运动员奖金之外,各省市也会给予运动员配套奖励。

表 5-8   **运动员奖金标准表**   单位:万元

名次 比赛层次	一	二	三	四	五	六	七	八
奥运会	20	12	8	3	2.5	2.1	1.6	1.2
奥运会项目世界锦标赛和世界杯赛	8	4.5	3	2.2	1.8	1.5	1.2	0.9
非奥运会项目世界锦标赛和世界杯赛、世界运动会、亚运会等	3	1.6	1.3	1	0.8	0.6	0.5	0.4
奥运会项目亚洲锦标赛	1.5	0.8	0.6	0.42	0.35	0.29	0.26	0.23
非奥运会项目亚洲锦标赛	1.2	0.65	0.48	0.33	0.28	0.24	0.21	0.18

运动员在其他类别的比赛中取得获奖名次的,其奖金标准和发放办法,由各省、自治区、直辖市根据自身情况自行确定。

商业比赛奖金：代表国家运动员参加商业性质（如大奖赛、黄金赛、挑战赛等）的比赛时，主要按照《国家体育总局关于运动项目管理中心工作规范化有关问题的通知》，也就是惯称的46号文件来执行。具体表述是："运动员、教练员及其他有功人员50％，项目协会奖励基金或发展基金30％，运动员、教练员所在省（区、市）10％，10％上缴体育总局。"[42]

②训练奖金：各训练队的训练奖金也有明确规定，根据其竞技成绩和训练表现，年终发给一次性的平时训练奖，四个等级，相当于体育基础津贴的1倍、1.5倍、2倍、2.5倍发放奖。

商业活动收入：运动员从事商业活动（如广告、代言等）收入的分配原则，46号文件的表述是："按照运动员个人50％、教练员和其他有功人员15％、全国性单项体育协会的项目发展基金15％、运动员输送单位20％的比例进行分配"。

③突出贡献奖励：国家对在大赛中表现突出的运动员给予奖励。其中，奥运冠军奖励最高100元/月，世界大赛冠军80元/月，非奥运项目冠军50元/月。

问题：

首先，国家对奥运冠军的福利待遇的倾斜性相当大。而对于非奥运项目，其他类别比赛的奖励过于薄弱，不利于公平的竞技发展环境的建立，也不利于竞技体育的全面发展。其次，这种运动员福利模式，是一种政府完全开发模式。国家垄断着体育资源，开发和利用资源。但是，由于缺乏媒体协调、品牌塑造、品牌营销、公共关系等一系列体育市场开发运作的专业知识和经验，这种福利模式不能够起到最大限度开发竞技体育运动员人力资本潜力的作用，造成运动员人力资本的浪费。这一部分将在后面做具体分析。

（3）教育

国外学者的研究发现，运动员退役后到重新定位需要花费的时间为7年。包括：在职业生涯终止前的自我认知→退役前2年拒绝接受→以冲突和创伤为标志的过渡期,长达 5 年→接受一个新的现实[43]。有学者对我国退役运动员角色转换的影响因素进行了研究。研究认为,运动员在退役后重新从事新的职业,主要的区别在于由一个封闭系统的体制内走向开放成熟的社会。同时对运动员顺畅转型的 7 个诱发因素分别进行了分析[44](见表 5-9)。

现状:

我国提出"运动员职业转换过渡期"的概念是在 2007 年,国家体育总局发布的《关于做好运动员职业转换过渡期工作的意见》(体人字〔2007〕410 号)。这是国家体育总局针对退役运动员就业安置制度改革后提出的配套制度。"运动员职业转换过渡期"(以下简称过渡期),主要指运动员从停训到办理退役手续、解除聘用合同之间的时期,一般不超过一年。过渡期是运动员所在体育训练单位为运动员实施职业辅导的重要阶段,

表 5-9 　　　　　　　　　　　**运动员顺畅转型的诱发因素分析**

诱发因素	排序	具体因素	表现
主要诱发因素	1	高自我认同	主观顺畅转型的运动员择业价值取向来自稳定的内部特质,即强烈的自我实现的价值需要,高度的自我认同,乐于接受工作中的挑战,敢于承担责任,勇敢地面对失败
	2	退役前的规划和准备	包括:认知准备、情感准备、动机准备、生理准备、行为准备、操作准备和交流准备七个方面,这是一个长期的动态过程。顺畅转型的运动员从退役的积极认知、情绪调节、行为等多个方面为退役后的职业生涯作了充分的准备
	3	退役转型积极应对策略	被迫退役的运动员更通常采用防御性机制、被动策略和寻求社会支持。而自愿退役的运动员则更愿意采用积极的策略。主要包括:重新进行角色定位、积极心理的适应、运动员品质的迁移、新的生活方式的建立 4 个二级维度

（续表）

诱发因素	排序	具体因素	表现
次要诱发因素	4	运动生涯中出现退役意识	个体退役意识是一种对社会角色发生改变的知觉,这种知觉状态对退役行为的动机尤为重要。这种对退役事件的积极认知,将会激发他们对退役资源的觉知。利用运动员参加比赛、接受采访等机会丰富自己的阅历,突破运动项目狭窄的社交圈子,结交更多的朋友,提高人际交往的能力
	5	退役后的社会支持	"社会支持"是指运动员在退役过程中接受来自家庭成员、亲戚、朋友、单位和社会方面的帮助,这些帮助主要反映在就业和心理安慰方面,使运动员消极的心理情绪得到缓解,增强自信心,从而改善退役后的生活质量,使运动员能够顺畅度过退役期
	6	退役后的多重角色	顺畅角色转型运动员在退役后的生活中扮演的角色是丰富多彩的,包括职业角色、家庭角色、好朋友的角色
	7	内部动机	包括兴趣和自我实现两个二级维度。兴趣和自我实现都属于内部动机,是一个人从事一项工作最稳定的内部动因

是运动员进行再就业准备的关键时期,是运动员自主择业之前的准备期。

近年来,国家对运动员职业转换也加大了政策扶持力度。从制度层面,国家体育总局联合相关部门出台相关制度,积极创造条件,帮助退役运动员顺利融入社会,继续发挥更大社会价值。从具体操作层面,以广东、江苏、山东为试点省份,在就业安置、建设培训基地、设立职业转换项目、扶持典型项目等方面不断探索,并将其作为经验推广。

作为直接以"职业转换"一词命名的第一家单位,2012年5月,山西省体育人才职业转换中心经山西省机构编制委员会办公室批准成立,是山西省体育局所属正处级建制的财政拨款事业单位。其主要职责是:负责全省体育人才职业转换有关政策的实施工作,建立、管理全省体育人才信息库,开展全省体育人才职业转换的咨询、宣传和培训,承担全省体育职业技能鉴定相关工作,负责运动员职业转换过渡期的就业指导、职业生涯规划等相关工作,负责运动员伤残互助保险、运动员保障资金等相关工作。山西省体育人才职业转换中心的成立,对于运动员职业转型工作的开展迈出了重要一步。

归纳起来,运动员职业转换过渡期教育内容包括以下几个方面:

培养、提高运动员再就业意识。在运动员在训阶段有关培训工作的基础上,引导运动员进一步了解自己、了解社会,强化退役再就业意识,为运动员职业转换做好思想准备和心理准备。帮助运动员积极规划自身的再就业方向,鼓励运动员认真学习文化知识、参加职业技能培训,提高自身综合素质。

为运动员参加文化学习接受继续教育创造条件。指导符合条件的运动员通过免试保送的方式进入高等院校学习;为不符合免试保送的运动员提供集体辅导、个别培训,帮助他们通过单独招生考试或参加高考进入高等院校学习。

面向运动员开展各类职业教育和技能培训。通过举办各类培训班、进修班、讲座,发放宣传材料等形式,积极为运动员创造条件,帮助运动员获得更多的再就业技能,提高社会适应能力和竞争能力。

体育行业职业资格证书的培训。充分利用体育行业特有工种职业技能鉴定工作的平台,帮助运动员获得与运动项目相关的、符合运动员本人特长的、社会急需的体育行业职业资格证书,为运动员退役后继续在体育行业发挥特长创造条件。

提供就业指导和援助。职业辅导的主要内容包括:开展职业辅导的宏观指导、理论研究、基础建设、规划编制、工作体系培育、信息平台搭建、宣传推广及工作质量的评估、检查和监督;开展职业指导、职业测评工作,制定并组织实施运动员职业辅导和就业服务工作标准;组织工作人员培训和进行队伍建设,推动组织机构的建立、完善;开发、培育职业转型项目,编写培训大纲和教材,扶持和培育培训机构和培训力量;搭建实习、就业合作平台和网络,建立运动员再就业社会扶持体系;组织退役运动员免试进入高校学习、举办预科班等工作;相关文件以及总局明确的其他运动员职业辅导工作项目。

通过职业测评、咨询服务等手段,向运动员提供再就业政策法规、社会就业形势和国内外就业信息,帮助运动员了解自身职业倾向,掌握求职、创业的技能和方法。

问题:

从整体效果来看,职业转换过渡期教育虽然对于运动员职业转型有一定的帮助,但由于缺乏相应的监督机制和评价机制,落实起来难免千差万别,有的甚至流于形式。

其一,培训时间普遍较短。通过调研,大多数省市一般培训为4周左右。短短4周时间,很难让运动员从思想观念、知识技能等方面发生根本性的转变。

其二,社会力量没有充分利用。由于缺乏政府和企业、运动员和企业的良性互动而缺乏运动员职业转换培训的积极性。这无疑加大了政府运作的成本。山西省成立的体育人才职业转换中心,确实对于帮助运动员实现过渡期职业转换有一定作用,但政府投入过大。

其三,培训体系尚未形成。大多数省、市体育部门只是针对一个或两个教育内容进行培训,尚未摸索出一整套适合运动员的职业转换培训体系。包括:岗前培训、上岗培训以及职业培训体系、运动员职业技能培训课程体系,产、学、研结合体系。

其四,对退役运动员退役后的心理建设关注还不够。应充分关注影响退役运动员顺畅转型的7个诱发因素,并设置相应的心理辅助课程,对运动员进行心理辅导。

（4）其他福利

主要是奖励突出。对那些有杰出贡献、影响深远的运动员还提供一些优惠奖励，以提高他们训练和比赛的积极性，提高他们的生活水平。主要有三大块：资金支持，主要是老运动员、老教练员的关怀基金，2万元、3万元、5万元不等；公益基金，主要是由一些社会名流发起，用于帮助退役和现役运动员，为他们提供职业发展、生活、就业技能培训和学习的服务，拓宽其就业渠道。此外，针对十一届三中全会以前没有享受社会保障的老运动员、老教练员的现实情况，2004年，国家体育总局联合相关部门印发了《对部分老运动员、老教练员给予医疗照顾的通知》，对189名获得过世界冠军的老教练员、老运动员给予医疗照顾。

据统计，截止到2015年，我国退役运动员人数已达30多万，近80％的人不同程度地面临失业、伤病、贫困等生存问题的困扰，运动员的社会保障工作需要全社会的关注予以支持。

[运动员行业保障案例]

案例1 江、浙两省运动员意外伤害保险新举措

由浙江省体育运动职业技术学院组织运动员每年投保中国平安保险公司提供的意外伤害保险附加意外医疗保险，运动员人均年保费为600元，最高可获30万元的赔付。中国平安保险公司根据运动员的级别，为运动员提供两档保险：第一档，对试训及以上运动员，从运动员转试训之日起由学院出资参保，保费为每人600元/年。假设运动员意外身故，最高可赔付30万元/人，意外残疾事故按残疾等级标准的不同最高可赔付30万元/人；意外伤害医疗保险最高可赔付5万元/人。第二档，如果集训运动员因参赛需要投保，由运动员所在单位提出书面申请，经训练部门审核后，由学院出资参保，保费为每人120元/年。假设运动

员意外身故,最高可赔付6万元/人,意外残疾事故可按残疾等级标准的不同最高可赔付6万元/人;意外伤害医疗保险最高可赔付1万元/人。

作为经济强省和体育强省,江苏省积极为运动员投保商业保险。中国人寿保险公司江苏省分公司与江苏省体育人才服务中心签订了《江苏省自主择业退役运动员五年保险承保合同》,从2013年1月1日起,为江苏自主择业退役运动员退役后五年内可能发生或出现的意外伤残、重大疾病和住院提供保险。保险项目包括:意外伤害残疾保险、意外伤害烧伤保险、重大疾病保险和住院定额给付保险。其中被保险人重大疾病保险金额为每人20万元,意外残疾和烧伤保险金额为每人10万元,住院定额给付保险金额为每人9000元。截至2012年11月底,江苏省体育局综合保险累计参保2467人,理赔1123人次,理赔金额达到百万元。

(资料来源:吴兵成.江苏为退役运动员办理退役后五年期保险.2012-12-19.)

案例2 上海市退役运动员优抚安置

目前,上海市主要通过三种渠道对退役运动员进行安置:组织安置、自主择业以及继续教育。

组织安置:迄今为止,组织安置仍然是上海市退役运动员安置的主要形式。2012年,学者对133名上海市退役运动员的安置情况进行调查,发现靠组织安置获得就业机会的占51.13%,这些运动员中大部分是在事业单位或体育系统内任职,运动员选择高校继续学的比例为31.58%。99.2%的退役运动员仍然认为要解决就业安置问题需要组织安置,而且这成为他们训练和比赛的主要动力源泉,否则会影响他们训练的积极性。

自主择业:作为改革开放的龙头城市,上海率先开始运用货币补偿鼓励运动员自主择业的安置道路,并于2005年下发了《上海市自主择业退役运动员经济补偿办法》。财政拨款为运动员人均提供补偿8万元。文件制定以来,选择自主择业的运动员较以往有了增加。但是基于他们的综合素质、技能等各方面的原因,自主择业的运动员收入状况一般,很多运动员自主择业的收入低于上海市的人均工资。

继续教育:免试入学的运动员毕竟是少数,大多数运动员获得继续教育的资格仍需要通过考试获得。这对于大多数长期从事运动训练的运动员来说无疑是个很大的挑战。通过对上海市的退役运动员的学历调查发现,66.3%的退役运动员虽然拥有大专以上的学历,但是学历的含金量较低,对就业安置作用较小。运动员的学历和文化教育的水平和质量差距较大。上海市教育局与体育局也对运动员文化教育采取了一系列措施。比如,推动市级体校体制改革,实施"优势教育援体",实施针对运动员文化教育的课程改革等,这些措施对于提高运动员的文化水平,增强其社会就业与竞争能力具有重要的现实意义。

[资料来源:虞轶群,季浏,等.上海市退役运动员安置现状调查与分析.上海体育学院学报,2012,36(4):85-88]

案例3 四川省自主择业退役运动员一次性经济补偿实施办法

退役运动员自主择业一次性经济补偿由经济补偿费和一次性安置补助费组成。

1. 经济补偿费

经济补偿费与国家标准一致,主要包括三个部分:基础安置费、运龄补偿费和成绩奖励费。

(1)基础安置费。具体标准为:以四年为一个分界线,每满四年增加1万元的补助。比如:退役运动员实际运龄不满4年的每人1万元,满4年不满8年的每人2万元,以此类推。

(2)运龄补偿费。与国家要求一致,运龄每满一年,运动员增加4个月的体育基础津贴。

（3）成绩奖励费。同国家经济补偿数额相比，略有增加，且赛事级别的差别影响略小。同时，考虑到集体项目的特点，扩大了奖励范围，有利于项目的普及和发展。

表 5-10 为四川省自主择业退役运动员一次性经济补偿数额。

表 5-10　　　　　四川省自主择业退役运动员一次性经济补偿数额

比赛名称 \ 奖金（万元） \ 名次	一	二	三	四	五	六	七	八
奥运会	20	16	12	5	4	3	2	1
世界杯、世锦赛	10	8	6	4	3	2	1.5	1
亚运会、全运会	8	6	4	3	2	1	0.8	0.7
亚锦赛、亚洲杯（奥运会项目含武术）	4	3	2	1.5	1.2	0.8	0.7	0.5
全国锦标赛、全国冠军赛	4	3	2	1.5	1.2	0.8	0.7	0.5

（1）非奥运会项目的世界、非全运会项目奖励按同级别比赛奖励 80％ 进行经济补偿。

（2）亚洲级别比赛成绩奖励，以是否为奥运会项目进行区分，奖励 80％。

（3）球类集体项目第九名、第十名，奖励标准参照同类比赛第八名奖励的 90％，第十一名、十二名奖励 80％。

2. 一次性安置补助费

运动员选择自主择业，可获得一次性安置补助费 3 万元。

（资料来源：四川省体育局官方网站，2010-11-28.）

案例 4　江苏省退役运动员职业转换培训体系

江苏省通过几年的探索，已形成一整套较为成熟的运动员职业转换培训体系，年度就业率 90％ 以上。以 2017 年为例进行分析，江苏省退役运动员职业转换培训历时 4 个月左右。体系包括五大阶段六大模块，如图 5-2 所示。第一阶段，三周大班化培训，主要设置了综合素质、自主创业和体育职业技能等三个培训模块，其中体育职业技能培训结合社会需求和运动员需要,通常开设两个比较热门的、需求量大的项目。比如,2017年开设的是羽毛球教练员和游泳救生员。接下来的培训为小班化、专业化培训阶段。第二阶段:两周,开展职业社会体育指导员健身教练培训鉴定。第三阶段:三周,开展足球校外辅导员(教练)培训。第四阶段:四周,开展中小学教师资格证培训。第五阶段:四周,开展退役运动员转岗教练员培训。

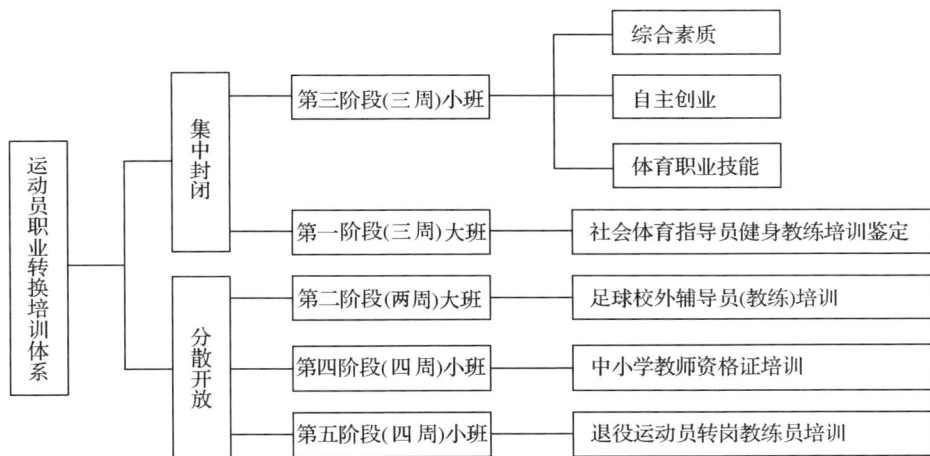

图5-2　江苏省退役运动员职业转换培训体系

综合素质培训,包括职业规划、心态调整、形象礼仪、求职面试、素质拓展等,其目的是通过综合素质培训帮助退役运动员掌握一些必备的素质和能力,以便退役运动员步入社会、走入职场应对自如。

体育职业技能培训,如:健身操教练、游泳教练、救生员、体育场地工人。

项目培训每年根据社会需求,灵活调整。比如,2016年,运动员职业转换培训班主要是进行足球教练培训,开设的内容包括:足球运动项目理论、运动规律特点、足球运动损伤与预防、足球基本技战术、少儿足球教学与训练组织、足球游戏设计与训练方法、对抗训练、中小学足球训练课设计、足球体能训练、足球裁判、足球比赛组织与编排、五人制足球、小型比赛等课程。其目的是针对退役运动员转型为业余足球教练和中小学足球教师储备一些必备的足球专项知识和技能。

此外,在培训期间还进行了各种文娱活动和竞技活动,如:唱歌比赛、演讲比赛等,足球比赛、篮球比赛等。培训既丰富多彩又专业实用。

同时,根据运动员的不同需求,还组织开展了体育职业技能、社会通用技能和自主创业等个性化培训,90%的学员通过这个平台走上新的岗位。此外,江苏省还建立了退役运动员创业孵化基地,采用"一对一"的专家辅导模式,免费为具有创业意愿和创业能力的退役运动员提供创业培训、信息咨询、法律、财税、跟踪服务等系列创业孵化服务,为退役运动员开辟了一条创业之路。

五个阶段六大模块,时间跨度近 4 个月,通过封闭式、集中式、系统化、多样性培训方式,江苏省退役运动员的整体素质有了明显提高,心态观念有了明显转变,就业竞争力和职业能力有了明显提升,再就业信心有了显著增强,基本实现了退役运动员就业安置政策的软着陆。

(资料来源:国家体育总局人力资源开发中心网站,2017-01-17)

5.5.3　公平性视角下我国运动员保险保障的机制困境

我国运动员保险保障事业从 1956 年第一次对运动员进行的保险保障至今已有 60 余年。我国在运动员保险保障方面进行了多方面的探索,在社会保障制度建设方面也做了很多工作,对运动员也给予了很多政策性的照顾。但是,运动员的社会保险、运动员伤残保险、运动员优抚安置以及运动员社会福利在实施过程中并未达到预想的效果,与最初的设想还存在一定差距。比如:数据显示,截止到 2015 年,我国登记在籍专业运动员 8 万人左右。年均 3000 名左右的人进行退役,其中 40%左右退役即失业,33.3%人得到安置,其余部分的人得到一次性赔偿。也就是说,3万名运动员退役即面临着失业。基于此,本课题在深入分析我国运动员保险保障实施现状的基础上,以公平性为研究视角分析存在的问题,从机制层面入手,追溯我国运动员保险保障的机制困境。

5.5.3.1　运动员社会保障制度供给不足

目前,关于运动员社会保障制度与运动员日益强烈的社会保障需求相比,供不应求,主要表现在三个方面:

1. 社会保障制度供给存在错位

具体表现在:目前我国已有的社会保险保障的覆盖对象大多是针对优秀运动员,而对于优秀运动员多样化的社会保障需求又无法满足;面对普通运动员的社会保险保障的有效需求供给不足,导致他们被游离在社会保障之外。这两方面造成了供给范围的错位。退役运动员的就业安置也存在同样问题:关于退役运动员的就业安置问题,国家有相应的制度供给,但主要是针对"优秀运动员"。普通运动员退役后更需要国家有相应的保障制度,对其予以支持,否则会造成供需错位。一些就业安置错位的现象存在两个问题:其一,优秀运动员由于人力资本存量仍然存在,就业的需求和就业渠道呈现多样化,对政府提供的就业职位不满意而造成资源浪费。其二,普通运动员退役后急需就业机会,以保障其基本生活。但是,这样的运动员由于缺乏影响力,又没有国家相应就业安置的政策倾斜,生活困顿。

2. 运动员社会保险基金筹集制度供给不足

我国运动员的社会保险基金主要通过政府财政拨款、企业按比例缴纳、个人工资中按比例扣除三方共同筹集。目前,虽然国家对社会保险基金强制缴纳,但落实情况不理想。主要表现在:其一,缺乏必要的激励、约束和监管制度,导致企业和个人缺乏投保的积极性和投保意识而出现未缴、少缴、拖缴现象。同时,由于制度层级较低,没有处罚权,对不按规定为运动员投保的行为缺乏惩罚机制,从某一侧面纵容了企业追求个人利益最大化的投机行为。其二,制度层级较低,缺乏威信力。

3. 运动员社会保障法律制度供给不足

社会保障制度建立应以立法为起点。运动员社会保障一直是我国社会保障体系中较为薄弱的环节。一些保障项目在立法上存在空白。

5.5.3.2 运动员社会保险保障的深度不足

运动员社会保险保障的深度就是指责任主体为运动员所能提供的社会保险保障的层次和水平。其首要条件是应根据运动员职业的特点设计保险保障;其次是保险保障项目、范围、给付条件、福利标准等。由于竞技体育需要激烈的身体对抗,具有风险性较大,专用性人力资本突出等特点,运动员社会保险保障的深度至关重要。

首先,保险保障层次深度不足。

我国运动员在参加奥运会等国家性赛事时,从保险保障机制理论上分析包括四个层次,见表5-11。第一层次,按照奥组委要求,奥运会主办方必须引入保险机制分散风险,为参赛运动员提供完整的保险方案;第二层次,由政府为参赛运动员购买的意外伤害险和医疗保险,属于商业保险范畴;第三层次,是由公益组织提供给参赛运动员的伤残互助保险基金;第四层次,参赛运动员所属省队购买的商业保险,作为前三层次保险保障的补充,保障较为全面、充分。

表 5-11　　　　奥运会中国参赛运动员理论上享有的四层保险机制

保障层次	投保机构	投保险种	被保险人	保障细节
第一层次	奥运会主办方	完整的保险方案	观众、志愿者体育运动员等	财产险、责任险、人身意外险
第二层次	各项目国家代表队	商业保险	参赛运动员	意外、医疗险
第三层次	中华全国体育基金会	伤残互助保险	优秀运动员	12级理赔标准
第四层次	各省队	商业保险	参赛运动员	意外伤害、医疗、疾病等

在四个保险层次中,从覆盖范围看,第一层次覆盖最广,既包括运动员还包括观众、志愿者等。其余三个层次都是针对参赛运动员的保险。从保险种类看,第一层次的险种较为丰富,说明奥运会完善的保险机制。其他三个层次都是针对比赛中的伤病提供的保险,局限性较大。

目前,我国运动员保险保障层次的深度不足主要表现在两个方面:

首先,层次单一。

其主要指保险对象单一、险种单一。

(1)保险对象单一。运动员分为在编和非在编,目前社会保险保障涵盖的基本上是在编运动员,对非在编运动员没有强制规定,非在编运动员极容易被排除在外。在编运动员由于水平差距,国家体育总局通过参赛取得的成绩在保险保障中将他们界定为"优秀运动员"和"普通运动员"。目前,很多保险保障都是针对优秀运动员的,对非优秀运动员很少涉猎。

(2)险种单一。运动员的保险种类主要是针对运动员参赛中的保险,对于由于运动伤害可能造成的失能、失业等后续问题则关注和应对较少。

其次,保险保障水平较低。

具体表现在投保低、赔付金额较低,辐射范围太窄。

(1)投保低,赔付金额较低,通过分析(见表5-12),以中华全国体育基金会为运动员提供的伤残保险为例,投保金额较低,根据项目差异,投保金额略有区分,为50～190元。本书列举了伤残级别1～4级的伤残状况和赔付标准。可以看出,除了死亡或成为植物人作为特级伤残享受50万元的赔偿之外,伤残1～4级,最高赔付金额仅为20万元、15万元、10万元、10万元,从对应的伤残状况看,无法满足运动员的治疗。

表 5-12　　　　　　　　　　　运动员伤残与获得赔付对照表

级别	伤残状况	缴费(元)	赔付标准(万元)
1	器官缺失或功能完全丧失,其他器官不能代偿,存在特殊医疗依赖,生活完全或大部分不能自理	50～190	20
2	器官严重缺损或畸形,有严重功能障碍或并发症,存在特殊医疗依赖,或生活大部分不能自理	50～190	15
3	器官严重缺损或畸形,有严重功能障碍或并发症,存在特殊医疗依赖,或生活部分不能自理	50～190	10
4	器官严重缺损或畸形,严重功能障碍或并发症需特殊医疗依赖,生活可以自理	50～190	10

(2)社会保险保障辐射范围太窄。从辐射的运动项目来看,可以承保的保险项目 200 余项,而伤残互助保险承保近 59 项,承保项目比例仅为 29.5%,远远达不到辐射范围。市场化较高的运动项目,运动员的保险保障辐射就多,保险保障就比较到位。一些冷门项目,运动员保险保障仅有国家的一些保险保障支持。从辐射对象来看,大多为优秀运动员或有市场前景职业化项目的运动员。如,太平洋人寿保险公司提供的运动员团体意外伤害保险的投保范围仅限于国家队或省队现役队员,辐射范围较窄。从保险保障的辐射时段来看,一般都是在训阶段或比赛阶段,而没有充分考虑竞技运动损伤潜伏期较长的特点,对伤残的后续保险保障缺乏设计。

5.5.3.3　运动员社会保障缺乏有效监督

任何一种制度,其实施都需要有效的监督体系,才能发挥更大的效用。运动员社会保障机制也是如此。我国现有的运动员社会保障监督体系主要包括:行政监督系统、专门监督系统、司法监督系统和社会监督系统等。

首先,运动员保障的内外联动机制还不够顺畅。系统外部,系统内部具体谁应负责、谁应监管没有做出具体规定。

其次,由于大多数运动员退役后回到归属地所在的省市体育局。国家在宏观调控的状态下,将权力下放给地方政府,由于每个省市经济发展状况不一样,围绕运动员社会保障,各地区进展的状况也不尽相同。经济发达省份和不发达省份对运动员保险保障差距很大。地方财政能力有限、权力有限,无法满足退役运动员对于保障的需求。而各级运动队从属于地方体育局管理,要形成在一项社会保障机制实施的过程中,经过每个部门的不同"测算"等过程,因为这中间会有利益的驱使以及错综复杂的利害关系,加上缺乏统一的管理要求,管理比较分散,就会导致运动员社会保险保障机制在运行的过程中得不到有效的监督。

最后,表现在运动员本身并未参与到当地社会保障的监督中。回到归属地的运动员很多都是成绩平平的普通运动员,他们对制度的了解甚少,一般是通过队友相互之间的转述来了解或者是通过媒体,这就存在着太多的不准确性和滞后性。很多运动员对保险保障政策不知、不懂、不用,运动员的利益并没有得到真正的保护。他们应该参与到与自己休戚相关的机制监督中,这样才能使运动员社会保障发挥更大的效用。

5.5.3.4 运动员社会保险保障资金投入不足

近几年,我国对体育的重视程度加强,发展校园足球,发展冰雪运动项目,等等。竞技体育人才的数量将会急剧增加。对于运动员这个职业来说,伤残是大概率事件,运动创伤非常普遍,训练和比赛中的各种意外和风险也在所难免。这就需要充足的社会保障资金作为支持。

但是,从运动员社会保险保障资金投入看,存在两方面投入不足:一方面,运动队对运动员保险保障的投入不足。除了国家队的运动员,其他层次的运动员虽然可以享受社会保险保障,但是,需要各级运动队包付医疗费用,这对于运动队来说负担很重。很多职业体育俱乐部,虽然经济状况好一些,但是为了保障自身利益最大化,常常出现少缴、拖缴现象。另一方面,运动员个体社会保障资金投入不足。按照基本工资缴纳社会保险的标准,一些运动员由于工资太低,按照比例缴纳的社会保险犹如杯水车薪。一些非在编运动员又无法缴纳社会保险基金。这些普通运动员由于经济状况一般,个人成绩一般,无法享受社会保障所带来的福利。有编制的运动员到了退役年龄,由于无法实现安置,迟迟不肯离队,挤占了编制,影响了年轻队员进队,社会保障无法落实,从而陷入恶性循环。

5.5.3.5　运动员商业保险的局限性

近几年,我国对体育产业非常重视,已上升为国家战略。产业发展有着巨大空间。2010 年,体育产业增加值 2220 亿元人民币,占 GDP 比重为 0.55%。2020 年,我国提出体育产业增加值占 GDP 为 1%,以竞赛表演业为主体产业的体育产业开始进入高速发展期。体育保险却止步不前,与国内蓬勃发展的保险业也存在不小的差距,急需培育和发展。

我国的体育保险无论是立法层面、体育保险的认知层面、体育保险产业的运营管理层面,都存在一些不完善的地方,对体育商业保险所存在的巨大市场潜力,还没有做好应对。2018 年数据显示:保险市场上的 200 多家保险公司中,没有一家是以体育保险为主,虽然有中国人民保险集团股份有限公司等保险公司开发了体育赛事和体育活动的保险产品,但以人身意外伤害和财产损失为主,产品雷同,价格高昂,不能满足体育运动的需要。

如果说,社会保险保障是兜底,是保证基本生存的,那么商业保险就是套餐,可以多元选择。目前,我国运动员的商业保险现状存在局限性,具体表现在以下三个方面:

其一,体育保险不健全,尚不能为商业保险提供良好的土壤。

体育保险的诞生是源于体育运动的发展而从保险市场当中细分而来。体育保险发展得好,对于全民健身活动和体育产业的发展具有重要的作用,可以化解体育运动中潜藏的风险。它依托体育运动,范围涉及相当广泛:财产的、寿命的、责任的、以外的、功能的、局部部位的等。推出的保险方案仍主要以意外伤害、财产损失风险为主,将一般保险产品稍加改动,应用到了体育活动上,保障内容单一,保障范围有限,覆盖的专项体育活动数量也较少,针对性不强。此外,大型保险公司开始尝试为大型体育赛事提供综合保险服务。

其二,商业保险公司的成熟度不够。

运动员商业保险的发展依赖于成熟的商业保险做后盾。运动员的职业风险很高,比赛、训练受伤后,保险额度很难明确,相关保险产品的推出需要精密计算和大量的经验数据。据统计,截至 2018 年 4 月底,我国精算师不足 1000 人,面对保险业巨大的市场,精算师的缺口直接影响行业水准和发展潜力。运动员商业保险多年来一直停滞不前的重要原因就是国内商业保险公司几乎不可能完成对运动员风险的精密计算,根源问题是国内商业保险的成熟度还不够,大多数保险公司把运动员商业保险看成是烫手山芋,并没有发现和挖掘运动员商业保险存在的巨大商机,对精英级运动员的"豪华套餐"保险缺少开发等都是不成熟的表现。

其三,保险业和体育产业的融合还不够。

作为 20 世纪 70 年代高新技术的推动,产业融合成为一种新的经济现象。不同产业或同一产业的不同行业打破边界,相互渗透、交叉,最终融合在一起。体育产业发展进程中,需要与旅游、传媒、保险、建筑、商贸等深度融合,从而将体育产业做大做强。产业融合的路径机制先后经历技术融合、业务融合,最后实现市场融合。技术融合主要是标准和规划的融合,业务融合主要是将人才和组织融合,市场融合则是实现需求和产品的融合。业务融合是体育保险业的核心部分,恰恰是目前面临的最大瓶颈。从体育保险组织分析,没有形成体系。国内保险公司 200 多家,体育保险均不是主要业务范畴。体育保险专业人才分析,由于运动员险种较为复杂,也比较特殊,技术含量很高,需要对运动员的风险偏好有充分认知,还要有保险技术作为支持。目前,这方面的人才非常匮乏。可以说,只有赢得人才,才能赢得业务。

竞技运动的职业风险决定运动员需要保险支持。因此,必须打破商业保险的局限,使商业保险早日走进体育界,成为运动员的后盾。

5.5.3.6 缺乏对运动员退出机制的合理构建

退出机制是一系列保障成员行使退出权的制度及相互作用机理的总和。它是保证社会成员、组成人员独立性的体现,退出机制的存在赋予组织成员自由选择权,主动、自动离开组织[45]。

2007 年 8 月 31 日,国家体育总局、教育部、公安部等部门签发了《运动员聘用暂行办法》,其中关于运动员退出有明确规定。目前我国的运动员退出机制见表 5-13。

表 5-13　　　　　　　　　　　运动员退出机制现状

退出机制	退出形式	
	运动员停训	运动员退役
相关规定	(1)优秀运动员因训练水平、伤病等原因不宜继续从事专业训练的,经体育行政部门批准后停止训练 (2)优秀运动员停止训练后,给予不超过一年的职业转换过渡期;具体期限由体育训练单位与运动员协商确定 (3)职业转换过渡期包括在聘用合同期限内 (4)在职业转换过渡期内,体育行政部门负责做好技能培训、就业辅导等工作	(1)各级体育行政部门应积极创造条件,拓宽退役运动员就业渠道,关心退役运动员的工作、生活 (2)优秀运动员与体育训练单位解除聘用合同后,公安、人事、劳动保障等部门协助体育部门为退役运员办理户口、人事档案和社会保险关系的转移衔接手续 (3)优秀运动员退役时,按规定领取退役费或自主择业经济补偿金。符合规定条件的,可进入高等学校学习 (4)运动员退役后执行新进入单位的工资和社会保险制度。进入全日制学校学习的,社会保险关系按照国家有关规定执行 (5)因工致残且被鉴定伤残等级的退役运动员待遇,按工伤保险有关规定执行。其中,不能解除聘用关系的,体育部门应当妥善解决其生活、工作等问题 (6)各类体育事业单位招聘体育工作人员的,对取得优异成绩的退役运动员,可以采取直接考核的方式招聘。对其他退役运动员,应在同等条件下优先聘用 (7)各类教育事业单位招聘体育教师、体育教练员等体育类专业技术人员的,对取得优异成绩且具有教师资格的退役运动员,可以采取直接考核的方式招聘;对其他具有教师资格的退役运动员,应在同等条件下优先聘用。体育部门使用彩票公益金资助建成的体育设施所在单位,须安排一定比例岗位用于聘用退役运动员。各级体育、教育行政部门要为退役后有意从事体育教师工作的退役运动员获取教师资格创造条件
相关经费	(1)运动员在试训期间所需经费由同级财政负担 (2)在职业转换过渡期间,开展技能培训、就业辅导等相关工作所需经费以财政投入为主,体育部门使用的彩票公益金、社会捐助资金等为辅	
纪律与监督	(1)运动员聘用工作要做到信息公开、过程公开、结果公开,接受社会及有关部门的监督 (2)各级政府相关部门要认真履行监管职责,对违反本办法有关规定的行为要予以制止和纠正 (3)严格聘用纪律,严禁弄虚作假、营私舞弊。对违反有关规定的,要严肃处理。构成犯罪的,依法追究刑事责任 (4)对违反招聘纪律的运动员,取消聘用资格;对违反规定并已办理聘用手续的运动员,一经查实,应当解除聘用合同,予以清退 (5)对违反纪律的工作人员,视情节轻重调离工作岗位或给予处分;对违反招聘纪律的其他相关人员,按照有关规定追究责任	

资料来自:《运动员聘用暂行办法》体人字〔2007〕412 号

1. 政策性安置制度的弊端已显现

不可否认,政策性安置可以解决少量精英运动员退役后的工作问题。但从另一个角度来看,对那些拿过世界冠军、全国冠军,受人瞩目的明星运动员来说,他们的就业前景非常广阔,政府、社会都在向他们伸出橄榄枝。而处在金字塔中下层的大量运动员和一些边缘项目的运动员,由于受关注程度不够,他们的退役安置则困难重重。一方面加重政府财政负担,造成资源浪费;另一方面,未能享受安置的又无法得到扶持,有碍社会公平,影响体育事业发展。相关研究表明,在全国每年的退役安置人员中,只有 22.2% 为政策性安置,有 39.8% 的运动员选择入学深造,38% 的运动员选择自主择业,比例很高。应该承认,对于运动员退出后的出路问题,政府、社会各界做了很多工作。但毫无疑问,政策性安置对于这么庞大的退役运动员群体来说只是权宜之计。在市场经济的视野之下看待运动员的发展问题,必须改革运动员退役管理体制,合理构建运动员退出机制。

2. 目前版本的政策成效较低

无论是国家层面还是地区层面,对于运动员退役的相关政策均在 5 年前。政策的实效性较差,现有的政策效力层次较低,缺乏权威性。对退役运动员群体重制度保护、轻立法保障的问题十分突出。"指导性"的政策出台,预示着其"强制性"的缺失,从而导致政策执行效果不乐观。目前国家、地方层面出台的相关政策文件,其内容多表现为政策性条文多,强制性条文少,宏观层面规定得多,具体操作层面规定得少,导致政策执行过程中执行主体无所适从并且导致其"自由裁量权"过大。此外,实践中,安置工作多涉及财政、劳动人事、体育、教育、公安等部门,体育部门往往扮演了推动者角色,由于缺乏法治层面的强制性规定,体育部门在推动安置工作时往往"底气不足",导致退役运动员遭遇不公正待遇时,体育主管部门也处于无法可依的尴尬境地,极大影响了安置工作的效率。

5.5.4　原因分析

造成运动员社会保障机制不完善的原因是多方面的,有政府层面的影响,也有社会和运动员自身的问题。

5.5.4.1　政府层面的影响——以人力资本为研究视角

运动员人力资本是充分利用运动员的先天禀赋,在此基础上进行投资,带来未来收益的资本存量,包括:知识、运动技能、身体能力、心理、社会声誉等。运动员人力资本主要体现在技能上的资本存量,竞技能力是运动员人力资本的核心。因此,提高竞技获取收益是人力资本投资的内在动因。

我国竞技体育人才培养体制下,大多数运动员人力资本的形成主要由个人、家庭、政府三部分投资组成,如图 5-3 所示。

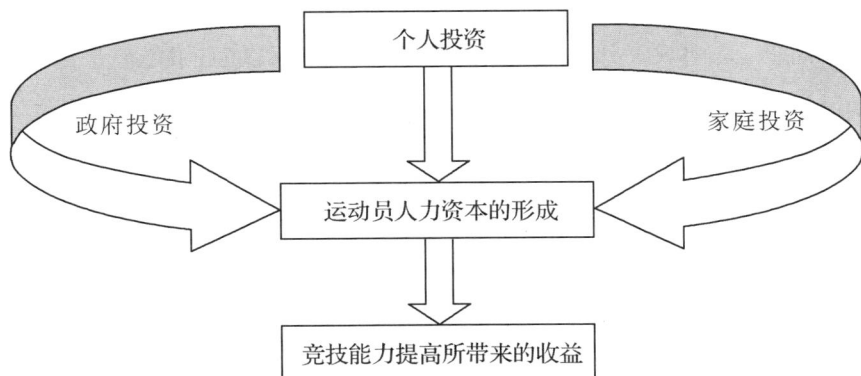

图 5-3　运动员人力资本形成图

个人投资：主要包括时间、精力、禀赋等先天素质以及机会成本等。运动员体育人力资本中，良好的遗传条件和天赋是重要基础。运动员从训练开始到进入优秀运动队，实质上是对运动员的天赋进行评价、判断和检验阶段，运动员的天赋对运动员今后的发展作用很大。

家庭投资：主要包括早期教育投资、父母抚养培育、健康改进与医疗养护等。

政府投资：主要包括教育、训练、技术、场地等人力、物力的投资。政府对"三级训练网"中的运动员人力资本具有占有、使用、收益、处分等所有权。

综上所述，在以政府为主导的竞技体育管理体制下，非运动员成长为普通运动员，天赋占有重要作用，这个过程的资本投资主要以个人和家庭为主。由普通运动员向专业运动员这一资本形成的过程中，需要教育、训练等高额投资，政府和社会投资占据主导，如图 5-4 所示。据统计，在"十二五"期间，我国竞技体育后备人才培养中，每年国家投入的训练和教育经费为 7 亿多元。同时，国家还对近 10 万名体育运动学校的学生投入 8 亿元。从体校选拔到专业队以后，省、市一级财政投资，选拔到国家队这个层面上，是中央一级政府投资。随着体育项目职业化、产业化的进程加速，越来越多的企业参与了运动员人力资本投资，主要包括：各类私有性质的企业、职业体育俱乐部以及各种私立运动学校等。社会团体投资运动员是我国运动员培养体系的另一重要途径，它拓宽了运动员人力资本的投资渠道，还带动了相关体育产业的发展。

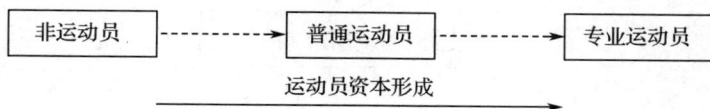

图 5-4　运动员资本投资过程分析

从运动员的培养到最后成功成才,通常分为四个阶段:开发期、成长期、巅峰期和保持期,如图 5-5 所示。

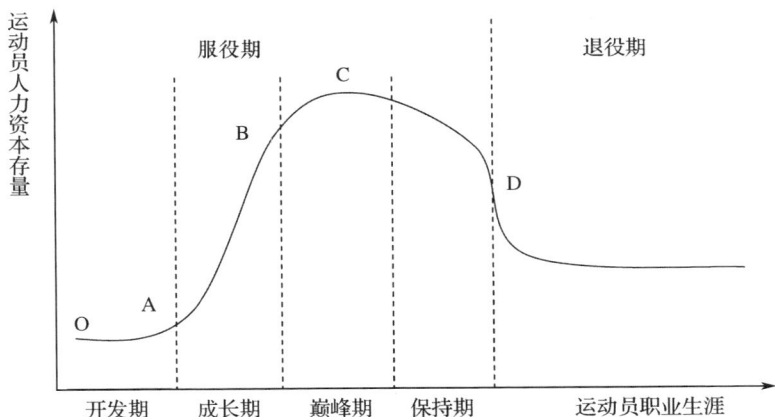

图 5-5　运动员人力资本趋势变化

如图 5-5 所示,O 点是运动员运动生涯的开始,进入了运动员运动生涯的开发期。天赋在其中占据非常重要的位置,通常我们所说的选拔队员阶段,似乎能够看到运动员潜在的培养价值。这一时期,天赋决定了运动员最初资本的投资(至 A 点),其投资的主体通常以个人或家庭为主。

从 A 点曲线开始上升,到达了 B 点。这一阶段属于运动员人力资本的成长期。这一时期,运动员的投资逐渐转变为政府投资,这部分的投资是长期而巨大的,其人力资本存量的增长也是非常快速的。从外在特征上看,也就是运动员的竞技成绩不断提高,创造经济价值和社会价值的能力逐渐凸显。

B 点到 C 点,运动员逐渐进入巅峰期。运动员的资本存量不断积累,在外表现为运动员作为产品,通过内在天赋和外在投资,已达到最佳的运动状态和经济水平并由此创造出最大的经济效益和社会效益。这一时期运动员的人力资本投资仍然延续成长期的投资形式,主要由政府投资。不同的是,这一时期,运动员开始有了投资回报,即荣誉、在荣誉基础上的奖金回报。运动员人力资本投资的主体决定了运动员的回报由政府负责调配。

C点到D点,开始从巅峰期回落,进入保持期,表现在运动员身上就是竞技状态和竞技水平开始下滑,运动成绩也开始下滑而进入运动生涯的临界点。这时,专用型人力资本的价值即将丧失,由于运动员通用型人力资本的缺失,其作为运动员的职业生涯结束之后,脱离了竞技体育的环境,要想生存和发展只能依赖巅峰时期所获得的资本,优势已经逐渐减弱。人力资本的存量所剩无几,运动员最理想的状态应该是利用原有的人力资本存量迁移,否则,就必须再进行投资。

人力要素投入:人力要素投入是围绕运动员的训练和比赛所付出的人力保障,包括运动员、教练员、运动队管理人员、医务、后勤等工作人员。运动员人力资本存量的高低取决于他们在役期间或赛场上的竞技能力和表现。其中,教练员在运动员人力资本的形成过程中起到非常重要的作用,还有保健医生、体能教练等。人力要素的投资直接决定着运动员人力资本存量的多少。

财力要素投入:包括直接财力投入和间接财力投入。直接作用于运动员身上的投入即为直接财力投入,比如运动员的工资。间接财力投入则主要指保证运动训练的正常运行所配备的服务人员(教练员、管理人员等)的开支,比如:教练员、科研人员的工资等。

物质要素投入:这部分投入主要是指保证运动员比赛成绩的取得所必需的物质条件,比如场馆、设施等。这些投入是运动员人力资本形成的物质基础。

技术要素投入:随着高科技时代的到来,技术要素的投入在运动中的作用越来越重要。主要包括:训练手段的科学性、高科技产品的应用性以及合理的营养、科学的休息等。可以说,技术要素在训练体系中占据了越来越重要的价值,它是运动员形成经济价值的重要砝码。

时间要素投入:从运动员的成长周期规律可以清晰地看到,运动员竞技水平的提高是长期的资本存量不断积累的过程。体操运动员的成才周期一般要5—8年,有的项目需要8—10年。需要长期的坚持与沉淀,需要运动员、教练员以及相关工作人员投入大量的时间才能予以保证,没有时间投入作为保障,运动员成才几乎是不可能的。

综上所述,人力资本存量的增加是人力资本投资的直接收益结果,通过财力、时间等诸多要素的投资才能产生回报。

5.5.4.2 政府作为投资主体的作用反思

1. 投资目的单一影响了运动员人力资本的存量

政府对运动员人力资本的投资要素包括:教育投资、训练投资、比赛投资和情感投资。对运动员人力资本进行投资主要是为了实现社会效益,达到政治目的。这也就决定了投资的单一性。具体表现为对运动员教育投资的忽视。

(1)运动员人力资本教育投资不足

众所周知,教育会对一个人产生深远的影响,它的作用是不可替代的,并且伴随人的一生。而在我国运动员培养体制下,运动员文化教育极易被忽视,投资不足。由于繁重的训练和比赛任务,运动员很难和普通孩子一样接受正常的文化教育。学训矛盾问题一直比较突出。近些年来,运动员由于缺少文化教育,退役后面临窘境的现象屡有发生,引起了政府的高度重视,政府出台了规章制度予以加强,但整体效果仍不理想。由于对文化教育的源头截留,运动员文化素质普遍较低,他们难以适应社会高速发展的需要。

（2）运动员职业教育投资不足

主要涉及两个方面：一方面是现役运动员的学历教育；另一方面是退役后择业期的专门培训。

问题一：学历与能力不对称。运动员进入学校成了特殊群体，并没有和普通大学生一样正常接受教育，存在重形式、轻内容、轻质量的倾向。运动员选择与体育领域不相关的专业，很难跟上进度。对运动员大多采取"宽容"态度，导致他们的学历教育"有名无实"。

问题二：缺少实效性。运动员在职业过渡期确实需要一定的引导和培训。但是，由于我国运动员培养体制的特殊性，运动员的教育功能一直处于弱势，体现在职业教育培训中，主要问题是"三少三轻"。

"三少"表现在：时间少，即培训时间太短。次数少，即活动次数少，很多省市运动员职业教育培训一年仅一次，明显不够。参与人少，宣传不够等，参与培训的人数较少，没有普及性。

"三轻"表现在：轻特色，即没有结合各地区的优势和需求设定培训项目，千篇一律。轻实践，即对理论讲解颇多，缺少实践技能的培训。比如，很多地区开设教师资格考试培训的项目，但在培训中过于强调讲解，而忽视说课等实践技能的培训，效果不理想。轻推广，即强调示范引领作用，而缺少辐射更多运动员群体的推广，比如，大多数地区运动员职业培训班参与人数不超过 30 人，辐射面太小，要想让更多的运动员受益，必须要重视普及与推广。

2. 政府缺少激励机制

在运动员人力资本的形成过程中，政府在其中扮演着多种角色：决策者、投资者、监督者、管理者、责任者，等等。在计划经济时期，具有不可替代的绝对优势，可以非常迅速地实现目标。但是，随着市场经济体制的逐步确立，体育领域的市场化、职业化逐渐深入，运动员作为人力资本，需要最大限度地在市场中通过转让、让渡、迁移交易等方式进行流通,已经受益。而这些与计划经济体制下的运营模式矛盾甚至背离。

3. 政府应对市场失灵的调控作用不足

运动员作为人力资本,其形成过程相对复杂,在市场机制下,由于投资主体的利益不同,存在失灵现象。政府在应对市场失灵时,应发挥调控等手段。但是,纵观国内运动员保险保障出现的问题,发现政府的调控作用缺失。

(1)投资偏好与社会需求不一致

在资本市场当中,投资与收益是一对孪生兄弟。其中间环节是社会需求。因为社会需求而产生的投资,获得收益的可能性就较大,否则风险就较大。运动员人力资本市场亦如此。对于运动员人力资本的投资,必须考虑社会需求。过于偏重对运动员竞技技能的投资,而忽视文化教育、道德等方面,运动员退役后,就会面临文化教育、道德修养等方面无法满足社会需要而被淘汰,这也是一种浪费性投资。虽然,政府面对这种现象往往后续可以给予修正和补救,可是造成的浪费和损失却是难以弥补的。

(2)相同投资下运动员人力资本收益不均等

这种差异在市场机制下尤为显著。市场化程度高、社会需求强烈的运动项目,收益就高,比如:足球、篮球、网球等。而相对一些市场化程度不高、社会需求不强烈、不易推广的运动项目,收益较小。比如:重竞技项目、体操、跳水等。政府在运动员人力资本投资相同的情况下,收益的主要差距来源于市场化程度。

这些运动项目,不具备市场化发展条件,但是作为奥运会项目还有发展的必要。政府对这些项目无法发挥市场价值应给予相应的政策支持加以修正,否则会严重影响运动员从事训练的积极性。通过对教练员访谈得知,现在一些家长一提到举重项目就敬而远之,后备人才极度匮乏,阻碍了竞技体育的全面、可持续发展。

5.5.4.3 企业社会保险水平的影响

企业社会保险金的筹集是以国家强制力为后盾,以职工工资总额为基数在税前列支,包括养老保险金、医疗保险金、失业保险金、工伤保险金、生育保险金、住房公积金缴费以及职工补偿养老金,合计29%～47%,是对企业利润进行再分配实现的。企业承担的社会保险费用虽然是企业剩余价值的一部分,但实际也是企业劳动成本的一部分。也就是说,企业社会保险负担是企业缴纳社会保险额度与企业缴费前企业利润额度的比重。企业要将利润进行分解,才能实现企业承担的社会保险费。

如果把有限的利润过多地投入到履行社会责任中去(缴纳保险费用),就影响了企业利润的再造血功能,扭曲企业的经营行为,同时也削弱制度的运行效果。

1.社会保险费率过高,企业压力大

从20世纪80年代开始,社会保障取向发生了转变,由传统的国家无限责任向国家、企业和个人责任分担的体制转变。其中,企业要承担相应的缴费义务。企业所负担的各项社会保险基金包括:养老保险、医疗保险、失业保险、工伤生育保险(见表5-14)。

这里面就需要对企业保险缴费水平进行评估,从企业利润中扣除投资的部分就可以计算出企业社会保险缴费的适度水平。学者刘鑫宏经实证测算,企业有能力承受法治性的社会保险费率区间为[0,18.68%]。通过修正缴费基数统计偏差,企业社会保险缴费水平最高限额约为44%,而其适度缴费率应维持在38%左右[46]。适度的缴费率只有与社会保险制度供求相匹配,才能发挥社会保险制度的激励作用,这两者之间不相符的状况,说明企业社会保险缴费负担过重。

表 5-14   企业负担的各项社保费用比例

项　目	企业缴费比例
养老保险	20%
医疗保险	6%～9%
失业保险	2%
工伤生育保险	0.5%～1%
职工补偿养老金	4%
住房公积金缴费	10%
总　计	29%～47%

表 5-15   部分国家企业社会保险缴费情况一览表

国　家	养老保险	医疗、生育保险	失业保险	工伤保险	合计
美国	6.2%	1.45%	0.8%	2.3%	10.75%
德国	9.3%	4%～8%	3.25%	1.44%	17.99%～21.99%
日本	8.25%	4.1%	0.75%	1.6%～14.9%	13.7%～28%

2. 经济发展不均衡,企业承受能力呈现不均衡

众所周知,我国经济发展水平差异化较为明显,这也决定了企业缴费能力水平。本课题从我国东部、中部、西部、北部分别选取了广东、安徽、青海、辽宁四个地区进行比较,见表 5-16。

表 5-16   各地区社会保险缴费比例的比较

项　目	广东	安徽	青海	辽宁
职工工资总额(亿元)	1991.07	571	93.1	973
社会保险费(亿元)	591.35	169.59	27.65	288.98
净利润率(%)	4.28	3.97	17.23	3.21
保险费占净利润比重(%)	40.57	73.45	25.56	64.25

数据来源:中国统计年鉴 2006;其中销售收入和净利润为国有及规模以上非国有工业企业数据。

通过分析发现（见表 5-16）：无论是东部沿海发达地区——广东，还是相对落后的中西部地区——安徽和青海，或者是作为老工业基地的辽宁，企业的社保缴费占净利润的比例分别为：40.57％、73.45％、25.56％、64.25％，负担偏重。而且，不同地区之间呈现非均衡。广东和青海相对好一些，安徽和辽宁缴费的比例过高，占据企业利润的绝大多数，社保缴费对企业净利润的挤出效应相当严重。在当前经济一体化的发展背景下，市场中企业间的竞争日益加剧，企业要保持在竞争中的优势，又要保证一定的利润空间，只能节约和压缩成本。

3. 社会保险制度不完善导致的社会保障漏洞

很多企业为了追求利润最大化，增加资本积累，节约和压缩成本，职工利益首当其冲。因此，社会保险少缴或逃费的现象在国内外都比较普遍，这与社会保险的强制性有关。在我国每年都有相当数量的企业未依法缴纳社会保险费。据统计：2011 年养老金收不抵支的省份有 14 个，2012 年为 19 个。国际上也是如此。具体方式主要有以下几种：

（1）改变运动员的工资结构，少报或瞒报

一些企业或俱乐部瞒报、低报收入以便减少缴费，有的随意更改工资以降低缴费比例。国家对社会保险费的提取有明确规定，应该为包括基本工资、津贴等项目的综合。有些俱乐部只选取运动员的基本工资进行计提，或者以部分工资计算就低缴纳；或者另立名目，减少工资总额；还有的将部分工资转移，逃避计提，等等。

比如，对运动员的数量进行少报或瞒报，特别是对一些二线以下队员不入册，不缴费。加上运动员投保意识淡薄，运动员维权案例少之又少，使之对这一部分群体的逃费现象较为普遍。

（2）通过短期雇用对运动员参保忽略不计

在一些参赛队伍中，有的是挂靠体育主管部门的队伍，有的是民营俱乐部的参赛队。民营俱乐部的队员属于非在编运动员，与俱乐部大多属于临时雇用关系。这种雇用形式该怎样为运动员缴纳社会保险，国家缺少相应的指导和规范。针对"劳动关系"与"劳务关系"的真空地带，企业俱乐部不给运动员保险。

5.5.4.4 运动员自身层面的影响

1. 运动员保险意识有待提高

保险产品是以风险为对象的非渴求性商品，是一种无形商品。因此，首要条件是消费该商品的人要有这方面的前瞻性和消费意识。

对于大多数运动员来说，运动员的保险意识还很薄弱。国家有明确规定，优秀运动员退役后，要将相关手续转出，转到新的单位进行续接，其中就包括养老保险缴费等材料。运动员所在的体育系统反复强调，各训练队也非常重视，通过各种渠道进行通知。但是，一些运动员出于不同考虑，有的没找到工作，靠在训练队，有的是本人不重视，等等，对社保材料领取时间一拖再拖，有的甚至不予理睬。

尽管国家政策规范了体育保险和运动员相关保险保障，但是运动员参保水平仍然不高。仅在医疗保险和意外伤害保险两项参与尚可，劳动保险、商业保险的投保率仍较低。这充分证明运动员保险保障环境仍不容乐观，运动员的保险意识亟待提高。体育职业化改革紧锣密鼓，比赛的对抗程度、强度等都会增加，原有的行政分配及福利待遇将被打破，伤残风险和职业危机也会加剧。应及时加强运动员风险教育，提高对运动风险的认识程度，提升其自主投保意识。

2. 运动员投保能力较弱

取决于运动员投保能力的一个重要因素就是运动员收入。可以说,近些年来,运动员的收入大幅增加,收入来源呈现多元化,收入结构也发生了重大变化。学者刘平在《我国运动员人力资本收益结构与分配模式研究》中将运动员收入结构分为"商业收入、比赛奖金、基本工资和各种补助"。从中可以看出,不同项目、职业化程度以及不同层次的运动员之间薪酬收入存在很大差异。从奥运项目和非奥运项目之间的比较来看,游泳、田径、羽毛球等奥运项目专业运动员薪酬要远远高于武术、龙舟之类的非奥运项目专业运动员;同属于奥运项目的运动员薪酬也会由于其职业化发展程度而存在较大差异。比如:篮球俱乐部,核心球员的年薪通常能达到 40 万元到 80 万元,一般球员所有收入能达到 15 万元左右。从运动员的级别对比,运动员收入高低很大程度上也取决于比赛成绩。这种以效率为导向的分配方式,使大多数普通运动员成为弱势群体,无法分享运动成绩的福利,却还要承受运动带来的风险和体制带来的高昂的身体成本和由于投资单一所造成的未来发展困境。可以说,相当数量的运动员根本没有额外投保的能力。

3. 运动员维权行动

利益保障是运动员的合理诉求,运动员生存与发展的基础就是健康,没有健康,对运动员而言就失去了重要的发展支柱。但是,现在很多运动员维权之路异常艰辛。一方面,很多运动员签署的合同存在漏洞,很多运动队在与运动员签署合同的时候,没有仔细研究合同条款就草草签订,导致出现利益纷争的时候,找不到依据;另一方面,很多运动员维权意识较为薄弱,他们听惯了组织安排,由于畏难情绪,很少考虑主动为自己的利益争取。

现在,越来越多的运动员开始为自己的利益维权,加强运动员保险保障机制的建设刻不容缓。

[运动员收入低导致的投保能力不足案例]

女篮后备人才匮乏,其原因是收入太低

在人们的印象中,中国体育界最赚钱的行业无疑是足球,虽然篮球竞赛市场这些年风生水起,取而代之成为中国第一联赛,但队员们的工资依旧与中超联赛队员存在较大差距。女篮成年队球员的收入一般分为四个档次:第一档是明星球员,年薪一般在50万到100万元之间;第二档是国手级球员或绝对主力球员,与俱乐部达成某些协议(比如:解决房子、户口、退役后待遇等问题),她们可以拿到20万到30万元;第三档是球员年薪在8万元左右,这是大部分女篮队员的基本收入现状;第四档球员收入每月在两三千元,这类球员基本上属于替补队员或新入队队员。女篮青年队的收入基本在1500元上下。

女篮项目存在着先天的不足,对抗性不强,所以很难抓得住观众的眼球。据统计,WCBA赛季冠军赛每场观众仅1000名左右,而男篮比赛最多容纳6000名观众的球馆几乎场场爆满。市场不景气直接决定赞助商的选择。比如:由于没有珠宝赞助商的加盟,女篮联赛中象征荣誉的总冠军戒指,需要夺冠球队自己掏钱解决。

(资料来源:余燕.注册球员仅300!女篮后备人才不足　断层趋于严重.中青在线-中国青年报,2013-11-03)

6　发达国家运动员保险保障机制的借鉴

>>>

现代社会保障制度最早产生于德国（1880），经过 100 多年的发展，已被世界绝大多数国家推广应用，成为社会发展不可缺少的重要支柱。运动员作为国家公民，享有社会保障的一切权利已成为国外发达国家的共同特征。了解发达国家运动员社会保障制度及其运行机制，有助于我们更全面地认识社会保障的内涵、作用及意义，有助于拓展我国运动员社会保障的发展思路。基于本课题的需要，本课题结合运动员培养体制、保险保障治理模式、法律体系等几个维度，分别选取了极具代表性和具有可借鉴意义的美国、英国、德国、日本等国家。

6.1　科学的运动员培养规划体系

在这一部分，本课题主要选择美国、英国和俄罗斯三个国家进行比较借鉴，主要是基于三个原因：其一，我们国家运动员培养体制最早主要是学习苏联的培养模式。现如今，俄罗斯在这方面已经发生了深刻的变化，值得我们了解和学习。其二，英国作为世界上第一个资本主义国家，现代体育的发源地，其政治、经济制度较为完善，文化、体育事业较为繁荣。特别是英国竞技体育经过 1996 年亚特兰大奥运会的惨败之后,经过十几年的发展,逐步走向振兴,2012 年在伦敦奥运会上获得奖牌榜上位列第三名,其成功主要源自精英运动员的培养体系。其三,美国作为世界公认的体育强国,其完善的后备人才培养体系十分完善,其最主要的特征是把学校体育作为竞技体育的基础和摇篮,运动员综合素质非常高,除了良好的运动天赋,还可以胜任其他职业,美国体育与教育的真正融合给了我们很好的启示。

6.1.1　运动员培养机构

美国竞技体育、学校体育以及群众体育之间并没有严格的划分界限。竞技体育在竞赛表演之外的社区活动,以及学校体育中的竞赛体系,再加上社区体育的广泛普及,使得美国青少年能够广泛地参与到体育当中,从幼儿园到大学都有良好的平台:中学通过校际竞赛发现有潜力的青少年运动员,对其进行培养;大学通过系统的训练和完善的赛制培养优秀运动员。美国竞技体育人才的培养都是在学校进行的,大学生运动员是美国竞技体育队伍的重要来源。在美国,市场经济高度发达,市场经济规律深刻地影响着各行各业的运行,体育领域同样如此。从 1984 年洛杉矶奥运会的运作就可见一斑,发展到现在,美国将竞技体育进行充分的商业化运作,将竞技体育的娱乐性、表演性、观赏性发挥得淋漓尽致,形成自负盈亏、自我创造的良性循环运行和发展机制。

美国政府很少通过行政手段来干预竞技体育相关事务,主要由社会机构来进行管理。其管理工作主要由美国奥委会、美国大学体育协会和职业联盟等社会组织承担,其后备人才培养和日常训练工作相对分散,主要是依靠学校、俱乐部、企业等社会化组织完成。

以学校体育为例:体育后备人才培养以及优秀运动员培养以学校为主,美国的教育体制能够为他们提供良好的平台,而美国的社会文化又为其提供了良好的氛围。从小学开始广泛接触体育活动,从中学阶段开始就会有比较完善的赛事体系以及训练体系,而且在中学和大学之间有完善的衔接体系,成绩优秀的运动员可以选择自己心仪的大学就读,并可以享受奖学金以及生活费等一系列优惠。从政策以及校园文化等多方面鼓励学生们选择体育道路。

在苏联,实行政治经济高度集中的社会管理体制,体育领域也是如此。体育的政治功能被无限放大,导致体育大小事务几乎由政府一手操办,在竞技体育领域更是如此。"思想一盘棋、组织一条龙、训练一贯制"是苏联竞技体育运行机制的显著特点。而在苏联解体后,其竞技体育的相关特点在一定程度上得到保留,加之社会经济体制的转型,市场经济开始对竞技体育领域进行渗透,颠覆了以往强调行政管理竞技体育的理念,在竞技体育继承"举国体制"优势的基础上,创新了竞技体育运行机制和管理模式,形成了特色鲜明的俄罗斯竞技体育管理体系。

俄罗斯竞技体育的管理体制由政府职能部门和社会化组织两条轨道展开,各自有明确的分工,政府职能部门主要包括协调委员会和运动协会代理部;社会化组织就是指俄罗斯国家奥委会。政府职能部门的职责范围包括:制定体育规划、制定政策、监督、实施计划、提供经费保障等;社会化组织的职能包括:计划落实、活动组织、开展竞赛等。

6.1.2　运动员的选拔输送

如前文所述,美国选拔培养优秀运动员主要依托学校,教练一旦发现有运动天赋的学生,学校会与家长沟通,由家长出面与社会上的私人俱乐部联系,根据自己的意愿选择私人俱乐部教练员进行训练。企业俱乐部大多是针对高水平的运动队集训。这种投资模式属于个人行为,围绕运动员的相关受益均属于运动员自己,其他利益主体未经运动员同意不得分享其利益。这种运动员培养和训练体系顺应了市场化的发展方向,运动员可以作为商品进行最大限度的商业开发和运作,扩大了运动员及其所属项目的影响力,有助于运动员最大价值的实现。

美国是一个高度法治化的国家,大学遴选运动员也不例外,完全依照法律法规进行。在竞技体育方面,各高校为保持优势,往往会通过奖学金等各种优厚条件吸引有运动潜力的高中生运动员入学,不同学校、不同地区会有较大差别。但是对文化课成绩,则会设立统一的最低标准,必须在最低标准才能进入大学就读,这就保证了学生的文化素质在一定水平线上,为将来增强就业竞争力打下良好的基础,实现良性循环。

运动员参加奥运会的主要依据就是国内的选拔赛。只有参加选拔赛的运动员才能取得代表国家参加奥运会的资格。选拔赛一般是由美国奥委会下属的各单项协会指派的具有公认权威的选拔委员会进行选拔,个别项目也有例外,采用混合选拔模式,比如体操。这个项目在学校体育开展较好,比赛也非常规范,体育人才通常在比赛中被发现。

在美国,尽管中学体育和高校体育被归入业余体育类,但基础水平很高,体育场地设施非常齐备,基本具备半职业化倾向,包括棒球、篮球、美式足球等项目已经有了强大的消费群体,再加上学校的财政支持,学校竞技体育方面发展得红红火火。学生通过选拔等途径进入高校后,一面学习自己所选择的专业,一面参加训练和比赛,教学与训练完全不矛盾。只有在大赛期间,进入国家队需要参加必要的选拔赛,才需要时间进行短期的赛前集训,虽然在训练时间和精力上不具有优势,但其人才培养的模式以及其他各方面的巨大优势是无法比拟的,也显示了美国竞技体育发展的旺盛生命力,这也是为什么美国职业联赛长久不衰的制胜法宝之一。

俄罗斯在体育管理体制改革进程中,没有采取颠覆性的批判,而是保留原有一些优良传统。比如,维持原苏联时期的模式,将运动员培养的基础仍然放在体校,现在体校培养的运动员达到90％以上。从选拔方式看,严格以运动成绩为选拔依据,结合教练组综合评定、推荐等方式进行。比如,参加世界田径比赛的参赛运动员的选拔,场地内项目,统一采取"2＋1"的选拔方法,"2"即国内选拔赛前两名的选手直接获得参赛资格;"1"是由田协教练委员会推荐选手。综合考虑各选手的成绩、心理素质、健康情况等因素,然后最终确定。这样既保证了高水平的运动员能够入围,也兼顾了运动员竞技表现中的不确定因素,更为科学合理。

6.1.3 运动员的培养模式

美国主要依托大学和俱乐部两个组织来培养运动员。美国由于市场化和职业化非常成熟,群众基础深厚,运动员在学校也备受重视。据数据统计,在2016年里约奥运会上,美国共派出550多名运动员参赛,其中,74％的运动员是在读大学生,他们来自美国的130所大学。输送运动员数量最多的是斯坦福大学,39名运动员参加游泳、跳水、水球、网球、击剑等项目的比赛,其中30名运动员代表美国队参赛。美国南加利福尼亚大学派出了44名参赛选手,代表19个国家角逐9个项目。著名的游泳奥运冠军,短池世锦赛"七金王"霍斯祖就是南加利福尼亚大学的知名校友。

对于美国大学来说,体育和教育的完美结合也使得体育成为提升学校凝聚力和知名度的最好方式之一。

主要表现在:其一,青少年体育业余化性质突出。业余训练主要在学校中进行,很好地处理学生学习和训练的问题。其二,作为培养优秀运动员的高级阶段——大学阶段,其培养模式是学院化和职业化相结合,国家在其中的作用仅仅局限在监督、指导和选拔方面。其由于拥有完备的现代化运动训练、竞赛设施和优秀教练员人力资源,有力地保障了高水平运动员的培养。每个大学都有自己的校队,有的多达十几个,大部分训练工作由市场需求自动完成,每个学年和赛季赛事繁多,为了解决运动员学训可能出现的问题,督促运动员不能因为训练比赛而荒废学业,出现学训矛盾时,美国的大学普遍采用"补课制",每个大学生运动员都可以选择一个高年级学生或者是他的同窗好友作为补课教师。这种职业化和学院化相结合的培养模式能够很好地解决优秀运动员的生存问题,同时也节省了国家在这方面的投入,一举多得。

俄罗斯国家体育人才济济,许许多多的优秀运动员、著名运动员都由这里诞生。例如:女子撑竿跳运动员伊辛巴耶娃,网球运动员莎拉波娃,霍尔金娜是现代女子体操的形象代表,等等。俄罗斯对于运动员的培养与美国不同,它对学校的依存度不高,而主要是依托政府建立的体育机构。随着俄罗斯改革的深入,市场也加入了培养运动员的任务。以国家队为例,俄罗斯选拔队员进入国家队有三种机构:青少年体育学校、特殊体育技能学校、预备运动员培养基地。这三种机构形成网络,遍布全国。先天条件好的青少年都可以在业余时间到附近任选一个机构从事专门训练。这是俄罗斯联邦选拔优秀运动员的重要途径。

6.1.4 运动员职业生涯规划

运动员职业生涯是指从事运动员职业活动的人在这种专业化的社会活动过程中,职业价值观、职业兴趣、职业技能等心理、素质、能力、技术、岗位等因素的发展变化过程。

运动员的运动周期比较短,职业特点决定了退役后需再次择业。如何安排退役后的工作和生活显得尤为重要。职业生涯的设计是运动员在退役过渡期内重要的一环,做得好则可以顺利实现角色转换,做得不好直接影响运动员退役后的生活质量,进而影响社会稳定,危及体育事业。

职业生涯规划是人力资源管理理论和实践的重要研究内容。随着人力资源的稀缺,这方面开始变得广受关注,地位也越发显得重要。

美国是启动运动员职业生涯规划研究较早的国家,其他国家在这方面也有所涉猎。运动员在职业生涯转换期间,许多国家都制定了职业教育的培训计划,帮助运动员尽早实现角色转换,开始职业生涯新的篇章。比如:在组织与管理方面,1977 年美国奥委会出台的奥林匹克工作机会计划,主要是围绕奥运选手进行培训,帮助他们进行职业规划和就业方面指导。1988 年,美国奥林匹克委员会又制订了"运动员职业生涯计划",简称 ACP(Athlete Career Programme),与专门从事人力资源管理的 Adecco 公司(世界五百强企业)合作为美国精英运动员提供相关职业培训、生涯规划等方面的服务。此外,为了帮助运动员能够有更好的、可持续的发展,美国很多大学、运动员协会等机构也制订了相应的运动员职业生涯发展计划。

通过对相关资料的收集和整理,美国运动员职业培训有如下特点:

种类丰富:涉及运动员职业培训的相关计划五大类,丰富多样,分别为:奥林匹客工作计划、运动员职业辅助计划、实现跨越计划、"Whole Istic(wistie)"计划、和纽约妇女运动基金计划。

社会参与广泛:这五大类均为社会组织发起并推广。

服务对象广泛:既有奥运选手,也有退役运动员、大学生运动员、高中运动员,包括女性运动员。

服务内容全面:针对不同服务对象,体现一定的针对性,有的放矢。比如,对高中运动员的培训主要是转型培训;针对女性运动员的职业培训主要是媒体训练、公众演讲等。

英国非常重视运动员的竞技水平和职业发展,并从多方面给予保障。

竞技水平方面:从 2004 年开始,实施优秀运动员奖学金计划,主要是对 25 岁以下的优秀运动员提供帮助,以补充他们在训练、体育科技方面的支出,使他们既潜心于运动训练又不影响学业。

文化教育和职业发展方面:早在 1998 年,英国体育理事会就开始关注运动员在文化教育和职业发展方面的问题；1999年，实施"就业和教育计划"（Athleteand Education Programme），这是在学习澳大利亚经验基础上提出来的。2004年2月，英国体育理事会又创新性地启动了Perform-ance Lifestyle计划，主要是关注运动员文化素质的提升。这个规划主要是将运动员的训练和学习划分区域，进行区域式的管理。重大赛事作为一个区域，运动员在这个区域主要是进行备战训练；在赛事结束区域，运动员主要是工作或学习，稳定后再逐渐加大训练量和参加比赛的数量。针对每一区域实践，都给予不同的指导帮助。这一计划解除了运动员的后顾之忧，减少了对未来前途的担忧，充分体现了管理的人性化。

就业扶持方面：英国体育理事会联手国际奥委会，形成战略合作伙伴。通过建立"奥运会残奥会就业网络"平台（Olympic and Paralympic Employment Network，OPEN），为运动员职业生涯的顺利开展开辟了一条通道。

相继有250多家公司加入了"OPEN"计划，成为合作伙伴。其中，不乏职业介绍机构，通过平台向运动员提供就业信息。平台的建立，有利于公司和运动员之间双向促进，资源共享。平台不仅服务于退役运动员，帮助他们解决就业，同时在役运动员通过平台信息，提前了解社会需求，参与实践，对照自身条件，及时调整定位非常有益。同时，平台还实时提供临时就业岗位、实习岗位和创业辅导机会，运动员在业余时间便可参与其中，提升自己的能力，完善自己。

在日本，由于职业体制的差别，除了少数一些运动项目之外（如棒球、足球等），多数运动员也许来自其他职业，文化素质也较高。他们在退役后通常以自主择业为主，通常会有其他的技能存量维持退役后的生活，由于日本的养老保障非常完备，他们60岁之后也会获得非常高额的养老保险，足以保障未来的生活。

6.2 成熟的社会保险保障治理模式作为基础

6.2.1 德日模式

1.社会保障制度模式

德国和日本是世界上社会保障制度非常发达的国家,社会保障法制完备是重要因素。20世纪70年代后,社会保障问题不断出现,两国意识到需要进一步完善社会保障法制,不断地改革。20世纪90年代,两国对护理保险进行立法,成为世界上拥有养老、医疗、残疾、失业、护理五种社会保险制度的国家。

(1)德国

德国社会保障制度完善,内容丰富,社会保障网络遍及全国,社会保障相当普及,大多数人都以不同形式参加了社会保障。

内容:社会保险、社会救济、社会赡养、社会补贴。

特点:自愿和义务相结合,而义务保险在社会保险中占主导地位。

核心:养老、医疗、工伤和失业保险。

管理体制:将投保人、雇主和保险机构三者融为一体,组成了管理权力机关。

运行机制:社会保障为主体,以区分职业基础为前提组成,基金的组成由一系列行业和地区组织分开管理,企业和个人可以根据自己的情况进行补充保险,同时以公共补贴制度为补充。

(2)日本

日本的社会保障制度虽然从时间上较晚于欧美等国家,但其发展速度很快,与西欧各国水平不相上下。

内容:社会保险、国家救济、社会福利、公共卫生和义务教育四部分组成,其中社会保险是其核心。

特点:强制与自愿相结合。

核心:社会保险。

管理体制:按照不同行业系统分别管理,分工明确、清楚。

运行机制:分为三块,政府负责管理法定强制实行的社会保险项目;企业补充保险的则由企业自行管理或委托执行其社会保障;人寿保险公司负责办理自愿保险的项目。

2. 运动员社会保障内容体系

(1)德国

德国作为世界范围内第一个实行社会保险制度的国家,运动员的保险被纳入普通医疗保险制度的框架之内,实现了与普通医疗保险的有机融合。同时,针对竞技体育的特点,开发出门类齐全的保险产品,承保范围非常广泛。

运动员伤残保险:充分考虑运动员的职业特点,为运动员设计特定的承保条款,从本质上与一般的意外伤害事故保险相区别。如,运动损伤,一般的意外伤害保险主要考虑损伤对身体机能的影响程度;而运动员伤残保险则主要依据是否影响参赛来判定。同时,在疾病潜伏期或损伤前就享受相应的保险,防患于未然。所以,这种承保范围远远大于一般的伤害保险。

死亡或名誉受损保险:主要为体育明星设计,当体育明星发生死亡或名誉受损时,保险公司给予相应损失的赔付。

体育场馆综合险:包括运动员在比赛过程中出现的运动损伤以及在赛事举办过程中有可能出现的各种风险。

(2)日本

日本的体育保险在社会保障体系中占的比重大,覆盖范围宽。体育社会保险体系非常健全,覆盖了日本各种不同人群、不同职业及不同领域的体育活动。体育社会保险体系中具有代表性的当属体育安全保险。作为一种专门的体育保险,由日本体育安全协会设立并负责管理。经过近50 年的发展,已有 53 个体育单项协会加盟该安全协会,会员人数已达930 万。

6.2.2　瑞典模式(又称福利型模式)

以瑞典为代表。瑞典社会保障的迅速发展,实现赶超是在 20 世纪80 年代末期,瑞典公民的社会保障已经非常完备且发达,"从摇篮到坟墓",社会保障可以说贯穿公民一生。"瑞典模式"建立在公民普遍权利之上,每个公民退休后养老金的份额都是相同的,实现福利待遇的平等,同时福利标准都很优厚。现在,北欧国家和英国也借鉴瑞典,采用这种模式。

内容:退休养老保险、医疗卫生保险、失业保险和国民保健服务等。

核心:退休养老保险。

特点:国家承担保险义务,通过提高福利水平实现社会均等,缩小贫富差距。

管理体制:强调国家主导,高度发挥其计划和调控的作用,实行三级管理体制。

高层:国家立法机关。议会批准,立法生效。

中层:专业部委。主要包括:国家社会保障委员会,社会事务部、工商部,国家健康和福利委员会等部门。其中,社会事务部主要负责立法和预算事务;国家社会保障委员会负责失业保险的立法和预算事务;工商部对地方社会保障工作和执法工作进行监督检查;国家健康和福利委员会负责监督其他公共服务机构的社会保障工作。

基层:地方管理机构。瑞典共有 21 个省,每个省都设有社会保障组织,主要职责是对下属社保工作人员的工作进行督促检查。

运行机制:瑞典社会保障工作主要是针对收入来源中断和收入难以维持生活的人群,包括失业、残疾等,对他们给予基本的生活保障;主要原则是收入均等,根据不同分工缩小平均收入上的差距,尽可能实现收入均等。

由于瑞典完善的医疗、保险等社会保障机制,运动员的医疗、保险由社会统筹,不再享有特殊保障政策。雇主在支付运动员工资的同时,还需缴纳相当于工资的30%作为社会保障的部分。有的协会则会根据项目的特点,在社会保险的基础上再增加一些。运动员退役后就业完全社会化,运动员在训练的同时必须加强学习和提高自身素质。

6.2.3 澳、美成熟的养老保障模式

与瑞典模式相比,这种模式是典型的市场型保障制度,已形成庞大的社会保障管理网,各管理层次分工明确,互相协调,相互配合管理,实现了社会保障的广覆盖。

6.2.3.1 澳、美社会保障模式

1. 澳大利亚"三支柱"模式

"三支柱"主要包括:社会+雇主+雇员。其中,社会主要负责保障养老,提供养老金;雇主主要是补充保险,提供职业年金;个人主要是储蓄型养老保险。这三个支柱构成了澳大利亚养老的铁三角,为公民的晚年生活提供全方位、强有力的保障。

内容:养老金、残疾人抚恤金、孤儿抚恤金、寡妇津贴、失业救济金等。

特点:政府作用主要体现在对特定对象上,为他们保底线,其他需要社会保障的成员则寻求市场途径予以解决。

管理体制:由中央、企业、社会团体、私人机构和个人多层次构成。

运行机制:政府通过对申请保障者的收入情况进行调查来确定是否发放社会保障金(失业救济和养老金)。其资金的筹集主要依赖个人缴纳的社会保障税和企业主缴纳的社会保险税以及政府的财政拨款等。

2. 美国养老保险模式

美国完善的社会保障体系已经实现,社会各个阶层基本的生活保障

已得到有效落实,特别是养老保险的成功模式,对于维护美国国家稳定、社会和谐具有重要的作用。

内容:社会保险、社会福利、社会救济、养老保险。

特点:各项法定社会保障项目的居民缴费的水平起点较低,几乎覆盖所有国民。

体现了人人享有平等保障的权益,较低的投入换来较大的回报,公民保险的意识极大增强,几乎人人参与保险。居民保险热情和需求的增加带动了保险公司加大设计保险产品的动力,实现了双向促进;政府采用各种鼓励政策,激励有实力的企业为员工提供良好的保险保障,美国企业员工的养老和医疗待遇非常好。

管理体制:行政管理和部门管理各司其职。行政管理主要是美国联邦政府层面和州政府层面的行政职能。部门管理主要是联邦政府和州政府下属的业务部门,包括:社会保障局、财政部、劳工部等。

运行机制:按照兜底原则,一个是强调补救性,即对贫困人口的救助和退休人员的医疗保障;另一个是强调机制性社会保障,即基本养老保障。主要包括三个支柱:政府社会保险、社会救助＋补充养老保险(雇主年金)＋个人退休储蓄金养老。这样既分散了政府负担,又提高了养老保险的效果。

6.2.3.2 美国职业体育联盟的养老保险

美国以良好的养老保险的发展基础为前提。20 世纪 80 年代,随着美国职业体育联盟的成立,职业体育运动员的养老保险制度也得到了不断发展和完善。美国的四大职业体育联盟都相继建立了养老保险金制度,有效地解决了运动员的后顾之忧。具体操作模式是:每个运动员通过向自己所属的联盟缴纳会费(1000 美元/年),退休后便可以得到一笔丰厚的养老保险金。在养老保险金的支付方面,各个联盟的规定不同。冰球联盟规定:运动员代表球队至少参赛达到 3 个赛季,便可以从 45 岁起开始拿养老保险金,养老保险金在保底 3000 美元的基础上,不封顶。篮球联盟规定:职业运动员服役 3 年后,便可领取养老金,运动服役时间越长,养老金领取越多。服役已 10 年的运动员,月养老金金额为 1200 美元。橄榄球运动员的每年养老保险金缴纳多少一般通过联盟官员与运动员谈判商定,一般服役 10 年以上的运动员退役后,每月可得 1500 美元的养老保险金。条件是要求运动员至少要为联盟服役 4 个赛季。45 岁退役时可以领取最高额的 45%,50 岁时可全额领取。美国对职业运动员养老保险金制度的资格有严格规定,对职业运动员的年龄、运动服役期、会费等都有一套明确的实施细则。

6.2.4 新加坡保险监管模式

亚洲社会保障模式的最典型代表莫过于新加坡。回顾新加坡的发展历史都知道,新加坡土地很少,资源贫瘠,从 1965 年国家独立后,经过 20 年的发展,摆脱贫困,推进精英化治理,市场自由。如今早已发展成为全世界最富裕、社会保障功能最完善的国家之一,特别是政府为 90% 的国民提供了政府建造并提供补助的住房,极大地改善了民生,从而赢得了民众拥护。特别是新加坡的 RBS 监管模式(Risk-Based Supervision)在国际上享有盛誉,对于运动员保险保障机制的完善具有重要的借鉴意义。

6.2.4.1 新加坡的保险监管机构

新加坡保险监管主要由金融管理局(Monetary Authority of Singapore,MAS)下属的保险监督署负责。保险监督署设有四个处:人寿与综合保险处、直接普通险处、保险中介处、再保险与自保处。其主要是运用对每个保险公司所面临的主要风险进行鉴别的系统方法,通过集中分析,评定保险公司管理风险和处理潜在危机问题的能力与不足。

保险监督署的宗旨:培养一个健全、富有竞争性以及不断进步的保险市场。

保险监督署的目标:实施审慎有效的监管政策,促进保险机构健康运作,以及保障受保人权益;为保险业的成长与发展提供良好的法律与税务机制和经营环境;协助保险业提高其专业水平;培养一个以人为本,富有凝聚力的保险监督署,并且让员工充分发挥其潜能。

保险监督署的监管作用:

保险公司市场准入时的作用:根据申请材料审核设立公司的偿付能力。

保险公司日常经营时的作用:根据保险公司经过审计的财务报告和精算报告进行偿付能力的计算。

保险公司无偿付能力时的作用:限定时间达到法定偿付能力的要求,采取干预措施。

保险监督署的"严进"原则:较高的资本金原则,新加坡设立普通险公司、寿险公司和再保险公司,均要求不低于 2500 万新元的实收资本金;苛刻的审查内容。MAS 要从国际、国内排名(世界排名前 100 名)、财务实力等级评估(按国际评估机构标准)、公司业绩及信誉、是否致力于将新加坡发展成为区域性保险中心、产品创新计划、高级管理人员水平等多个方面进行严格筛查[47]。

保险监督署的监管举措:

1. 不断转变监管方式

为适应市场发展需要,研究制定风险资本管理(Risk-Based Capital, RBC)等新的监管方法和手段,逐步实现由偿付能力监管(Solvency Margin)向以风险为基础的监管方式(Risk-Based Approach,RBA)转变,改变原来对市场行为管理过细的状况,为保险机构创造一个更有效率和活力的市场空间。在 RBA 这一整体的监管方式下,针对保险机构的财务风险和非财务风险两大风险类别,分别采用不同的识别和评估方法。对资产、负债及其二者是否匹配这三项财务风险,通过 RBC 方法进行识别和测算;对经营、管理、市场行为等非财务风险,则通过现场和非现场检查来处理。其中,RBC 方法是 RBA 监管方式的核心,即对每一家保险机构的三项财务风险进行分类测算,有针对性地提出各公司的风险资本充足率要求。根据上述风险识别和测算的结果,建立不同公司的风险预警系统并分别提出监管意见。该预警系统将风险按轻重程度分为五类,依次为正常、预警、关注、危险、倒闭。

2. 不断完善监管法规

新加坡在监管制度方面,以国际保险监督官协会的 17 项保险监管核心原则为指导,不断完善保险监管架构、宗旨和目标以及保险机构准入、公司治理结构与内控制度、保险机构资产负债管理和资本充足要求、保险市场行为、法定财务报表、现场检查等监管准则,逐步与国际保险监管的通行准则和一般趋势接轨。新加坡政府还对保险中介监管制度进行重大改革:

一是对保险中介监管的法律制度进行全面清理,修改保险法,补充普通险经纪、再保险经纪和所有中介人的相关内容,将普通险经纪和所有中介人的法律规范置于保险法的管理范围;颁布《财务顾问法》,将寿险经纪纳入其规范范畴,取代原有的保险中介法律法规。

二是改革代理人特别是寿险代理人的监管制度。1996 年以前,保险公司可下设多个代理机构。对代理人的管理薄弱,代理人素质参差不齐,市场行为不规范,投诉较多。MAS 从 1996 年开始规范保险代理市场,重点对代理机构体制进行精减和规范。经过几年的规范,代理机构的规模得到有效控制,各公司对代理人的管理明显加强,代理人素质普遍提高。通过对代理人、代理主管、代理经理,分别从年龄、学历、资格考试、专业培训、职业操守等方面作出明确的规定,严格代理人从业标准;对代理人佣金支付标准进行了改革,提高代理人专业素质和服务水平。

3. 不断强化协会作用

新加坡按机构类别建立了比较健全的行业协会组织体系,分别成立了普通险行业协会、寿险行业协会、再保险行业协会和保险经纪行业协会。充分发挥保险行业协会作用,各协会通过解决客户关心的焦点问题,维护客户利益,支持和促进成员公司的长远发展。在实际工作中,MAS与行业协会建立了良好的互动机制。一方面,许多项目由 MAS 提出动议及要求,相关行业协会具体落实,对一些重要项目,MAS 甚至直接派人参与。另一方面,行业协会也和 MAS 建立了顺畅的沟通机制,及时反映保险业经营和发展中遇到的共性问题。在 MAS 的指导和推动下,各协会均设有不同的专业委员会,集中行业内的专家,共同研究解决自律和发展方面的重大问题。同时,为方便客户投诉,增强投诉处理的独立性和公正性,普通险行业协会和寿险行业协会筹建专门的保险纠纷化解机构。该机构拟实行“一站式”服务,受理客户与保险公司之间以及各保险公司之间 10 万新元以内的投诉案件。保险纠纷化解机构对各类投诉的受理、调查及裁决情况,定期向 MAS 报告,重大情况随时报告。这样既有利于MAS 及时了解市场及各公司经营情况,也有利于强化监督,确保效率和公平。新加坡保险已形成政府监管、公司治理和市场约束三位一体的监管体系。

综合以上四种社会保障制度模式,虽然都有自身的特色,但也存在明显的共性:

(1)这些国家的社会保障模式都是在市场经济体制下存在和发展的。因此,市场经济体制是必要条件。它的主要特点是,公平优先,兼顾效率的竞争型经济。由于充满竞争,矛盾冲突必然存在,社会保障在其中发挥着“减压阀”的功能,缓解了社会矛盾,降低了人类风险,维护了社会公平,促进了经济发展。

(2)社会保障全覆盖。通过以上主要发达国家的模式发现,社会保障的“兜底”功能发挥得非常好,对于劳动者的群体利益,无论在什么层面,都处于社会保障的安全网中,所享受的待遇比较及时、到位。

(3)立法先行,法治化健全。这些国家的社会保障首先通过国家立法,社会保障政策和措施有法可依。

（4）资金筹集的主体架构基本一致。主要由雇主、雇员和政府三方面按比例承担。各自发挥不同的功能，政府主要是"守底线"，即使企业破产，对个人的社会保障影响不大。

6.3 完备的运动员保险保障法律体系作为条件

各发达国家都具备较为健全的法律体系，对保险的经费、保险的内容、保险的对象都以立法的形式规范下来。作为体育产业最为发达的国家——美国来说，从1935年第一部《社会保障法》至今，已出台了十余部保险保障方面的法律法规，包括《国家保险法》《体育保险合同法》《体育涉外保险法》《跨国保险商事法》《国际体育保险法律冲突法》《洲际保险产品监管协议》等，既有宏观的也有微观的，既有对外的也有对内的，这些都为体育保险业的发展提供了较为全面的法律基础和制度机制。美国的《国家保险法》明确规定，如果职业运动员入选到国家队，由各单项组织负责为运动员购买在比赛期间的各种专业体育保险。加入业余体育联合会的会员、俱乐部会员参加活动时或者大学生协会的会员参加许可活动时则由业余体育联合会为其提供保障[48]。这就为职业运动员和业余爱好者参加体育运动提供了保障依据。而且有张有弛，既鼓励个人行为，也针对可能的风险予以强行规定。对职业运动员保险则有强制规定：参加竞技体育竞赛的运动员必须参加政府体育保险计划，否则不得参赛；职业运动员的投保问题则由各协会和职业联盟负责，社会保险制度是专门建立起来的[49]。此外，还有很多商业保险加入其中，以满足运动员的个性化需求以及应对各种风险，比如：责任保险，突发意外保险，等等。

也正因为如此,美国体育保险业有了良好的发展土壤和空间。运动员作为体育产业中的重要资本,也处于法律体系的保护之下,针对运动员权益给予极大关注。

亚洲国家日本在构建社会保障法律体系时,将体育保险相关制度纳入其中,并且体育保险占很大篇幅,可见其对体育保险的重视程度,体育保险制度为运动员提供了全方位的法律保障。比如:《体育安全保险》《体育振兴法》《健康保险法》等。

澳大利亚政府对于运动风险问题也格外关注,把体育保险列为重要的议事日程,并制定了完备的体育保险制度。早在1978年就制定了《体育损伤保险法案》,对体育活动者提出强制要求,必须参加损伤和疾病的保险保障。对体育组织也提出要求,必须为所有成员提供责任险。这些措施就保障了体育活动者公共责任保险的全覆盖。

综上所述,发达国家的保险法律体系较为完善而且实用,这为运动员群体保险保障法律体系提供了基础,为运动员社会保障的落地提供了法律依据。

6.4 健全的运动员保险保障种类作为保障

经过长时间的摸索和发展,发达国家体育保险已形成自身优势,险种丰富,普及和辐射范围广泛。社会保险和商业保险相辅相成,各自发挥着不同的功能,共同为运动员提供全面的保障。

据美国保监会的统计,2010年美国体育保险覆盖率高达82.6%,保险深度达5.83%。这足以说明其覆盖范围和保险力度,它能够满足各种不同人群的保险需求,有效地保障了体育事业的快速发展[50]。体育保险品种覆盖到体育各个项目当中,无论是普通的运动项目还是探险的运动项目,保险品种应有尽有。每一个运动项目还有不同分项,比如,职业运动员在训练期间设有伤残保险、人身伤害保险;参加职业体育赛事时设有运动员财产责任和医疗赔偿保险;普通运动爱好者和学生群体设有普通责任保险、意外伤害保险、大中小学生体育保险、校际比赛保险等,甚至对体育官员与组织者也设有保险品种。美国著名的Sadler&Company 提供了一份关于赛马运动的保险清单,涉及三大方面十余项保险内容。三大方面包括:赛马保险、骑手保险和设施保险。此外,职业运动员的专业保险险种也非常多,包括:身体伤害保险、医疗赔偿保险、财产损失责任保险、个人和广告损失保险等。投保多,赔付就多,赔付最高可达 750 万美元。此外,保险公司根据运动员的要求也会量身定做一些特殊险种。

在英国,体育保险品种也十分丰富。按照规定,运动员所在协会为运动员购买职业团体基本保险,各俱乐部为了使运动员在比赛中全力以赴,可在基本保险基础上附加投保,运动员个人也可以购买意外伤害、疾病等保险品种。对于一些专业性强的项目,保险公司不断开发新的服务项目。比如,赛车项目,甚至为在跑道上发生的车辆起火或意外事故等提供保险保障。在此基础上,还可以投保试车保险,参赛车辆存放和运输过程的备件、工具及装置的损失保险等。

在日本,针对运动项目有专门的商业保险,如,网球、滑冰、滑雪、高尔夫等专业保险。保险内容包括被保险人的财产和人身保险,也包括他人、他物的保险等。既有长期保险,也有短期保险;既有某个体育项目的保险,也有体育项目的综合类保险。

很多国家对专业性、剧烈程度很强的运动,都会开发各种针对项目特点的保险品种,使运动员可以全身心地投入到比赛之中,不存在后顾之忧。以自由搏击项目为例,针对其高风险、高对抗的特点,美国 UFC 将所有签约的格斗运动员纳入意外保险承保范围,既包括训练时期的意外受伤,也包括非训练时期的意外事故,应保尽保。

6.5 科学的保险保障机构、共赢式的营销体系作为平台

发达国家保险保障的优越性还体现在管理体制上,具体表现在:管理机构设置合理,彼此分工明确,权责清晰,合作通畅,由于机构之间关系非常清晰,很少有互相推诿的低效现象,以日本和美国为例分别阐述。

美国保险机构非常多,仅南部一个州就有 100 多个保险机构和组织。保险机构设有专门针对运动员的社会保障部门,负责管理运动员的养老、医疗等保险和保障。失业保险由劳动部门负责,老年运动员保险等业务由联邦政府未生育人类服务部下属的部门进行管理。各部门各司其职,将不同人群、不同项目的保险管理得井然有序。

据统计,20 世纪 90 年代,全美就有不同类型、不同性质的保险公司5000 多家,有运动员的社会保障办事机构 1400 多个,营利性和非营利性保险机构并存,专营和兼营并存,共同承担着体育保险的职能和任务。他们编制了一条细密的保险保障网,保障着运动员和体育活动参与者的运动安全。

美国商业体育保险的营销体制也十分成熟,包括体育保险经纪人、体育保险代理人、体育保险公司职员以及各种直销组织等,顾客投保十分方便。其中,体育保险代理人非常重要,是核心角色,不同保险领域有不同类型的代理人可供选择。体育保险经纪人代理相关业务,他们精通保险险种,既负责帮助被保险人选择适合的保险组合,还与保险方商谈合同细则并代办手续,从中向双方收取一定比例的佣金。体育保险代理人在一定的授权之内也可以帮助被保险人代办保险。这两种营销方式给保险人带来方便的同时,也推进了体育保险的有序进行。保险经纪人和保险代

理人在美国体育保险营销体系中不可或缺,发挥着非常重要的作用,应用极为广泛。他们与其他营销组织形式如直接销售、定点销售等相互补充,构成了共赢式体育保险营销体系。体育保险营销与体育赛事紧密结合,通过提供各种各样的保险服务,将体育保险植入人心,通过品牌打造,提高影响力,拓宽体育保险业务[51]。

7 我国运动员保险保障机制的构建

>>>

2010 年以来,国家层面出台了一系列发展体育产业的政策,竞技体育也向市场化、职业化推进,运动员作为体育产业中的一环,以往相对封闭的、单一的、行政主导的竞技体育人才培养模式已经与社会发展的需要不相适应,运动员社会保险保障制度体系还需进一步完善,各项制度的衔接和配套机制还没有充分建立,导致很多制度在落实上还存在一些问题。本课题试图从保险保障机制的视角进行探讨。

7.1 深化结构调整,
完善运动员保险保障内容体系

7.1.1 确立运动员社会保险保障的"三结合"原则

运动员作为为国争光、民族英雄的代名词,其行业地位已经有了一定体现,运动员的待遇不断提高,运动员的保险保障和社会保障正在有序衔接。但是,面对意外伤害事故等现象发生的时候,仍表现出保险上的缺陷和不足。主要表现在保险体系不够完善,包括一系列的

配套制度还很不健全。基于此,确立了运动员社会保险保障体系的三个结合:

结合一:强制保险与自愿保险相结合

虽然社会保险的覆盖面在扩大,但是深度仍不足。一些企业、俱乐部和运动员的保险保障意识还不到位。因此,守住运动员社会保险保障的底线,是运动员社会保险保障的首要任务,须立法予以强制。在此基础上,结合运动员的多元化需求,设计灵活多样的保险保障形式予以额外保障。

结合二:在编与非在编相结合

目前关于运动员社会保险保障制度的覆盖范围都是针对在编运动员,对非在编运动员几乎没有明确规定和硬性要求,非在编运动员的比例在我国占据相当大的比重,非在编运动员游离在社会保险保障之外,对运动员社会保险保障的顺利开展产生不利的影响。因此,必须将在编运动员与非在编运动员的保险相结合,兼顾考虑,统筹处理。

结合三:社会保险与商业保险相结合

国外对商业保险和社会保险的相得益彰,相互弥补可以供我们借鉴和推广。特别是,我们呼唤多元化运动员培养体制的同时,多元化的社会保险制度已经是大势所趋。本课题通过构建多支柱的社会保障体系(图7-1),进行运动员保险制度的创新。

```
          ┌──────────┐
          │  运动员   │
          │ 社会保险  │
          └────┬─────┘
      ┌────────┼────────┐
┌──────────┐┌──────────┐┌──────────┐
│ 政府依法  ││ 俱乐部、  ││ 运动员自愿 │
│强制最低保障││个人筹集资金││购买商业保险│
└──────────┘└──────────┘└──────────┘
```

图 7-1 运动员多支柱社会保障体系

支柱 1：政府。主要是对运动员进行基本的保障，资金的募集主要是通过税收或企业缴费等形式。

支柱 2：企业俱乐部和运动员。作为补充保障，由个人账户完全积累的形式。

支柱 3：运动员。按照市场配置的体育保险项目，运动员可按照多元化需求自愿购买，拓展运动员保险保障的空间。

7.1.2　加强退役运动员养老保险建设

目前，关于运动员养老保险还停留在 2006 年国家体育总局出台的《关于进一步加强运动员社会保障工作的通知》中的要求，即"逐步将各优秀运动队编制内运动员纳入当地社会保障覆盖范围"，但是，对编制外运动员没有强制规定。

世界银行所积极倡导的"五支柱"养老保险模式已经逐步得到了各国政府的认可，并在多国进行了实践。基于我国现行养老金制度改革的迫切要求，我国有必要积极倡导"五支柱"养老金改革模式，使其成为我国养老金制度改革的发展方向。同时，基于我国运动员养老保险制度转型的特殊时期，改革具有紧迫性，同时运动员养老保险制度改革的利益分配主要是增量的调整，未来利益的重新分配，改革的阻力和成本相对较小，所以，积极构建符合我国国情的运动员养老保险"五支柱"模式具有重要的现实意义和必要性。

建议：

1. 建立非缴费型的"零支柱"，将"保基本"落到实处

目前，运动员基本养老保险分几个方面分别实现，进入企事业单位的按照标准缴纳，非从业的运动员可以参加当地城镇居民的养老保险。但是，缴费基数较低，最高档仅为 1000 元/年，加上政府补贴也无法保障其基本生活。因此,对于因各种原因无法就业的运动员应单独构建养老保障体系,使运动员基本养老保险"保住基本",实现底线公平。鉴于我国人口基数大,基于国民待遇的养老补贴制度可以由点到面逐步推进,从运动员这个特殊群体试点,对现役省级以上运动队的运动员实行在役养老补贴制度,运动员退役后达到一定年龄开始领取。

2. 建立缴费型的"第一支柱"基本养老保障中的社会统筹部分,即基础养老金

我国现行的是由基础养老金和个人账户养老金组成的"社会统筹与个人账户相结合"的模式。其中,"基础养老金"体现的主要是"社会互济"原则,其保障水平较低,覆盖面较广。对于运动员群体而言,目前主要需要解决两大问题:一是运动员涉及职业转换,所以涉及基础养老金的衔接;二是运动员编制的确定。没有编制的运动员应该置于社会基本养老金体系之下,避免出现真空。所以,要针对以上问题进一步完善运动员的基本养老保障的社会统筹部分。

3. 建立强制型的"第二支柱"基本养老保障中的个人账户部分

"个人账户"以比较直观的方式充分体现了"自我保障"原则,反映的是个人在职业生涯中工资水平高低与劳动力贡献大小的差异。个人账户的规模与社会统筹水平成正比。随着我国社会统筹水平的提高,个人账户的规模也逐步扩大。运动员中的最大群体——一般运动员需要加强自我保障,但收入水平偏低的现状造成个人账户规模较小,激励机制越弱,缴费就越困难。所以有必要提高一般运动员的收入水平,达到社会平均水平,逐步完善运动员基本养老保障中的个人账户部分。

首先,从宣传层面要继续加强运动员参加保险的宣传教育,通过一些养老保险方面的知识培训,唤起运动员对养老保险的重视;从操作层面,政府进一步加强对运动员养老保险的监管力度,使在编和非在编运动员都参加养老保险,要让企业俱乐部、个人都必须明确缴纳养老保险的必要性和强制性,使运动员无后顾之忧,促进我国竞技体育的良性运行和可持续发展。

4. 建立"第四支柱"的补充养老保险

通过前面论述的澳、美模式可知,社会养老保险体系多层次、多种类型是很多国家经济发展和社会稳定的前提条件,在我国特殊国情的背景下,对于运动员群体,建立健全社会养老保障体系也尤为重要和迫切。因此,鉴于运动员职业的特殊性,建议增加补充养老保险。补充养老保险也叫企业年金,作为辅助型的养老保险,可以提高运动员退役后的生活水平,对运动员群体非常重要。包括内部管理和外部管理两种方式。内部管理主要是企业自身的融资,如所需资金可以从运动员的奖励、福利基金内提取。其中资金管理的决策权完全由企业决定,给企业放权,让企业发力。

外部管理则是国家充分重视补充养老保险(企业年金)在运动员养老保障中的重要作用,给予政策上的支持。特别是受托、账户管理、托管、投资管理等多种方式可以使企业年金保值增值。为运动员群体建立补充养老保险,可以提高运动员预期养老水平,形成有效的激励机制,分担运动员养老保险的责任,为运动员提供合理的养老保障。

5. 创新投资模式,拓宽筹资渠道,建立非正规的"第五支柱"

目前,关于运动员养老保险的筹资渠道比较有限,投资模式也很单一。运动员作为特殊群体,承担着为国争光的使命,应该给予关注和多渠道帮助。在当前国家大力发展体育产业的背景之下,可由体育博彩业中的收益、竞赛表演产业中的赞助费以及各类体育基金中提取相应的比例组合成运动员养老保险的专项资金。此外,政府通过相关政策吸引民间资本投资到运动员养老保险中来,使运动员养老保险事业健康有序发展。

7.1.3 完善退役运动员伤残保障体系

目前,运动员伤残互助保险和财政部设立的运动员保障专项资金所发挥的功能较为有限,体系还不够健全,多层次的保障体系还未建立。针对运动员的职业特点,拟构建政府、社会(非营利)组织、企业、家庭或个人四支柱的运动员伤残保障体系,如图 7-2 所示。

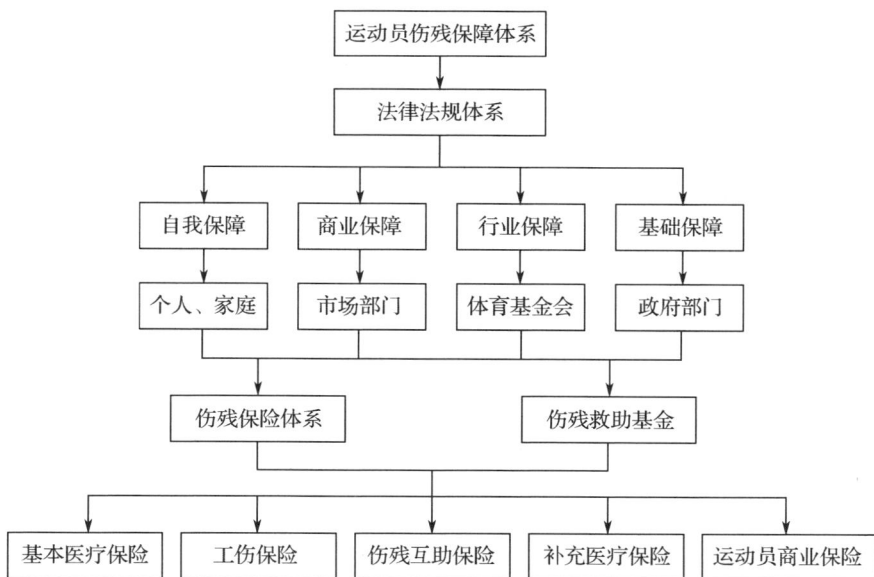

```
                    ┌─────────────────┐
                    │ 运动员伤残保障体系 │
                    └─────────────────┘
                              │
                    ┌─────────────────┐
                    │   法律法规体系    │
                    └─────────────────┘
                              │
        ┌───────────┬─────────┴─────────┬───────────┐
    ┌────────┐  ┌────────┐         ┌────────┐  ┌────────┐
    │ 自我保障 │  │ 商业保障 │         │ 行业保障 │  │ 基础保障 │
    └────────┘  └────────┘         └────────┘  └────────┘
        │           │                  │           │
    ┌────────┐  ┌────────┐         ┌────────┐  ┌────────┐
    │ 个人、家庭│  │ 市场部门 │         │ 体育基金会│  │ 政府部门 │
    └────────┘  └────────┘         └────────┘  └────────┘
        │           │                  │           │
    ┌──────────────────┐         ┌──────────────────┐
    │    伤残保险体系     │         │    伤残救助基金     │
    └──────────────────┘         └──────────────────┘
            │                              │
 ┌────────┬─┴──────┬──────────┬───────────┴──┬──────────┐
┌────────┐┌────────┐┌────────┐ ┌────────┐ ┌──────────┐
│基本医疗保险││工伤保险 ││伤残互助保险││补充医疗保险││运动员商业保险│
└────────┘└────────┘└────────┘ └────────┘ └──────────┘
```

图 7-2　运动员伤残保障体系

1. 出台相应的运动员伤残保障法律法规

运动员伤残问题是一个带有普遍性的棘手问题。目前关于运动员伤残保障的相关政策虽然有一些,但由于没有上升到国家立法层面,所以威信力和强制力都比较薄弱。建议将相关的运动员伤残保障充实到现有的《中华人民共和国体育法》中;建议增加运动员医疗保险、工伤保险的相关条文。目前,国务院层面提出大力开展校园足球,开展全民健身,开展冰雪运动等,这些运动的背后都应有保险支持,建议尽快出台《中华人民共和国体育保险法》,为运动员和体育活动参与者保驾护航。

2. 开发补充医疗保险产品

建议在社会保险体系内开发针对运动员的体育医疗保险产品——体育医疗保险金,由政府和个人共同缴费。根据伤残等级,保障退役运动员的医疗和护理费用。比如:1~4级,80%的医疗和护理费用可通过医疗保险金支取;5~7级,60%的医疗和护理费用可从医疗保险金中支取,等等。

3. 完善运动员工伤保险制度的管理机制

目前,运动员工伤保险覆盖面已基本实现。"保基本"的任务已经实现。但是,在管理机制上特别是激励机制上还不够,没有形成激励。因此,首先要关注普通运动员的伤残保障工作,确保所有运动员受伤后都能保障到位;其次要针对不同运动项目,细分工伤保险的缴费标准,将受伤风险性比较高、对抗较为激烈的项目提高缴费标准,制定不同项目受伤的赔付标准;最后完善工伤保险制度,将运动性损伤、伤残纳入工伤认定标准中,结合运动员在运动中的伤残情况,制定《运动员伤残评定标准细则》。同时,考虑到运动员退役后伤病的延续性、易复发的特点,建议将退役运动员运动性伤病复发、残疾纳入工伤保险范畴。此外,政府部门要加快建立运动医疗康复机构,引进社会化、专业化服务方式,对符合条件的康复医疗机构,可申请医疗保险、工伤保险定点单位。

4. 加强运动员伤残商业保险市场的建设

在当前国家大力发展体育产业的背景之下,应加强体育商业保险的建设,包括运动员伤残商业保险。首先,体育部门应重视运动员伤残现状,主动搜集运动员伤残数据,共享研究成果,从专业的角度加大与保险部门的合作力度;其次,政府应扶持、鼓励保险公司积极研发、拓展运动员伤残保险的相关业务,为保险公司开展相关业务提供政策上的便利,从根本上发展运动员伤残商业保险;最后,为了激发运动员对商业保险的需求,提高运动员参与保险的意识,政府可以对低收入的运动员群体提供一定的保费补贴,使他们也同样享有保障权益,实现保障权益的均等化。

5. 完善体育基金会的运作机制,政社分开

社会组织对运动员伤残保障的作用不可或缺。在我国,体育基金会就承担着这样的使命。但是,目前体育基金会的数量还很少。截至2014年,我国已有近4700家基金会,体育基金会仅46家,占0.98%,这说明社会关心体育慈善事业、资助体育的力量较为薄弱。公募体育基金会仅26家,占56.5%,非公募体育基金会占43.5%。绝大多数公募体育基金会成立的目的就是为体育业务主管部门管辖的体育事业服务。以全国体育基金会的机构设置为例,其中一个部门就是运动员保障部,其业务范围与国家体育总局高度一致。原因在于体育基金会的运作机制还不健全,还无法脱离政府干预、行政力量控制的不利局面。这种对政府强烈依赖的运作机制,直接影响了体育基金会最大限度地发挥作用。比如,各地体育基金会的"造血"功能较弱,已有的19家地方体育基金会均在中华全国体育基金会的资助下运行,自身能动性较差。目前的组织机构包括:财务部、运动员保障部、宣传推广部、基金管理部以及国有资产部。

首先,应重新梳理体育基金会的运作机制。公募型体育基金会的一些职能应从体育政府部门剥离,保持基金会组织相对的独立性,做到既依赖又自主,应发挥自身的能动性而主动规划设计;政府应注重对非公募型

体育基金会的扶持、监督力度,引导其规范、有序发展。

其次,充实队伍。基金会人员组织构成应该更丰富。应加强专业人士与非专业人士的合理搭配,各取所长。同时,应吸引更多的有志于从事体育保险的企业加入其中,真正调用更多的资源,让资源发挥更大的作用。

最后,基金会应该引进现代化的、科学的经营理念和做法,福利与营利共同思考,与政府、企业展开良好的、相互促进的互动与合作,实现多赢。

此外,应发挥公募体育基金会和非公募体育基金会的各自功能,各有侧重,彼此协调。比如,公募体育基金会侧重退役运动员的保险保障;非公募体育基金会侧重对运动员商业保险、运动员职业培训等方面提供资金支持等。

6. 加大伤残互助资金的保障力度

从中华全国体育基金会的年度报告中获悉,2014 年,中华全国体育基金会发放各类运动员资助金 2679 万元,伤残互助保险金 240.6 万元,所占比例 8.98%;2015 年,发放资助金 5512.5 万元,伤残互助保险金 371.3 万元,所占比例仅为 6.73%。建议应加大对伤残互助资金的保障投入,提高运动员伤残互助保险的赔付标准,无论是赔付标准最高的 30 万元,还是最低的 1000 元,都需要根据运动员的伤病成本进行重新评估,既要考虑伤病本身给运动员身体带来的伤害,也要考虑由于伤病给运动员的未来事业、生活所带来的后续影响,以期做到科学、合理,真正能起到保障的作用。

7. 建立退役运动员跟踪联系机制

"互联网+"时代已经到来,利用网络科技,建立退役运动员联系机制可以及时、有效地了解运动员特别是伤残运动员的需求,并做好应对措施。政府层面,定期与退役运动员进行联系,掌握他们的动态,给他们人文关怀,解决他们生活中的困境,必要情况下可启动社会救助系统。这也是关注民生的重要体现。

7.1.4　发展运动员健康和意外伤害商业保险

对于运动员群体来说,我国现有的医疗保障体系并不完全适合。主要表现在两个方面:其一,对健康保障的偏好不同,运动员更偏重运动伤害,而现有的健康保障主要侧重于重大疾病等。其二,缴费额度偏低,与运动员的风险水平无法匹配。因此,要建立适合运动员职业特点的医疗保障体系,与公共医疗机构以外的企业寻求合作,提升运动员医疗保障的专业化水平,形成良性竞争,借此促进公共医疗机构的服务水平和绩效提升。

商业健康险是医疗保障体系中的重要组成部分,体现了居民多层次的需求。商业健康保险对运动员来说非常重要,它是运动员基本医疗保险的有力补充,这一点在新一轮的医改方案中已经予以明确,比如:提倡政府购买医疗服务,鼓励企业和个人参加包括商业保险在内的多种形式的保险作为补充。就是在医保基本制度架构不变的前提下,政府通过直接补贴、税收优惠等多种方式促进民间医疗保险业的发展,既促进竞争,提高公民的医疗保障水平,也充分发挥民间医疗机构的作用[52]。

我们国家意识到商业健康保险的重要作用,出台新规,从 2017 年 7 月 1 日开始,购买商业健康保险可抵扣个税。这是我国发展商业健康保险迈出的历史性的一步。可借鉴国外医疗保险模式,加大改革力度。

具体思路:保险公司与公立医疗机构、私人医疗机构合作成立运动医学诊所、运动康复机构、损伤防治机构等,针对运动员的健康保障需求,设计健康保险产品。

赛事经济近几年在我国得到快速发展,以 2009—2012 年为例,3 年间,共举办 2000 多项全国性赛事,800 多项国际级赛事,而且呈现逐年大幅度提高的态势。在拉动赛事经济迅速发展的同时，这么频繁的赛事风险系数很高，发生意外的频率也很高，必须建立配套的商业保险体系进行专业化运作，分散风险。

目前，保险对体育的贡献还较为有限，仅有的一些还只是赞助性质的公益模式，缺乏真正商业意义上的保险，其原因是多方面的。要发展商业保险，应做好几个方面的工作：

1. 加快发展体育保险中介机构

成熟完善的保险市场包括保险人、中介方、投保人三部分。体育保险中介企业在其中起到至关重要的桥梁作用。国外保险中介公司非常普遍，其主要是提供保险经纪和风险管理，帮助客户确定、设计和提供创新的风险解决方案，以最小的成本获取最大的风险保障。保险中介公司可以提供创新的风险解决方案、风险识别的咨询、风险评估的咨询、设计、安排与管理符合成本效益的保险方案、理赔的协助及管理、风险控制与改进的咨询等几十种相关服务。在体育保险领域，保险中介公司能够帮助运动员根据自身保障需求设计产品和费率，投保方面遇到问题时，保险中介公司帮助进行风险的评估，还可以帮助保险公司解决产品开发的难题等。我国在《保险业发展"十三五"规划纲要》中明确提出"稳步推进保险中介市场发展"，从政策层面鼓励保险中介机构结构升级和创新发展。

但是，目前国内专业的体育商业保险经纪公司寥寥无几，只有为数不多的几家。从总体来说，保险市场环境和竞争环境均没有形成，急需借鉴国外体育保险中介产业发展的经验，将国内这一片蓝海做大做强。

2. 立法保障运动员训练、比赛意外伤害

众所周知，法律作为最具约束力的社会规范，具有极强的明示、预防和校正作用。上升到法律意义的权利和义务也一定是备受重视的。在我国，运动员的基数比较大，职业特点决定了运动员在训练、比赛时潜藏着很多风险。由于国内目前运动员的体育保险市场化有待更加健全，强制保险还需再到位一些。运动员在训练、比赛时发生意外伤害的时候，大多是依靠政府的力量或发动公益的形式解决，出现政府负担较重、资金不到位、保障不到位等弊端，问题频发。根源问题在于运动员训练、比赛的相关保险需要专门立法，需要引起足够重视，运动员需要得到强制投保的保障。仅有的一些政策、条例、办法等，虽然内容比较完整明确，但由于法律层级较低，过于强调行政力量的监督，而使得立法监督和社会监督失去效力，无法定责追责，时效性一般，在实际操作中往往分歧不断，加上我们这方面的保险意识不强，体育保险的推广难上加难。

因此，体育风险的现实问题存在，加强体育保险立法，完善体育保险的法律体系，提高立法层次对于保护体育参与主体的合法权益，减少分歧和纷争具有重要的意义。

具体操作：

一方面，将体育保险立法地位提高。根据竞技运动员的运动风险，立法层次可将体育保险相关法规纳入《中华人民共和国体育法》或《中华人民共和国社会保险法》中，构建以国家立法机关正式立法形式为主，以地方性或部门性的规章制度为辅的法律保障体系。

另一方面，应尽快出台奖惩等配套的法律法规。目前，在相关立法没有出台的情况下，政府仍可应用行政命令对训练和参赛的一些保险制度强制执行。比如，常规专业赛事和商业性赛事，强制赛事主办单位、承办单位、运动队和运动员签订比赛保险合同。

根据职业运动员的运动风险，建议出台运动员意外伤害保险的立法，经国务院以条例或暂行条例形式发布，经过试行并充分调研后，由全国人大常委会上升为法律。同时，建议尽快出台相应的配套法规，如《体育保险市场管理条例》《体育保险公司运营办法》《体育保险合同管理规定》等，发挥国家立法与部门规章各自的效力，不同侧重，相互协调配合，最终形成严密、高效的体育保险法律体系。

此外,建议重点突出对体育保险法律的实施,保证其法律的生命就在于它能够得以实行,法的实施是法律发挥其作用的前提,是法的价值得以实现的必由之路。

对体育保险以立法的形式进行科学管理是大势所趋。对运动员意外伤害保险中的违法行为必须加强监督和惩治,以践行体育保险的法律效力。同时,建立运动员意外伤害险法律体系,使民众加强体育保险的意识和投保意识,保证体育事业顺利进行和发展。

3.体、保深度融合,保证体育保险专业化

险种作为风险嫁接的媒介和内容,体育保险公司为投保人提供的体育保险服务产品非常欠缺,还没有针对运动员项目特点的专门的险种,目前一些所谓的险种大多属于公益赞助的范畴,通常被称为"广告保险",大多是起到宣传的效果,运动员一旦受伤需要理赔的时候,可能找不到理赔的项目。由于缺少体育专业支持,对于风险系数高的运动项目(如拳击、摔跤、攀岩等)保险公司一般不敢贸然涉足;而风险低的大众体育项目由于利润低等,保险公司又不愿意进行市场开发。这两方面原因导致体育保险出现真空,限制了运动员竞技水平的发挥和大众参与健身的积极性。

国务院相关文件的提出,有几大利好:到2025年体育场地面积将实现人均2平方米,可以说,未来几年,体育场馆在现有基础上得到快速发展;放宽赛事审批和转播权限制,标志着将进一步立足赛事资源,将赛事经济做大做强;经常锻炼的人口将达到5亿,体育消费支出明显提高;此外,由于国家发展校园足球,发展冰雪运动等,全民健身和学校体育蓬勃发展,各层次的专业运动员将更大幅度地提高(现在已达10万多人)[53]。体育产业将迎来前所未有的发展机遇,体育保险也蕴藏着巨大商机,也亟待完善。

第一,应加大对体育保险专业的建设力度,提高体育保险专业人才培养质量。目前,我国专业体育保险院校还处于空白,培养的体育保险专业人才集中在上海金融学院、西南财经大学、中央财经大学和对外经贸大学四所院校的保险学院当中,由于它们设置的仅仅是保险方向,专业性还不够。

第二,加大对体育保险经纪人的培养力度。目前,体育保险经纪公司只有为数不多的几家,没有形成规模,究其原因,一是对体育保险的市场前景没有充分信心,二是没有专业的体育保险经纪人才储备。体育保险经纪人是体育保险市场的重要构成要素,体育保险产品研发之后,通过体育保险经纪人不断创新营销思路,拓展销售途径,把产品推向市场,才能维护和保障体育保险市场的良性运行和发展。

体育人才不懂保险,保险人才不懂体育,使得体育保险工作推进艰难。因此,需加大体育政府相关部门和保险部门的通力合作,体、保深度融合,体育人才从专业的角度对不同运动项目规律进行研究,分析运动员受伤和意外发生的概率;保险人才结合运动员的商业价值、经济能力、公司运营成本和纯保费率等进行精密计算,确定投保的方案。开始的时候,可以试点运行,以点带面,最终把体育保险做大做强。政府部门应该从政策上扶持体育保险企业的发展,为体育保险企业的发展创造空间。

4. 树立服务型政府,推动体育保险市场化

市场经济的显著特点就是以市场为主体,按照市场规律办事,利益主体呈现多元化、异质化,原有的计划经济时期的政治经济一体化,政治干预经济生活的格局将被打破。

首先,主动放权。政府应尽快从固有角色中跳离出来,发挥市场的作用,发展运动员的商业保险。结合我国国情,强制险的部分可由政府统一管理,运动员商业保险的部分充分鼓励民间企业参与进来,同时群众体育

保险和学校体育保险也鼓励商业保险加入其中。

其次,进一步培育运动员保险市场。政策性地鼓励体育保险企业更多地涉足体育保险中来,提高他们的积极性,使更多的保险企业能够参与其中,形成公平竞争的机制,培育体育保险市场。

最后,政府发挥监管职能。在市场经济中,政府的重要职能就是发挥宏观调控和监管的作用。政府应制定体育保险产业的相关政策、计划,对体育保险业实行调控,维护保险公司的合法权益,维护保险市场秩序,创造公平的运营环境;同时对体育赛事、训练中的一些违法违规行为进行惩处;要发挥体育保险中介企业的力量,与政府共同承担公共保险产品的服务。

[运动员保险保障案例]

运动员保险保障机制急需完善

随着时间的推移,33 岁英年早逝的举重运动员才力早已令人淡忘。然而,前不久,一则"我不想死,请帮帮我这个无助的 16 岁女孩儿"的求助函在网上流传,使得才力事件又一次引起了大众的关注。这个孩子就是才力的女儿,才中涵。2016 年 9 月被确诊为恶性甲状腺肿瘤,不幸又一次降临到了这个本已羸弱的家庭。她的母亲也曾经是举重运动员,退役后伤病不断,2013 年被医院查出患有乳腺癌,本来家庭就很贫困,为了治病,被迫把房子卖掉与母亲同住。虽然说,像这样的家庭悲剧是个小概率事件,但退役运动员生活窘迫并不少见。

近年来,出台了一些运动员的社会保障制度,一定程度上缓解了运动员由于伤病和文化知识短板造成的经济困难。但是,也暴露出了运动员保障与运动员职业特点的不适应。包括:运动伤残影响的长期性与一次性保险救助的不适应,运动员伤残的普遍性与救助对象的局限性所产生的不适应,等等。

在现有体制无法全面革新的形势下,降低运动员职业风险,帮助他们在退役后的生活应对自如,不仅关系到竞技体育的可持续发展,也是"创新、协调、绿色、开放、共享"的新发展理念的具体体现。

体育的本源在于促进人的全面发展的教育意义。竞技体育应该更新理念,树立"以运动员的需要为本",把运动员的综合素质、文化素质放在重要的地位上,尽快弥补限制运动员未来发展的短板。同时,应建立健全运动员就业和创业培训机制,提高运动员的社会适应能力和竞争能力。

才力女儿求助事件只是众多运动员处于生存困境的一个缩影,不断完善退役运动员保障机制,为退役运动员提供更多的用武之地才是我们通过才力女儿事件所能看到的希望。

（资料选自:光明日报,2017-02-21）

[运动员医疗保险案例]
黑龙江省滑雪运动员医疗保险现状及困境

国家体育总局联合国家发改委,教育部和国家旅游局正式出台了《冰雪运动发展规划(2016—2025 年)》并向社会公布。规划指出,从 2016 年到 2025 年,经过几年的发展,直接参加冰雪运动的人数将超过 5000 万。

黑龙江独特的地理环境,决定了滑雪运动的快速发展。滑雪运动风险性很高。据统计,2016 年黑龙江 120 名滑雪运动员中,86％的运动员出现过伤病,滑雪运动员的医疗保障工作至关重要。

工伤保险方面,黑龙江滑雪队按照国家政策,2010 年为 80 名正式队员缴纳了工伤保险,在训练或比赛过程中发生意外事故和伤病时,通过工伤等级鉴定获得相应赔偿。还有 40 名集训滑雪队员由于没有正式编制,没有工资收入,没有参加工伤保险。

商业保险方面,黑龙江省运动员在参加重大比赛时(全运会、锦标赛等)

才由赛事组委会负责购买具有商业性质的医疗保险或者意外伤害保险,除此之外,无论是省体育局,雪上运动队还是运动员个人均没有参加其他的商业保险的意愿和行为,运动员商业保险购买率为零。

伤残互助保险方面,滑雪运动队发生意外伤病的运动申请伤残互助保险的运动员100%得到了赔付,赔付标准多为十一级、十二级。但是,申请二次互助保险赔付成功的概率相当低,从某种程度影响了运动员的伤病治疗。

究其原因,主要表现在三个方面:其一,运动员自身参保的积极性不高,没有通过保险降低伤病风险的意识。而一旦发生意外伤害,运动员首先想到的是国家保障政策加上运动员的基本收入普遍偏低,没有参加各种保险的能力加上对医疗保障缺少准确认识,对运动风险心存侥幸。其二,制度缺失。目前关于黑龙江省运动员医疗保障的相关制度,只有通用的关于伤残事故的分级标准和国家体育总局颁布的《运动员伤残保险试行办法》可供参照,以及《中华人民共和国体育法》中部分涉猎的条款可以借鉴,黑龙江省相关的地方性行政法规也处于空白,国内没有强制滑雪运动员投保的法律法规。这些导致专业运动员一旦发生意外伤害事故找不到确切的法律条文,医疗保障难以有效实施。其三,商业保险非常薄弱。目前,仅有的体育商业保险中,包括竞技保险、体育保险、运动员伤残保险、运动员人身伤害保险等,但面临意外伤害时,找不到详细条款支持,无法满足运动员多样化的医疗保障需求,缺少符合滑雪运动特点,保障滑雪运动员利益的保险产品,保险的范围也缺乏对运动员潜在伤害风险的设计。比如,针对滑雪运动员膝关节磨损、半月板劳损等慢性病,没有保险赔付的设计。商业保险的可操作性太差导致运动员对此满意度不高,而陷入恶性循环。

(资料来源:周杰.黑龙江省专业滑雪运动员医疗保障问题研究[D].哈尔滨:哈尔滨商业大学,2017.)

7.2 完善运动员的综合素质，构建运动员终身教育体系

《中华人民共和国义务教育法》中明确规定:所有适龄儿童、少年必须接受并完成义务教育。这是从法律的角度,说明了青少年运动员应享有平等地接受义务教育的权利。地方政府、运动队等部门具有保障其接受完整义务教育的义务。然而,2015 年底,教育部对北京、山东、黑龙江等 9 个省(市)公办体育运动学校运动员以文化教育为重点进行督导检查,发现一些地方政府的教育经费仍然没有落实到位,运动员文化教育没有得到有效重视,文化教育质量没有根本改变等。一些体校"重训练比赛,轻文化教育"的情况仍然没有根本性好转,课程设置和教育教学随意性较大,与运动员文化教育的规律和特点结合还很不够,学训矛盾仍然突出。文化课教师水平、能力、积极性均不尽如人意,运动员学生的学习兴趣没有有效调动,学习缺乏主动性,教育教学质量停留在原状,不够理想,等等,这些应予以治理和完善。

2016 年,国家体育总局印发了《青少年体育"十三五"规划》,提出到 2020 年,认定国家高水平体育后备人才基地和国家级体育传统项目学校将实现大幅度的提高,将有 3 万个以上的运动队长年驻扎在体育传统项目学校进行训练。而这些都需要落实一个重要问题,就是运动员的文化教育问题。国家对这方面也提出一系列要求,比如,运动员文化教育实现"两纳入"(运动员文化教育纳入当地教育规划,纳入当地教育经费)。这说明国家层面对运动员的文化教育问题是非常重视的,但是没有形成终身学习的机制,导致问题仍没有得到有效遏制。

7.2.1 统筹推进,提升青少年运动员文化教育质量

7.2.1.1 制度体系现状

2011 年,国家体育总局、教育部下发了《中等体育运动学校管理办法》《中等体育运动学校设置标准》《少年儿童体育学校管理办法》三个配套文件,从宏观层面的体校管理体制、运行模式、办学资质、标准到微观层面的运动员学习、训练时间都作出了明确规定,力求从全方位保障青少年运动员文化教育工作。

2012 年 7 月,国家体育总局联合有关部门又下发了《关于深入贯彻,〈关于进一步加强运动员文化教育和运动员保障工作的实施意见〉的通知》(体青字〔2012〕77 号,以下简称《通知》)。《通知》针对竞技体育后备人才的文化教育提出了七条指导性意见。其中有两条都提到,鼓励公办体校与学校从模式到课程等方面广开合作,并提出一些可行的、可操作性的建议,实现运动员文化教育质量的提高。

2012 年,《国家高水平体育后备人才基地认定办法》中,强化运动员文化教育考核条款强调了对运动员文化教育方面实行三个"一票否决":未能认真贯彻指导意见,未建立领导机制、联席会议制度,未与相关部门联合出台指导意见实施细则的省、自治区、直辖市,其所属体育学校不得参加认定工作;未实施运动员文化教育纳入当地教育规划、纳入当地教育经费(以下简称"两纳入")的体育学校不得参加认定工作;属于九年义务教育的体育学校未能解决办学资质,没有文化教学任务又不能很好地解决运动员就近学习文化课的体育学校不得参加认定工作。在学校的办学指标条件中进一步强化了文化教育,使各个创建学校更加重视学生的文化教育工作。

2013 年,国家体育总局《全国青少年比赛赛前运动员文化测试工作管理办法》(以下简称《办法》)出台。《办法》中进一步明确体育总局职能

部门、考务工作单位和赛区的工作职责,切实规范和加强赛前运动员文化测试工作管理,为测试工作顺利推进提供政策保障。

各地从运动员文化教育的实际情况出发,为提高运动员文化教育质量进行了很多有益的探索。在办学模式方面,安徽省整合优质教育资源,采取联合办校、联合办班、联合办队等形式,保障青少年运动员文化教育。黑龙江省冰雪体育职业学院和哈尔滨冰雪运动学校实现九年义务教育——中专——大专——本科的无缝衔接,探索出"学训结合一条龙"的新模式。在师资保障方面,天津市开展教师岗前实习培训、基本技能评比和教学经验交流活动,着力提高青年教师业务能力;广西壮族自治区贺州市公开选调20名优秀教师充实体校文化课教学队伍;安徽省合肥市包河区为解决优秀人才进体校任教开辟绿色通道,形成"来去自由、柔性流动、专兼结合"的人才引进机制。在课程教学方面,重庆市、江苏省严格开齐开足文化课程,保证每周课时在 30 节以上;海南省体校严格考勤管理,通过晚修学习、为参赛运动员补课等形式,确保文化学习和比赛训练两不误;在学生培养方面,四川省体校依托当地学校,将"运动员学生"转变为"学生运动员",保证运动员文化教育的实际效果;山西省体校设立文化学习奖学金,激励运动员加强文化学习;上海市徐汇区建立"双跟机制""双向激励机制"和"责任共担机制",形成教师、教练共抓运动员文化教学的良好局面。

7.2.1.2 青少年文化教育依托学校的模式已经形成

截止到 2016 年,我国各级各类体校共有 2183 所,其中体育运动学校272 所,竞技体校 39 所,少儿体校 1717 所,单项体校 108 所,体育中学 47所。按体校文化教育性质划分,体校大体有以下三种形式:第一种,由当地教育部门所属普通中、小学承担文化教育工作的体校。第二种,与当地教育部门联合办学,承担文化教育工作的体校。以上两种形式的体校共占全部体校的90%左右。第三种,体育部门自办文化教育的体校,此类体校数量仅为194 所,占全部体校的比例不到 10%。未来几年,这 194 所体校也将不再存在。总体来说,体教共管的模式已经形成。

7.2.1.3 提升青少年运动员文化教育质量的优化路径

1. 建立竞技后备人才学习的动力机制

虽然,国家从制度层面对竞技后备人才的文化教育提出了一系列约束,但落实效果仍不尽如人意。通过考察发现,惩罚限制是一方面,奖励措施更为关键。应重点奖励文化成绩优异的运动员及其培养基地,正面宣传文化教育的重要性,激励后备人才努力学习文化知识,鼓励后备人才培养基地重视运动员文化教育工作。这样才能体现奖惩分明,形成合理激励。

2. 形成学校教育和家庭教育的合力

学校教育需要与家庭教育紧密合作,否则就是不完整的。只有重视家庭教育的作用,内外合力,才能促进青少年的全面发展。对于青少年体育后备人才来说,这一点尤为重要,学校与家庭必须建立完善的沟通渠道,运用现代信息技术,建立家长信息平台,与家长实现良性互动,成为学校教育的有力补充。

3. 建立运动员文化教育部门联席制度

从运行机制上看,青少年运动员文化教育虽然大多已隶属于教育部门,但是由于体育部门负责训练工作,与运动员有很深的情感沟通与价值认同。因此,应进一步加强体育资源与教育资源统筹融合,双方要在运动员文化教育方面达成一致,发挥各自优势,形成协调机制,达成共识,合作共赢。教育部门要在业余时间充分保证运动员的训练,在比赛中取得优异成绩,要形成激励机制;体育部门要充分做好运动员文化教育的协调、配合工作,要充分重视运动员的文化课学习。只有这样,才能将青少年运动员文化教育真正落到实处,取得实际效果。

4.普及及优化运动员文化教育移动平台

通过走访发现,青少年运动员由于集训、参加比赛等方面的原因,无法完整地接受文化教育。对运动员进行网络教学不失为一个很好的思路。2017 年 3 月,国家体育总局科教司积极整合课程资源,连通线上线下,针对国家队基础教育在训运动员建立了运动员网络教学试点。

主要实施方案:

教学内容:以基础学科为主。初中包括:语文、数学、英语;高中包括:语文、数学、英语、政治。

教学组织:包括授课、网络学习和面授相结合。其中,网络学习每周 10 课时,6 小时,集中面授,7 天,每次 2~3 小时;答疑,以非实时答疑和实时答疑相结合。非实时答疑 3 次,实时答疑采用 QQ 群,各年级各学科任课教师每周 1 次,1 小时;反馈,包括运动员在线学习时长、在线学习行为、在线观看视频课时数、课堂检测完成情况、提出或回答问题情况等。根据统计结果,班主任以私信方式反馈运动员学习现状和学习效果,做出鼓励或提醒。评价方式为过程性评价和效果性评价相结合。评价内容包括在线学习情况、课堂检测成绩和期末考试成绩,比重分别为 40%、30%、30%。

组织管理:国家队提供运动员学籍卡,提供网络学习条件,督促运动员。南京体育学院附属学校负责对运动员进行注册和管理,提供学习资源,制订学习计划和进度,布置学习任务,安排教师面授和答疑,记录学习情况并及时反馈,组织考试,对运动员综合评价。国家队运动员单独按年级编班,每班配一名班主任和相应科目的辅导老师。

通过对运动员网络教学的系统进行分析,发现在教学组织和管理层面均有一定的漏洞。完善建议如下:

首先,要对运动员进行学业跟踪,了解运动员学习进程和学习程度;学校要针对运动员文化课缺失的部分及时补救。

其次，完善运动员的教学软件，建立现代远程教育网络义务教育移动平台，为运动员运用现代远程教育网络进行学习创造条件。

（1）青少年运动员文化教育网课程学习与交流系统（图7-3）

系统包括：运动员学习平台、课件点播平台、语音答疑系统、主题论坛平台和电子邮件系统五个系统。其中，运动员学习系统包括学习子系统、授课子系统、教学管理子系统、课程管理子系统四个子系统。

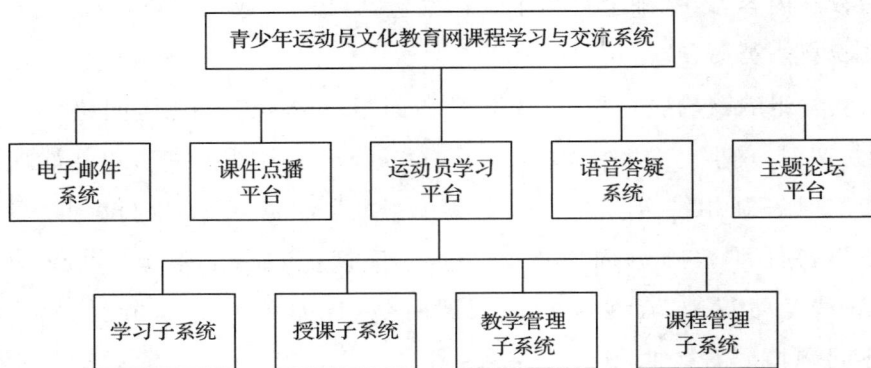

```
              青少年运动员文化教育网课程学习与交流系统
        ┌────────┬────────┬────────┬────────┬────────┐
      电子邮件   课件点播   运动员学习  语音答疑   主题论坛
       系统       平台       平台      系统       平台
                          ┌────┬────┬────┬────┐
                        学习子系统 授课子系统 教学管理  课程管理
                                            子系统    子系统
```

图7-3　青少年运动员文化教育网络课程学习与交流系统

学习子系统：包括网络课程内容学习模块、学习交流模块、答疑模块、作业模块、网上测试模块、系统学习评价与学习进度模块。

授课子系统：包括公告模块、题库管理、发布作业、发布在线测试。

教学管理子系统：包括批改网上作业、批改在线测试、师生交流、网上答疑、运动员学习评价与学习进度查询。

课程管理子系统：包括课程内容管理、知识点管理、学习指标制定。

课件点播平台：个性课程列表、单播、组播。

语音答疑平台：包括网络音视频实时答疑、当天课程答疑列表、电子文件批注等。

主题论坛平台：包括教师与学生非实时交互答疑、学生之间相互交流、相关学习资源(教学大纲、教学资料、复习串讲等)共享等。

电子邮件系统:通知、教学信息的发布与提醒、教学资源的推送、相关信息的反馈等。

(2)建立全国青少年运动员文化教育网用户数据中心系统(图 7-4)

应根据不同年级、不同层次的运动员分类管理。高年级和低年级的管理模式应不尽相同。同一年级不同层次的运动员应该采用分组、帮扶等形式进行学习,以获得最优的学习效果。

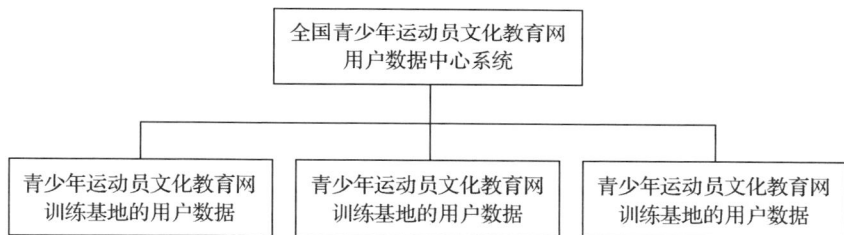

图 7-4　全国青少年运动员文化教育网用户数据中心系统

5. 构建青少年运动员混合式学习模式

青少年运动员混合式学习模式是在保障其正常训练比赛的基础上,以培养具有中国体育精神的运动员为目标,融合现代化的学习技术与个性化的学习风格,整合线上线下资源,形成较为稳定的教学结构及体系。该模式可以确保青少年运动员文化教育的特殊性、系统性和连贯性,从而获得与其年龄相适应的知识水平和能力。对比现有运动员网络在线学习模式可以发现,在线学习面向所有运动员,解决了运动员学习的时空限制问题,但完成率较低,而混合式学习只针对在校学籍运动员,有较高完成率和融入其中的学习感受;在线学习在学习过程中需要运动员自我约束、自我控制,这对于需要经常参加训练比赛的运动员显然难以实现,而混合式学习进度主要由教师和教练员协商后制定,充分利用并规划好运动员的训练和学习时间;在线学习过程中教师无法与运动员进行充分沟通,只能通过网上留言等方式进行集体答疑,而混合式学习可以做到一对一、面对面交流,对于运动员文化教育具有独特优势。

(1)具体操作形式

①教学模式设计

青少年运动员混合式学习模式构建遵循指向性、可操作性、完整性和稳定性的原则,须针对青少年运动员学习现状和特点进行设计。该模式整合课堂教学和在线教学的常见功能和优势,凸显运动员的核心地位,同时突出教师的主导作用,并重视教练员和同龄运动员的辅助价值。青少年运动员混合式学习模式的基础是提供关注青少年运动员学习全过程的平台,该平台通过一系列机制确保教学过程与实施。平台引入个人中心机制,将所有学习活动集成在一个页面上,青少年运动员在此页面上完成所有的学习活动,节省操作时间。为了确保学习效率的有效提高,平台引入学习流程机制,通过模仿课堂学习过程,将课堂教学中必需的资源按顺序集成为一个学习流程。平台引入课堂点名机制,防止学生脱离课堂,加强了过程监管,确保青少年运动员学习效果。为了全程记录青少年运动员学习情况,平台建立学习行为反应与课堂检测机制,通过自动检测与定期统计,进行了学生学习状态监控和学习效果反馈。平台引入班级圈机制,将同年级的青少年运动员划分成若干个虚拟班级,相同班级的青少年运动员可多途径、多方式互动交流,推动了青少年运动员学习的良性竞争和共同进步。为了协调各方关系,改善学训矛盾,平台建立干预监督机制,学生学习状态动态推送给主带教师、课程教师和主带教练,课程教师及时解答青少年运动员学习困惑并指导学法,主带教师和主带教练及时关注青少年运动员学习困难并调节进程。

②教学内容体系

青少年运动员混合式学习模式的核心是提供涵盖全体适龄青少年运动员的教学内容和课程资源,内容和资源符合青少年运动员发展规律。

按照"依据课程标准，突出必修内容，落实四基四能"的要求，课程资源和教学内容由具有丰富的相关教学经验的教师主导开发。根据青少年运动员知识掌握情况对课程资源做出层次区分，分为三个层次：必修层、提高层和优秀层，其目标要求和难度阶梯式增加，并对不同层次的资源精心整合和编排，采用流程式和计件式分类存储。教学内容通过多种媒介方式进行立体、多维度呈现，不仅迎合青少年运动员认知特点，同时关注青少年运动员的生活体验。教学方式采用青少年运动员学习、训练和生活中的事实素材创设情境，用处于认知结构最近发展区的目标问题创建学习任务，激发青少年运动员的学习兴趣。

（2）青少年运动员混合式学习的价值

首先，实现创新。运动员文化教育问题要得到系统全面解决，必须依托体教结合，这迫切需要从机制、方法、手段等方面寻求创新。混合式学习整合了传统教学和新技术教学，大量教育领域实践证实其在观念更新、模式改革、氛围构造、内容整合以及能力培养等方面取得良好效果。特别是它能避免颠覆式教育创新给现有文化教育体制带来的剧烈冲击，因此适合青少年运动员文化教育领域。由于目标群体仍然是义务教育阶段的运动员，混合式学习能为这些运动员提供更贴合个性和更适应环境的教学。因此，混合式学习立足于传统教学，利用新技术让延续性创新模式最大限度地发挥潜能，并持续改善并有效协调运动员学训矛盾，进而使青少年运动员文化教育呈现不断变化的崭新面貌。

其次，保障质量。青少年运动员学习动机不足依然是困扰运动员文化教育的一个重要问题。由于高质量互联网络的普及，混合式学习可以做到在教师指导、教练督促下通过网络实现跨时空的交互合作学习，特别是青少年运动员外出训练比赛时，随行教练员可以履行教师的职责，在课程计划的指引下督促运动员在指定的时间内完成学习任务。青少年运动员普及义务教育难以落在实处也是困扰运动员文化教育的另一个重要问题。由于网络提供灵活有效的管理技术,混合式学习可以在教学任务驱动过程中通过网络实现强有力的约束监督机制,特别是在有适合青少年运动员特点在线课程的前提下,线上线下的结合能顾及青少年运动员的特殊性,让他们不间断地学习,保障了他们文化教育的系统性和连贯性,从而能在进程上与义务教育接轨。

最后,提升内涵。运动员文化教育的本质目标在于培养全面发展的优秀运动员,并在国际竞技体育舞台上展现国家形象。因此,运动员文化教育的使命不只是对运动员进行知识的系统性灌输,而是承载着中国体育文化塑造的重任。由于混合式学习是一种合作式学习模式,教学任务中凝练的思想观念、价值追求和道德精神层面的各种问题,能够帮助运动员营造合作、尊重和信任的文化氛围,进而转变为与体育强国相适应的新时代下体育文化精神。这种转变一方面体现为混合式学习能让学习者、教育者和管理者的一致行动成为传统,从而使中国体育精神得以继承和坚持,有力地从青少年阶段构建运动员的价值体系,另一方面,混合式学习作为教育现代化的产物,青少年运动员不仅享受到先进优质的教育,而且可以体会到体育文化塑造过程中的时代气息,从而让青少年运动员文化教育内涵发展与时俱进。

[青少年文化教育案例]

广东省青少年文化教育转型

根据广东省 2014 年的统计数据,小学、初中、高中三个年龄段共有注册运动员 10954 人。通过广东运动员文化课考试报名的数据,在体校就读的有 7485 人报名。经过计算,在体校就读的运动员 2651 人。

2013 年,广东省组织赛艇、排球等 6 个运动项目的 1244 名运动员进行了文化测试,测试内容标准较低。从试卷的反馈结果可以看出,学生文化基础过于薄弱,评价的目的远远没有达到。反映到学生考试成绩,发现运动员文化课十分缺乏,基础知识存在较大漏洞。广东省青少年运动员的文化教育问题已经不容忽视。

基于此,作为体育大省,广东在新的形势下提出了加强青少年运动员文化教育的新思路。

首先,围绕提高青少年文化教育对体校进行了大胆的改革。对各级各类体校实现"三纳入",即把体校的文化教育纳入九年义务教育序列,纳入地区教育发展规划,把运动员文化教育经费纳入当地财政预算。

其次,形成教育、体育分工合作的管理体制。即训练由体育部门负责,文化教育由教育部门负责的管理体制。

再次,形成分类实施的运行机制。一些训练示范基地的模式保持不变,地市级体校不具备文化教育的条件要撤并,县区级体校原则上不再承担文化教育的任务。

最后,推行了文化测试制度。青少年参加的各级各类体育赛事首先要进行文化测试,文化测试不合格的不予参赛。

(案例来源:石龙,等.广东青少年运动员文化教育转型发展的思考[J].广州体育学院学报,2015,35(01):113-117.)

7.2.2 共生视角下"体教结合"的路径选择

为了解决优秀运动员文化教育问题,1987 年,教育部将 52 所普通高校确立为招收高水平学生运动员的试点学校。"体教结合"明显的优势在于使运动员的综合素质得到了一定程度的提升,使之在退役后有一个缓冲的空间,完成角色转换。学者翟丰将"体教结合"归纳为四种模式:混合型模式、省队校办模式、清华模式和南体模式。其中,混合型模式主要指学校和体育部门合作,比如:北京大学的田径队,东南大学的游泳队。省队校办模式主要是把运动队放在学校,比如:南京工业大学江苏省女子垒球队就是这种模式;清华大学"一条龙"模式,即横向与体育系统合作,纵向与清华附中和清华附小衔接的模式;清华大学的跳水、射击、赛艇、篮球等都是这种模式的产物。南体模式是体育院校的运动员培养模式。南京体育学院是目前江苏省规模最大的竞技体育训练基地,有羽毛球、击剑等11个项目的运动队,为国家培养、输送了很多世界级、高水平竞技后备人才。但是,"体教结合"模式运行30多年的实践证明,仍有一些不可回避的困境:学训矛盾仍然突出;高校并未进入竞技体育人才培养的主阵地;体育部门和教育部门尚未实现资源整合机制。本课题就高水平运动员的培养模式提出一些新的思考。

1. 高水平运动员回归体育——体育院校培养高水平运动员的路径

从我国体院学生运动员在世界大赛的表现来看,没有形成竞争优势。究其原因,主要在于体育院校竞技项目的竞争优势没有形成(表7-1)。

理念:突出"竞技体育"专业性,汇聚资源,办出特色。

体育院校要区分与其他高校、职业俱乐部、体工队的差异性,回归"体育"的本质特性,融教学、训练、科研为一体,突出高水平竞技人才的培养特色。

表 7-1　　　　　　　　　部分体育院校优势项目分布

项目类别	直属院校	共建院校			
	北京体育大学	上海体育学院	武汉体育学院	成都体育学院	沈阳体育学院
优势项目	田径(铅球、跳高)、艺术体操(个人)、跆拳道	武术、散打、摔跤、击剑、举重、拳击	皮划艇、赛艇、重竞技项目	艺术体操、武术、举重	自由式滑雪、速度滑冰、跳台滑雪、软式网球
以往大赛成绩	1金1银2铜(悉尼奥运会)和4金1银(雅典奥运会)(学生运动员)	1铜(悉尼奥运会)(学生运动员)	培养4名奥运冠军		1金1银(都灵冬奥会)(学生运动员)

选拔输送机制:与高中同等学力的毕业生,必须具备较高的运动员等级标准(一级以上),经过专项水平测试,单独考试择优录取。

权限归属:体育部门与体育院校共建。

经费保障：国家财政拨款，体育部门投入，社会赞助，自筹。

运动员文化教育："学""训"结合，学分制、个性化课程体系，保证运动员文化教育。

项目布局：结合自身优势采取差异化办学策略。同时，开发潜在优势项目并将其发展壮大。如：武汉体育学院的水上项目优势、沈阳体育学院冰雪项目的传统等。

2. 高校高水平运动员回归教育——高校培养高水平运动员的路径

教育部、国家体育总局虽然明确提出高校建设高水平运动队的目标就是完成国际、国内重大赛事的参赛任务，但是就运行的现状来看，差距较大。尽管如此，依托教育培养竞技后备人才是大势所趋。

理念：高校竞技体育科学化、高水平、可持续的发展理念。

选拔输送机制：高中应届毕业生，必须具备较高的运动员等级标准（一级以上），经过专项水平测试，按照高考实际分数降档、降分录取。

权限归属：高校拥有高水平运动队的人事权、管理权和自主权。

经费保障：体育主管部门和教育主管部门要投入经费，以保证高水平运动队的正常运转和持续发展。

运动员文化教育：单独编班，制定专门的教学大纲、教学计划。集训、在参赛期间停课，非集训、在参赛期间正常上课，并利用课余时间补课。

项目设置：项目规律＋多元＋特色。

3. 共生共享下的体教深度融合路径

"社会共生论"认为，社会共生现象随处可见，社会共生关系存在于人类社会的方方面面，并结成社会共生的网络，任何组织和个人都在共生网络之下。[54]体育和教育作为一种社会现象，存在于社会共生网络之中，两者之间可以产生深刻的联系与互动。最早官方提出的

"体教结合"是建立在政府部门行政命令的基础上,共生主体缺乏共生自由,强迫产生共生关系。因此,在共生关系的维系中出现一些不和谐,甚至冲突,对于运动员个体而言,如何真正实现体教深度融合,共生共享是亟待解决的问题。

30多年的实践证明,"体教结合"只是一种外在形式,如何使体教深度融合,实现一体化,我们可以从社会共生的视角寻求答案,也就是以各自的资源为纽带,以培育全面发展人才为目标而自发形成的一种紧密共生关系,通过资源的互补共享,形成合力,提高效能,从而实现体育与教育的共生。从被动的"体教结合"转变为主动自愿的"体教共生",以构建体育和教育和谐共生关系的最佳状态。

(1)人才共育

我国的教育方针中明确提出,教育要培养德、智、体、美、劳方面全面发展的社会主义事业的建设者和接班人。以"双赢""共存"为核心的"共生"思想已成为处理人与人、人与社会及社会各领域关系的核心理念。"体教结合"的目标诉求在于实现"教育促体育"和"体育促教育"并驾齐驱的联动发展效应,由被动结合变主动寻求共同发展模式,以实现竞技体育后备人才培养和全面发展人才培养的共同目标。

鉴于此,首先,要进行两个部门的认识更新,牢固树立体教协同育人的理念,如协同创新人才培养模式、协同完善体育竞赛体系、协同加强体育教师队伍建设等。其次,从职能改革入手,打破体育和教育部门的行政壁垒。运动员文化教育应统一由教育主管部门负责管理,运动员的训练由体育部门负责管理,日常管理由教育部门和体育部门形成协调机制,共同完成。最后,从顶层设计入手,形成体教双方人才共育的共生模式。体育与教育部门和谐共生,不仅有助于解决青少年体质下降问题,也有助于畅通竞技后备人才的选拔通道,为我国培养全面发展人才打下坚实的基础。

（2）资源共享

全球知识经济使各国（地区）间联系日益紧密，并迈向全球共享时代。"共享"是我国坚定不移予以贯彻的发展理念之一，是社会经济发展的出发点和落脚点，也是各领域发展成果分配和发展方式的完善与创新。体育和教育在发展过程中出现问题是因为内部资源的不足，比如，教育中缺少优质而专业的体育资源，体育中的教育资源也很有限。而解决这些问题最行之有效的办法就是实现体育和教育内部资源的共享。在现行的体育和教育行政体制下，管理体系独立封闭，资源垄断意识较为强烈，成为资源共享的重重壁垒。如中国大学生篮球联赛（CU-BA）CUBA发展至今，"小学—中学—大学"一条龙训练体制已基本建立，许多高校与本省市及外省一些体校或体育重点中学挂钩，从组队、人员编制、训练管理到经费来源都由高校负责解决，参赛队员必须是全日制在校大学生，不允许在中国篮协注册的专业运动员参赛。而高水平竞技体育主要是各省、市体育局主管，有发展前途的运动苗子仍然是通过进入专业队这个体育系统的体制之内。两者不能完全实现资源共享。虽然"小学—中学—大学"一条龙训练体制已被大家接纳并付诸实践运行中，但其整体的优势功能没有得到体现和落实，无法给予高水平职业篮球以强有力的支撑。

要实现资源共享，首先是人才资源的共享，一方面是优秀人才资源的共享，努力实现"优秀教练进学校""优秀教师进体校"模式的常态化；另一方面是后备人才资源的共享，联赛等形式使得体育传统校和学校运动队之间形成体育后备人才注册畅通机制。其次，场地资源的共享，一方面继续推进学校体育场地向社会开放，另一方面加大体育系统向学校提供场地的力度。如在上海市教委"人人学会游泳"的工程中，市体育局提供130多个场馆和专业教练予以支持，为"体教共生"做很好的典范。最后是赛事资源的共享，借鉴上海校园足球确立的"四横"（小学、初中、高中、大学)、"四纵"(暑期学生足球赛、校际联赛、区际杯赛、国际邀请赛)模式打造立体化竞赛体系(见本章案例2)。

(3)体教共谋

体育和教育共生关系的维持,约束条件必须能够有效地发挥约束作用,这是保证资源能够相应稳定存在的外在条件。目前,体育和教育共生关系的约束条件主要是法律和政策文件。《中华人民共和国教育法》和《中华人民共和国体育法》对每个公民的受教育权利和参与体育锻炼的权利做出明确的规定。《2005年普通高等学校招收高水平运动员的办法》《关于进一步加强和改进新时期体育工作的意见》(2002)和《青少年体育"十三五"规划》(2016)等行政文件的颁布,对体教共生关系起到约束作用。2010年颁布了《关于进一步加强运动员文化教育和运动员保障工作的指导意见》,文件提出制定完善关于加强体育行政部门和教育行政部门资源整合、加强运动员文化教育的法规制度,对体教的和谐共生关系起到了一定的保障作用。

因此,首先应重新审视教育部门与体育部门在体教结合中的角色以及相互关系,打破部门利益间的隔阂。政府不断通过学校、体育部门、运动员等反馈,积极调整政策与措施,力求决策以大局为重,实现决策有效化、合理化、容易实施。其次,继续完善顶层设计,在体育和教育两个系统中如何进行资源共享,出台方针、政策、方向性文件,统筹体育部门、教育部门、发改委、国土规划部门等,消除供需隔阂,推进供给侧结构性改革,切实保障学生全面发展的教育权利得到保护,为体育和教育的共生提供法律依据。最后,政府需要主动引导各方进行协商,达成统一的利益目标,构建合理有效的利益共享机制,要破除相关利益者的改革顾虑和利益私心,共同助力体教结合发展,携手走向正确的改革之路。

[体教结合案例]

案例 1　大连市金州新区游泳后备人才培养的实证

　　游泳运动在大连市金州新区有着优良的传统。大连市金州新区滩涂众多,盛产各种海产品,正所谓靠海吃海,很长一段时期当地人都是临海而居,靠海谋生。游泳是一种基本的谋生技能,因此很多人都有基本的游泳技巧,代代相传。大连市金州新区游泳活动有着优良的社会传统。无论冬夏,都能看到人们运动的身影,游泳运动更是如此。夏天在海边戏水,冬天举办冬泳活动在金州已经是居民喜闻乐见的活动。自 2002 年开始,大连市金州新区就在金石滩地区举行冬泳活动,至今从未间断,每年都会吸引国内外数以千计的人员参与其中。在这一活动的带动下,以及大连市金州新区深厚的游泳氛围和群众基础,冬泳已成为大连市金州新区新的名片。与此同时,全国冬泳系列赛(大连站)暨中国大连国际冬泳节等活动的举办,其带动意义明显。比赛项目众多,参与者广泛,很好地做到了集竞技性与群众性于一身。近年来,大连市金州新区在竞技游泳后备人才培养工作上成绩突出,在大连市第十二届运动会青少年组游泳比赛中,大连市金州新区在不同组别的 62 项游泳比赛里,共获得金牌 29 枚,银牌 17 枚,铜牌 25 枚,在大连市 12 个参赛单位中成绩遥遥领先;在第十一届辽宁省运动会中,大连市金州新区输送的游泳运动员在 6 个项目上取得冠军,而在第十二届辽宁省运动会上,大连市金州新区输送的游泳运动员在 14 个项目上取得冠军,成绩显著。单就游泳项目而言,在近两届辽宁省运动会中,由大连市金州新区培养输送,代表大连市参赛的选手表现优异。其中,在辽宁省第十一届运动会中,大连市金州新区输送的游泳运动员在 6 个项目上取得冠军;在辽宁省第十二届运动会中,大连市金州新区输送的游泳运动员在 11 个项目上(14 人次)取得冠军。

　　表 7-2 为大连市金州新区游泳运动员在第十一届和第十二届辽宁省运动会上的夺冠项目及人次统计。

表 7-2 大连市金州新区游泳运动员在两届辽宁省运动会上的夺冠项目及人次统计

	第十一届辽宁省运动会夺冠项目(2010 年)		第十二届辽宁省运动会夺冠项目(2014 年)	
	女子	男子	女子	男子
	4×100 米自由泳接力	50 米自由泳	50 米蛙泳	100 米蛙泳
	4×200 米自由泳接力		100 米蛙泳	200 米蛙泳
	4×100 米混合泳接力		200 米蛙泳	200 米混合泳
项目	50 米蛙泳		4×50 米混合泳接力	400 米混合泳
	100 米蛙泳			4×100 米自由泳接力(2 人)
				4×100 米混合泳接力(2 人)
				4×200 米自由泳接力(2 人)
合计 项目	5	1	4	7
人次	5	1	4	10

以上成绩的取得,是对大连市金州新区包括竞技游泳项目在内的竞技体育后备人才培养工作最好的注解。其竞技体育后备人才培养成效是显著的,其特点也是鲜明的。

体制机制方面,从顶层机构设置上,金州新区社会事业局将教育局、体育局等政府机构合并,打通了体育和教育的壁垒,实现了统一管理。从中观层面,业务单位实现了合并重组。2010 年 4 月 9 日,大连市政府将金州区所辖的 27 个街道中除二十里堡等 7 个街道之外的金州区 12 个街道,大连经济技术开发区代管的大连市金州区 8 个街道,一并规划为大连市金州新区。以此为契机,大连市金州新区体育学校成功组建,把原来的金州业余体育学校、大连市经济技术开发区业余体育学校、金州市民健身中心、开发区市民健身中心四个单位的资源整合,实现了统一管理,统一规划安排,既实现了集中之下人财物的有效分配,又避免了过度分散带来的管理上的不便,也正是因为如此,大连市金州新区体育学校成为现阶段金州新区体育系统培养竞技游泳后备人才的中坚力量。

资源方面,当前我国的体育设施整体而言还存在较大缺口,而区一级的基层单位各项体育设施更是匮乏。大连市金州新区在大力建设各项体育设施的基础之上,通过资源整合,盘活存量资源。整合之后,竞技人才培养各环节的人员配备(表7-3)较为完善,实现了以健身中心教练员、外聘教练员、体育教师、体校教练员为依托的教练员、体育科研人员的优化配置,下设训练场所十三处,开设运动项目14个,在训运动员623人。其中,游泳项目在训运动员近五年来人数均能保持在70人以上;专职教练员2人,外聘教练员1人,学校体育教师兼体校教练员2人,健身中心教练员4人。游泳训练可以共享体育科研、营养、康复方面的设施和人员服务。在教练员队伍建设上,通过多方举措,引入了包括前世界冠军在内的优秀人才;同时,通过不断学习和培训,教练员队伍的整体文化程度提高,年龄结构合理,形成了老中青的有序搭配。

表7-3　　　　大连市金州新区体育学校部分岗位人员配备情况

| 岗位 | 专职教练员 | 外聘教练员 | 教师兼教练员 | 医务人员 | | 科研人员 |
				专职医生	康复人员	
人数	12	10	6	2	2	2

硬件设施方面,合并之前的开发区市民健身中心占地面积11157平方米,总建筑面积近1.8万平方米,内设游泳、羽毛球、乒乓球、篮球、排球等多个健身、休闲场馆,可以开展游泳等15个运动项目。馆内各项设施设备配备齐全,能满足游泳等项目的教学、专业训练的各项要求。合并之前的金州市民健身中心建筑面积5500平方米,共有健身场馆11个;合并之后,通过优化项目布局,将游泳、羽毛球、瑜伽、舞蹈、篮球、排球项目布局在开发区市民健身中心,余下项目布局在原来的金州市民健身中心,避免重复设项和过度分散而难以形成规模效应。

项目布局方面,大连市金州新区制订了《金州新区体育人才"一条龙"招生考试方案》，实现了包括游泳项目在内的体育人才小升初、初升高的直升发展，做到了分学段依次展开、有效衔接、高效达成。在此基础上，大连市金州新区教育系统为了真正做到整合资源、优势互补，充分调动学校人才培养积极性与创造性，提前规划，合理布局运动项目，将游泳项目布局在基础较好的开发区红梅小学等15所小学以及开发区一中等8所中学。

选材方面，游泳运动员的选材主要有两个来源：一个是对周边学校的校本课程在其中发现好的苗子，另一个是去中小学实地选材，选拔上来之后会有一个月左右的时间进行集中的训练和筛选，主要包括身体形态、身体素质测试（测试项目包括：立定跳远、跳绳、反臂体前屈、仰卧起坐等）、专项素质测试（包括：50米蛙泳、50米蛙泳腿），尽量做到选材的科学化。

人才培养方面，大连市金州新区结合自身发展实际，实施《金州新区中小学校体育人才"一条龙"培养工作实施方案》（以下简称《方案》）。在《方案》的指导下，大连市金州新区进一步完善小学、初中、高中"一条龙"竞技人才培养新体制，使体教结合向纵深发展，促进学生健康发展，全面发展，让读书人运动好，让运动员读好书，真正实现从普通学校走出不普通的体育人，打造竞技人才培养的直通车。影响更多的普通人爱上体育、享受体育，也促进了大连市金州新区竞技体育运动水平的提升，取得了较好的成绩。得益于此，游泳项目在大连市金州新区各中小学广泛开展。在大连市中小学游泳比赛上，金州新区的成绩在大连市各区县中名列前茅。

促进学生全面发展方面，为了使学生运动员全面发展，各游泳项目布局学校均安排了专门教师主抓学生运动员学习管理；同时要求教练员要督促学生运动员完成学习任务，和班主任经常沟通，关注、掌握学生运动员学习成绩变化，力争使学生运动员学习成绩稳定、不掉队。同时，加强学生运动员体育道德管理，明确教练员是运动员体育道德培养的第一责任人，将学生运动员体育道德培养工作纳入考核细则，坚持竞技水平、学习成绩和体育道德三者并重，实现运动员的全面发展。

（案例来源：2015年9月在大连金州新区体育学院的实地调研）

案例 2 上海校园足球确立"四纵四横"立体化竞赛体系，让更多孩子读书踢球"两条腿走路"

让读好书的人会运动，让有运动天赋的孩子读好书。2012年，上海市校园足球联盟成立，为的就是在校园里培养有智慧、会踢球的球员。庞大的参赛队，显示出上海校园足球厚实的家底，其中，校园足球联盟起到非常大的作用。自2012年成立上海市校园足球联盟以来，上海构建了"大学—高中—初中—小学"一条龙的校园足球发展体系，以高校为引领，带动中小学开展校园足球。

目前，全市16个区的校园足球精英训练营在建设和发展过程中，确保营员在正常的文化课学习前提下，通过科学的训练来强健孩子们的体魄，提高孩子们的技能，抒发孩子们的激情。经过多年发展，上海校园足球目前已确立了"四横"（小学、初中、高中、大学）、"四纵"（暑期学生足球赛、校际联赛、区际杯赛、国际邀请赛）的立体化竞赛体系，构建了多位一体的校园足球保障框架。此外，全市层面还搭建起"精英赛""联盟联赛""联盟杯赛""草根联赛"四类，小学、初中、高中、大学四级，U9—U22等11个组别的赛事架构。同时也通过"四纵四横"的竞赛体系，为品学兼优、拥有精湛足球技能的孩子们创造展示自我、发现潜能的平台。

2015年，上海市校园足球精英训练营成立，在全市16个区县分别组建了U11、U13、U15、U17四级训练营，每支精英队的人数为25人，队员通过校园内班班比赛和区县内校校比赛的方式选拔产生，全市参营总人数达3000人以上。市教委相关负责人表示，精英训练营配置了一流教练员团队，每个区县需设置1名技术总监，1名守门员教练，1名主教练和1名助理教练，同时可聘用外籍高水平教练员；区县U11精英训练营需具备7人制标准场地，U13、U15、U17精英训练营需有11人制标准场地。

此外，通过联盟校＋特色校＋精英训练营＋传统项目学校＋校办二线队＋市级学生训练基地"六位一体"的课余训练立体推进格局,市校园足球联盟发展起 428 所联盟校,在联盟注册的校园足球运动员也从 4500 多名增加至 3 万余名。

正是在这么一片沃土之上,上海校园精英队有了源源不断的"生力军",足球技艺也在各项赛事的切磋中不断提高。

(案例来源:龚洁芸.上海校园足球确立"四纵四横"立体化竞赛体系.解放日报,2016-08-01.)

案例 3　体教结合,南体实践

南京体育学院有着悠久的发展历史和办学历史。1956 年,民国时期最大的体育场——远东体育场,后来的中央体育场原址落成。

学院作为省属高等体育学府,承继了中国近代体育百年的厚重底蕴,以其独特的办学模式,既培养各类应用型体育专门人才,又为国家铸就了竞技体育精英,开展的竞技项目包括:羽毛球、网球、体操、艺术体操、蹦床、技巧、击剑、自行车、游泳、跳水、花样游泳等。半个多世纪以来,南京体育学院运动队在国际、国内各类大赛中取得了优异的竞技成绩,其中有奥运冠军 15 位,世界冠军和世界纪录创造者 98 位,100 多位获得国家体育运动荣誉奖章、享受政府特殊津贴的教练员,为国家高水平运动员、教练员的培养作出了突出贡献。

其实,在全国为数不多的体育院校中,南京体育学院的社会影响并不突出。但是,就其特色而言,恐怕"南体模式"已经声名在外了。最突出的特色,就是教学、训练、科研三位一体。

南京体育学院(以下简称"南体")既有 11 个自己的高水平运动队,又拥有自己的教学队伍和科研队伍。南体培养的奥运冠军绝大多数是从小在南体的教学体系中成长起来的。其中,2008 年 8 月 12 日,在北京奥运会上同日夺冠的 3 位江苏南通籍选手都是从小就读于南体的教育体系。

南体所提供的九年义务教育和高等教育均纳入国民教育序列,为推进竞技人才培养提供了必要条件。

南体最初教学队伍、运动队、科研队伍并非水乳交融,经过长时间的磨合,三者融为一体的成果越发突出,给各自带来的利益越来越多,南体人越发感受到三者融为一体的便捷和高效。这三部分,构成了南体发展的坚固的"铁三角",已成为区别其他体育院校的标签。

国际奥委会主席巴赫在南京青奥会期间视察南体时,对这所历史悠久的体育院校坚持体教一体的发展理念有着高度认同。关于这一点,他在演讲中也有充分表述:"贵校不仅从事体育教学训练,也教育和培养运动员、学生,使他们成长为对社会有价值的卓越人才。"

随着时间的更迭,南体始终坚持训练、教学、科研三位一体的发展路径,20世纪90年代国家体委主任总结的"南体模式",非但未因时空变迁而流失,反倒愈加凸显,他所蕴含的独特价值,时隔多年后仍然值得借鉴和推广。

(案例来源:宋韬.探索高校体育人才培养"体教合一"模式.中国教育新闻网,2017-08-31.)

7.2.3 完善运动员职业教育和职业技能培训

1.优化运动员职业教育

退役运动员的何去何从一直是一个严峻问题,最好的方式就是通过市场化的方式解决。

其一,与其他职业培训体系一样,将运动员职业培训纳入国家职业培训体系当中,并给予政策上的倾斜,为退役运动员参与职业培训提供便利。此外,要与时俱进,还要有前瞻眼光,对社会需求强烈的领域要有预判性。比如,针对场地管理人员的相应培训、运动康复专长的职业培训等,使他们的人力资本存量能够及时有效迁移。

其二,建立专项基金,为退役运动员职业转换提供支持。

通过多种途径为退役运动员就业、创业提供专项基金。专项基金中既有财政扶持，也有企业赞助，还包括运动员缴纳。运动员退役后，基金会可按照相应比例通过给予返还，减轻了政府负担，提高了运动员对就业的投资意识。

政府要根据市场需求适当发挥调控功能。比如，对具备市场化潜力的项目可增加企业的参与；属于奥运争冠战略的项目，但市场化发展空间较小，政府应倾向性地予以扶持。相互协调，资源合理配置，实现竞技体育最优化发展的效果。

对于局部运动员的人力资本投资与开发，可适度放开市场准入。根据市场需求，对于具备市场化潜力的运动项目，充分发挥社会的积极性，鼓励多元主体对运动员人力资本进行投资，多渠道培养运动员成才。运动员投资收益中，应尊重市场分配规律，政府从中以收税的方式获取收益分成，用协议约束代替制度约束。这一点，国家体育总局网球运动管理中心的培养模式提供了很好的借鉴，就是政府、企业、个人共同对高水平运动员进行重新投资，通过与国际网球职业赛事的高度接轨，在职业体育中实现突破，运动员将比赛收益按照适当比例重新分配，一方面减少政府投资，另一方面运动员凭借个人的努力从市场博得稳定的奖金和商业赞助，还可以树立其自我塑造、自我规划的意识，提高个人的影响力和品牌价值，国家利益和个人利益都得到很好的保护。

政府的投资作用主要体现在对冷门项目和职业化程度低的项目发展上，对这些项目给予更多的资金支持。为了缓解不同项目间的收入差距较大的矛盾，政府从收入分配上作必要的调节，应充分考虑这些项目难以迁移的特点，适当增加这些运动员的收入，或者从福利待遇上给予调整，加大激励机制。同时，对基层教练也要给予相应的政策和资金上的扶持，保证竞技项目的均衡、可持续发展。例如，中国铁人三项，由于不具备大众的普及性，没有市场需求，作为奥运项目，只有国家扶持才能使其存在下去。

2. 注重职业培训,完善运动员职业教育体系

职业培训属于人力资本投资的范畴,在人力资源管理中,是非常重要的内容。职业培训的本质就是结合市场需求,依据职业标准,核心是培养职业能力,最终实现就业目标。职业培训作为促进人的个性和能力共同发展的手段,为促进生产力水平,推动国民经济增长提供了重要的人才支撑。人力资本理论认为,相比职业教育,职业培训作用更大,更注重生产知识和操作技能的提高,是人力资本所有投资中更为本质的部分。因此,开展运动员职业培训,将从根本上解决运动员的职业困境。

(1)运动员职业教育体系构建的顶层设计

第一,政府扶持。

政府应重视运动员职业培训体系的建设,将运动员职业培训纳入国家人力资源开发工程中来,纳入国家下岗再就业工程当中,与社会各方面的力量相结合,包括:社会团体、企业、体育俱乐部等。通过国家扶持和宏观指导,共同开展多种形式的培训,其目标是提高运动员人力资本存量、优化运动员人力资本结构,将就业政策和就业服务手段优化利用,使职业培训和运动员就业有机结合,增强运动员就业竞争力,保障退役运动员顺利就业。

第二,政策跟进。

首先,要制定相关政策,调动社会、企业对体育投入的积极性,这是政府与社会、企业深层次合作的前提条件。要实现这一点,必须转变政府角色,发挥市场的调节作用,在合作模式与运行机制上实现深度融合[54]。

其次,政府在充分尊重市场规律的前提下,建立准入规则、投资导向和税收优惠等手段,使社会资本参与运动员职业培训,以实现优势互补,形成发展合作联盟。

此外,建立实体和网络的中介机构,为退役运动员再就业提供针对性中介服务。加快专门人才培养,满足退役运动员职业咨询与指导的需要。

第三,法律法规健全。

一方面,要尽快完善运动员职业培训的法律法规,保证运动员职业培

训有法可依。在此基础上,使法律法规具有可操作性,减少真空地带和漏洞。政府、企业、社会和个人在运动员职业培训体系中的责、权、利明确。另一方面,要制定国家运动员职业技能认证标准,统一培训标准和培训考核、监督、评价标准,制订各部门、各单位、各行业和各地区的运动员职业培训细则和实施方案,对运动员职业培训工作通过完善的法规和条例做出约束,以保障运动员职业培训的建立。

（2）运动员职业教育体系构建中观布局

首先,明确组织与管理。

体育政府部门既是体育战略的制定者,也是实施者,在运动员职业培训体系中具有多重身份。包括:

第一,制定运动员职业培训的相关方针策略,构建体系框架,包括运动员职业培训的目标、计划、组织、实施、人员构成、经费来源等,使地方相关体育部门进行职业培训时有参照依据和标准。

第二,运行机制上,国家体育总局人力资源部下设运动员职业培训办公室,专门负责,采用自行组织、购买培训服务、合作举办、指导扶持等多种形式,将运动员职业培训纳入运动员退役安置体系当中。

第三,经费使用上,明确从体育彩票公益金或中华体育基金会中分拨专项资金作为运动员职业培训专项资金,对于各省市进行运动员职业培训提供配套资金予以支持。

第四,平台提供上,通过定期组织召开示范单位、运动员职业技术训练经验交流,加强政府部门和运动员之间的交流,进行需求对接,查找矛盾根源,拓宽运动员职业培训路径,创新运动员职业培训模式。

体育部门作为运动员的主要管理主体,在运动员职业培训实际操作中处于承担者的角色,对于退役运动员能否顺利融入社会,创造自身价值,肩负着重要的责任。

各省区、市体育部门,在国家体育总局出台的方针策略引领下,结合当地实际情况,充分考虑运动员现状与需求,紧密对接社会需求,使职业培训计划有设计、有实施、有效果。要保证培训人数、活动次数，科学安排培训时间。同时，要注重推广性、普及性和时效性。根据社会需求的快速变化和运动员的需求随时调整培训方案，使职业培训不流于形式。

其次，充分保障运动员职业培训经费投入。

目前，关于运动员职业培训有三种经费渠道：政府、社会组织以及运动员个人。其中，政府经费支出是主渠道。

第一，政府要充分保障资金投入，进一步稳定政府职业培训的经费来源，做到有章可循。目前，政府关于运动员职业培训的经费主要包括：中华体育基金会的市场开发；国家体育总局体育彩票公益金按比例提取；运动员、国家队参与市场活动的盈利中按比例抽取；运动员比赛奖金中的截留按比例使用。专项基金的具体数额是根据退役运动员实际参加培训的人数进行相应补贴，或者通过政府购买培训服务的形式给予支付。各省市的培训费用渠道主要是从运动员安置补偿费用或体育彩票公益金中按预算提取，并与国家体育总局划拨的运动员职业培训经费配套使用。根据落实情况分析，承担运动员职业技能培训的经费完全充足。

我国从体育大国向体育强国的战略推进，竞技体育作为战略主阵地之一，其地位和作用不可忽视。竞技体育要想实现新跨越，不仅仅对在役、在训的运动员给予训练手段、待遇等各方面的支持，更应该主动谋划、精心设计退役运动员的未来之路，做他们的坚强后盾。在运动员职业培训工作中，政府要利用核心地位，充分发挥其主导功能，针对运动员再就业给予强有力支持。增加财政拨款，加大用于运动员职业培训的投入比重，地方要加大重视程度，以保证运动员职业培训顺利开展。

第二，用人单位出资。一般情况是，企业对退役运动员有用人需求，提前与运动员管理部门沟通，签订合作协议，由用人单位组织职业培训,管理部门组织运动员参加。培训后,有意向的运动员直接进入该单位工作,形成了职业培训和就业的一条龙,既满足了该单位的用人需求,也解决了运动员职业能力不足的问题,有的放矢,节约成本,实现双赢。

第三,运动员费用分担。职业培训的直接受益者是运动员,有责任和义务帮助分担部分职业培训的费用。运动员在大赛或职业比赛中都会获得丰厚的奖金,可以将奖金的一部分作为自己的职业培训基金注资到国家体育总局的运动员职业培训基金中,待退役后,可以使用自己的职业培训基金,以便在职业培训领域中有更多的选择余地。

(3)运动员职业教育体系构建的微观推进

各省区市由于地理位置、文化习俗等因素的影响,都有自己的体育项目特色品牌。比如,黑龙江的冰雪,上海的水上项目等。在职业培训体系的构建上,各省区市应结合自身项目传统,打造特色职业培训项目,结合优势和特色,可以将培训基地做大做强。一方面,可节约投资成本,减少资源的不必要浪费;另一方面,在全国范围内,可实现优势互补,资源共享。

首先,课程设计合理。

综合素质模块:主要包括核心课程+重点课程+讲座课程。其中,核心课程主要包括:心态调整和职业生涯规划,这是运动员职业转换的必备课程。重点课程包括:人际关系、社交礼仪、语言表达、自我管理等,主要是运动员由训练队的集体生活到个人生活角色转变的适应训练,对于运动员融入社会必不可少。

社会通用技能培训:主要由社会培训机构来承担。针对步入社会后所需的通用技能进行培训。运动员可根据自己喜好,个性化选择1～2项,成绩合格后获取合格证书,并给予一定补助。

体育职业技能培训:主要是针对一些运动项目,武术、健身教练、游泳等项目培训以及行业资格证书的培训。运动员自行选择 1～2 个项目进行培训。这与综合素质培训组合进行。

其次,运动员职业培训时间科学。运动员在职业培训之前有专门的指导,对职业培训的课程设置、目标有充分的了解,由于职业培训的方式是必修和选修相结合,因此,不同的培训项目所需时间也各有不同。培训时间大致可分为 3 种:

短期培训:2—3 个月。培训对象:主要针对长时间失业或退役,正常生活难以维持,迫切希望就业的运动员。培训目的:尽快实现就业。短期内就可以掌握一定生产技能,达到用人单位要求。如,用人单位组织的针对性培训,培训后直接录用。

中期培训:3 个月—1 年。培训对象:主要针对处于运动员转型期和即将退役的运动员。有一定技术难度,需要一定时间积累。培训目的:培训效果慢但实用性强,就业持久并有望长期从事的就业。比如,总裁学习班,MBA 等。

长期培训:1 年以上。培训对象:对目前状态较为满意,不急于工作,想再提升的运动员。比如,教师资格考试的培训,资格考试的内容较多,需要一定的学习周期。

培训形式主要取决于不同运动员的需求和项目的培训周期。关键在于政策引领和激发运动员内在学习动力。只有这样,才能使运动员结合自身的职业规划选择所要培训的项目。也可以根据运动员职业生涯规划,结合不同培训周期的不同目标,短期与长期、中期组合搭配选择,合理规划。充分挖掘职业培训在人力资源开发中的作用,为运动员就业打下坚实基础。

最后,确保运动员职业培训的效果。

运动员职业培训流程如图 7-5 所示。

```
┌─────────────────────────────┐
│        前期工作准备充分        │
└─────────────────────────────┘
              ↓
┌─────────────────────────────┐
│   规范职业技能、从业资格的鉴定标准   │
└─────────────────────────────┘
              ↓
┌─────────────────────────────┐
│          提供就业服务          │
└─────────────────────────────┘
              ↓
┌─────────────────────────────┐
│     制定运动员职业培训激励机制     │
└─────────────────────────────┘
              ↓
┌─────────────────────────────┐
│  建立运动员职业培训的监督和反馈机制  │
└─────────────────────────────┘
```

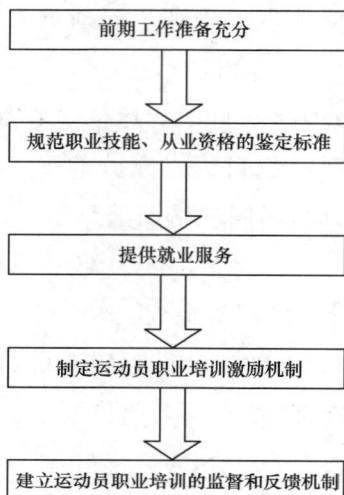

图 7-5　运动员职业培训流程

第一,前期工作准备充分。政府层面首先要开展培训供求调研,了解运动员的需求,合理设计培训计划。准确掌握运动员的相关情况(包括数量、运动员素质状况、就业意向等),为运动员建立需求档案。其次,要对相关职业岗位的需求特点了如指掌,选择符合运动员职业培训的机构。最后,由运动员职业培训主管部门统筹安排运动员职业培训的计划。

第二,规范职业技能、从业资格的鉴定标准,提高其含金量。职业培训的主管部门要设置统一的职业技能、从业资格的鉴定机构,运动员要熟悉有关鉴定的政策和程序,并提供考核服务。对考核合格者,按规定颁发职业资格证书。

第三,提供就业服务。建立市场信息库,了解取得培训结业证书和资质证书的运动员的情况,为其做好人事归档工作,为运动员就业创造方便。管理部门要建立运动员就业信息平台,一方面将运动员相关信息放在平台上,供用人单位选择;另一方面,随时提供社会需求信息,使运动员和用人单位"零距离";经常举办专场招聘会,不仅增加运动员的就业机会,还使有用人需求的单位可以直接从受过培训的对口运动员中直接录用,从而提高运动员求职效率。对于自主创业的运动员,管理部门积极扶持并提供减免税费等政策支持。此外,为运动员提供实践锻炼的机会,弥补运动员实践能力不足。如,有条件的劳动就业服务企业应为培训运动员提供接触企业的机会,以便于运动员尽早融入企业环境中去,在招聘过程中参与实习的运动员可以优先考虑就业。

第四,制定运动员职业培训激励机制。政府部门,鼓励单位创建运动员职业培训基地,除了政府每年划拨一部分职业培训资金之外,对培训工作效果突出的追加经费予以奖励;社会企业,通过物质奖励、税费减免等政策倾斜吸引社会机构,开展运动员职业培训相关工作,加入运动员职业培训的建设中来,可以拓宽职业培训的渠道,与社会实现有效对接;运动员,建立运动员激励机制,对于在职业培训过程中积极参与的、认真学习的,并且取得良好成绩的,可以提供有选择性的实习单位或者优先推荐就业等。

第五,建立运动员职业培训的监督和反馈机制。监督机制有两项任务:一是全程掌握职业培训的情况,对职业培训机构进行约束,保证培训质量;二是督促接受培训的运动员按时参与培训,确保他们能够系统地接受职业培训的全部内容。反馈机制主要是围绕参与职业培训的运动员展开,结合他们实习或就业所展现的能力素质,对职业培训机构进行全面评估,评估内容主要包括培训的内容、方法、效果等。职业培训机构根据反馈的结果,及时调整和修正职业培训中的问题,推进运动员职业培训的良性发展。

[运动员文化教育案例]

文化教育和篮球不应"二选一"

德国欧绿保柏林篮球俱乐部 U19 运动员蒂姆·施耐德随队来到中国上海、杭州、北京,走访当地的几所高中、高校篮球队,并进行活动交流。与国内运动员不同的是,施耐德除了参加俱乐部的训练。业余时间的篮球训练,还要完成普通高中的文化课程,且学习成绩很优异。

施耐德的学训模式就是德国青训模式的缩影,即将学校和俱乐部有机结合,孩子不仅会打球,而且爱学习。欧洲篮坛名宿,主抓欧绿宝青年队的副总经理哈内什的管理理念就是,篮球训练和文化教育应相辅相成,而不是单选题。他认为,只专注篮球训练的孩子反而会思维僵化,无法成为优秀的球员。

具体操作层面,施耐德所在的欧绿宝篮球俱乐部是与德国柏林市篮协合作共建。融训练、文化教育一体的"体教融合"模式在 U19 青年队中,可以走读,也可以住宿。在体校的训练时间安排在下午 3 点以后,有时安排在 10 点以前,剩余的时间进行文化课学习。体校课程有文化课,还有篮球历史等课程,其中文化课教材与普通高中一样,教材比较多。因此,这些运动员比同龄人忙碌得多,几乎没有空闲时间。

对于不进入体校俱乐部的球员有两种选择:一种是就读于普通高中,另一种是自己选择训练的方式,可以不用参与球队的全部训练,也可以自己安排训练时间单独训练。无论在哪上学,俱乐部对球员的要求都是一样的,打篮球和接受文化教育。文化课成绩太差,就被强制减少训练时间,在文化课学习上多下功夫。这些青年球员即便将来无法进入职业篮坛,也都可以多重选择。

此外,欧绿宝俱乐部还非常注重篮球运动在学校的传播。他们与很多所中、小学合作,进校园教孩子们打球,普及篮球知识,启发孩子们的体育兴趣,让他们了解、掌握篮球这项健康、快乐的运动。欧绿宝俱乐部以此为社会职责。

(案例来源:北京日报,2015-10-28,转自人民日报海外版)

[运动员职业技能培训案例]

职业培训提升价值,改变运动员人生

吴敏,是一名优秀的 400 米短跑田径运动员,多次获得省级比赛冠军。13 岁进入体校,20 岁进入专业队。由于长时间超负荷训练,膝关节受伤,无奈选择了退役。起初,她计划重新回到学校读书,但是,文化课基础薄弱,没有通过考试,被大学拒之门外。由于没有学历,找工作也四处碰壁。她的人生跌入谷底。

从体工队教练那里得知,安徽省正在举办退役运动员综合素质及健身教练职业资格培训班,在父母的鼓励下,吴敏决定参加看一看。通过 20 天的职业培训,从过渡期的心理转换到商务礼仪、面试技巧的综合素质培训,再到健身教练国家职业资格专项培训,吴敏眼界大开,似乎找到了自信,有了较为明确的人生规划。经过选拔,吴敏在 60 人的培训班中脱颖而出。在主办单位组织的退役运动员的现场招聘会上,吴敏被三家企业同时录用,吴敏最终选择到上海一家健身俱乐部任职。仅仅用了 3 个月就成为销售冠军,5 个月就成为俱乐部教练主管。

田径场上的 400 米冠军,经过职业培训,在职场上迎来了又一个冠军。

(材料选自:中国体育报,2011-03-29)

7.3　加强规范管理,
构建运动员保险保障的法律法规体系

7.3.1　构建运动员保险保障法律法规的价值分析

1.有利于社会稳定

竞技体育在我国具有非同寻常的重要作用。它增强了民族自信,凝

聚了爱国精神,丰富了国民文化生活。其中,运动员付出了大量的精力和体力,付出了泪水和汗水。运动员是个庞大的社会群体,他们退役后的生存状态直接影响了社会的和谐稳定。构建运动员保险保障法律法规能够保证运动员人尽其才,顺利融入社会。

2. 有利于维护运动员的合法权益

我国运动员的数量相当庞大,但是能拿到世界冠军的毕竟是极少数。构建运动员保险保障的法律法规,可以保障运动员的合法权益,使他们无后顾之忧地挖掘自身最大潜力,在运动生涯中可以全力以赴投入训练和比赛,退役后能够保障其挖掘自身潜力,创造个人价值的同时也回报社会。

3. 促进体育后备人才的培养

完善的运动员保险保障法律法规,使运动员在运动生涯巅峰过后能够顺利实现角色转换,新老及时更替。同时,运动员社会保险保障法律法规的建立和完善,能够将竞技运动的风险降到最低限度,家长可以放心地让有运动天赋的孩子从事专业训练,有利于竞技后备人才的培养和发展。

7.3.2　建立运动员保险保障管理体制的法律视角

随着社会主义市场经济的不断深化,改革已进入攻坚期和深水区。全面推进依法治国是实现全面建成小康社会、实现中华民族伟大复兴的中国梦、全面深化改革完善和发展中国特色社会主义制度的根本途径。运动员群体比较庞大,运动风险较大,运动员的保险保障具有典型性,不容忽视,应不断调整和完善运动员社会保障管理体制,这直接影响到我国体育事业的发展。

1. 运动员社会保障管理体制架构

目前,运动员社会保障的管理体制可分为三种模式:集中管理、分散管理、集中分散结合管理。集中管理模式就是建立统一的社会保险保障管理机构,负责执行、资金运营、监督等。分散管理模式就是根据运动员社会保险项目分块管理,每一块都有自己的执行、运营和监督机构,相互独立。集中分散结合管理就是集中共性的部分,分散特殊性的部分。基于此,本课题建议采用集中管理模式,即在国家人力资源和社会保障部下成立专门的运动员社会保障管理委员会,负责管理、协调与运动员社会保障相关的工作。运动员社会保险保障管理架构如图 7-6 所示。

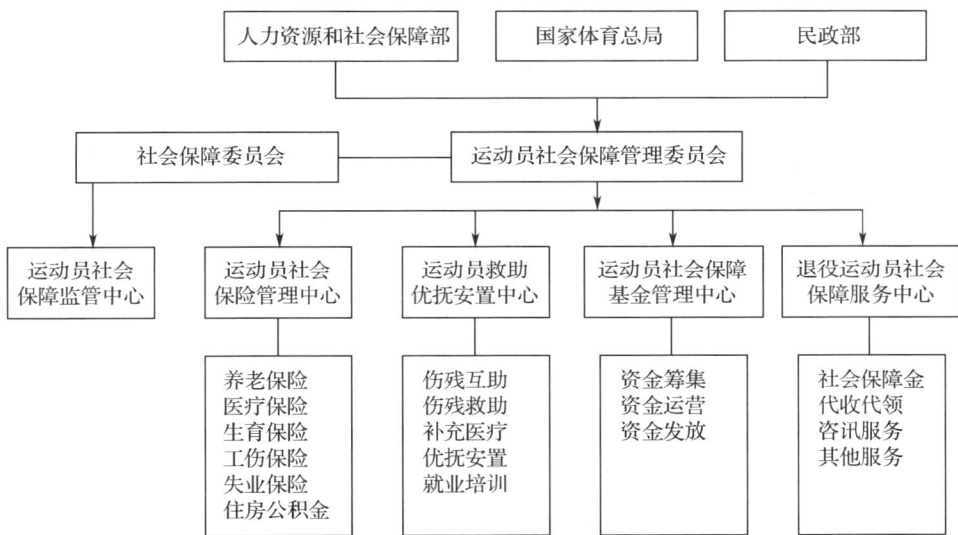

图 7-6　运动员社会保险保障管理架构

2.运动员社会保障管理体制原则

(1)权责清晰,提高效益

目前,关于运动员的社会保障由国家体育总局牵头,多部委合作负责,包括:人力资源和社会保障部、民政部、国家卫生健康委员会、财政部等,这种多头负责,由于各自有一套自己的规章、制度和运行机制,在沟通、协调上易出现一些问题,导致影响效率。因此,建议将相同职能的部分集中起来,把共性的保障项目集中起来统一管理,坚持政、事分离,职责清晰,分工明确,各司其职,理顺各部门间的关系,减少、消除相互扯皮现象,提高效益。

（2）法治原则

关于运动员社会保障相关制度大多是行政条例、规定、意见等,缺乏法律责任,法律效力较低,运动员社会保障难以有效实施。坚持法治原则,主要是去行政化,使运动员社会保障机构的设置、运动员社会保障部门的权限划分、运动员社会保障运行机制整个过程均有法可依。建立运动员社会保障监管中心,监督运动员社会保障不力行为以及社会保障基金的筹集和管理,对整体运动员保障程序予以监督,使运动员社会保障管理体制良性运行。

3. 成立运动员社会保障管理委员会

对现有的运动员保险保障的部门进行梳理,明晰一些部门的归属,在此基础上成立运动员社会保险保障管理委员会,负责协调与运动员社会保障相关的各部门的工作,对运动员社会保障进行宏观谋划和顶层设计,制定相关制度,对一些重大问题进行决策。下设四个机构,每个机构分工合理,职责清晰。这样既节省了行政资源,发挥了各部门的优势,相互协调成一个有机的整体,防止出现互相推诿,为利益相互分割的局面。

（1）成立运动员社会保险管理中心。该管理中心直接接受运动员社会保障委员会的领导,资金机构负责统一筹集运动员的社会保险资金,筹集后再按块分割,按保险项目（养老保险、医疗保险、失业保险、生育保险、住房公积金）分别设置账户,内部实行分别管理,负责管理运动员的资格认证、注册、审查、档案管理、个人账户管理、提取及报销用款等方面的申请工作。

（2）成立运动员救助优抚安置中心。退役运动员安置困难已经成为竞技体育发展的瓶颈问题。以往关于运动员救助通常是行政性规定，立法层次较低，包括救助对象的确认、纳入标准、认定程序等。由于缺乏有效监督，而出现救助不到位的现象，浪费行政资源。因此，需要从国家体育总局中分离出来，受民政局领导，与中华全国体育基金会部分职能合并。主要负责运动员伤残保障的认定、伤残标准的确定、赔偿和退役运动员再就业培训与安置工作，同时需出台医疗补充保险、运动员救助制度等一系列完善政策。

（3）成立运动员社会保障基金管理中心。分为两块：一块涉及运动员社会保险，中心主要负责这部分资金的管理，设置账户、资金分割等；一块是负责保障资金的征集、运营、保值增值等业务，这一块可委托专业的金融机构或银行进行运营。基金中心的运营必须规范、透明，有严格的信息披露制度，接受监督和检查。

（4）成立退役运动员社会保障服务中心。其主要功能是服务，主要包括发放与征缴退役运动员保障费用。根据目前退役运动员保障费用的发放状况，成立这一组织可以有效地解决相应问题。为运动员提供信息资源共享服务。通过建立信息平台，运动员可以查阅相关政策、运动员个人保障情况、技术培训、就业创业平台信息以及法律咨询等。

7.3.3　加快建立运动员保险保障的立法机制

近年来，运动员的伤残事件频发，对在役和退役运动员各方面保障均不够充分。从表 7-4 可以看出，现有的体育保险的相关制度大多是国家体育总局牵头制定，以部门规章通过通知、意见、办法的形式进行下达，还处于社会法治的边缘，没有得到应有的法律定性，强制性和威信力还不够，层次也较低，没有达到应有的效果，也难以适应几十年来中国体育快速发展的需求。因此,建立相关运动员保险保障的立法非常重要。

表 7-4 　　　　　　　　　运动员保险保障相关法律法规

序号	时间	相关法律法规	颁发部门
1	1998 年 2 月	《国家队运动员伤残保险事故程度分级标准》和《国家队运动员伤残保险试行办法》,《国家队运动员伤残保险体检表》把伤残级别分为 11 级 176 档	国家体委
2	2002 年 4 月	《优秀运动员伤残互助保险试行办法》	国家体育总局
3	2002 年 9 月	联合颁发了《关于进一步做好退役运动员就业安置工作的意见》	国家体育总局、中央编办、教育部、财政部、人事部、劳动保障部
4	2003 年	《自主择业退役运动员经济补偿办法》	人事部、财政部、国家体育总局
5	2003 年	《优秀运动员奖学金助学金试行办法》	国家体育总局
6	2004 年	《关于给予老运动员、老教练员医疗照顾的通知》	国家体育总局会同人事部、财政部、卫生部、劳动和社会保障部
7	2006 年	《关于进一步加强运动员社会保障工作的通知》,明确了建立包含运动员的基本养老保险、基本医疗保险、失业保险和工伤保险在内的统一的社会保障体系	国家体育总局、财政部、劳动和社会保障部
8	2007 年 8 月	《运动员聘用暂行办法》	国家体育总局、中央编办、教育部、人事部、财政部、劳动和社会保障部、公安部
9	2007 年 11 月	《关于进一步做好全国优秀运动员保障工作的意见》等	国家体育总局、财政部、劳动和社会保障部
10	2010 年 4 月	《关于进一步加强运动员文化教育和运动员保障工作的指导意见》	国家体育总局、教育部、人力资源和社会保障部
11	2012 年 7 月	关于进一步加强运动员文化教育和运动员保障工作的指导意见	国家体育总局、教育部、财政部、人力资源和社会保障部、中央编办
12	2014—2017 年	《运动员保障工作要点》	国家体育总局

1. 明确运动员在社会保险保障中的立法地位，提高立法层次

应完善现有的运动员伤残保障、再就业社会保障，并将其上升到法律的层面。应将运动员竞赛意外伤害、伤残、再就业等上升到法律的层面，并将其纳入《中华人民共和国社会保险法》中，在立法层次上列为第二层次。把体育保险纳入国家的社会保障体系中，扩大保护对象和范围，使社会保险保障覆盖面扩大到绝大多数运动员，一方面减少组织者的风险责任，另一方面才能解除运动员从事职业体育的后顾之忧，确保我国竞技体育可持续地、良性地发展。

2. 完善运动员社会保障法律体系

目前，我国政府所构建的运动员社会保险、伤残保险、社会福利和优抚安置为主要框架的运动员社会保障体系已初步建成，然而所涵盖的内容还远远不够。在运动员社会保障法律体系的构建上，应按照一般、专项、相关三项法律制度安排，既相对界定又有机联系。也就是除了享有一般的基础保障之外，还要设立适合竞技运动特点的保障条例。如，运动员伤残保障以及相关的一些保障，可参照国际惯例制定运动员社会福利与优抚制度、运动员医疗照顾计划和医疗救助计划等；在具体内容上应包括实施对象、范围、体育行业内项目认定标准、经费来源、差别费率、计算方法、缴费标准、支付方式、申请及审批程序等。

3. 优化运动员社会保险保障的法律环境

首先，宏观上应加强社会保险的法治化建设。其次，在中观层次上，应对运动员在行业内予以立法保护。再次，在微观层次上，应加快建立体育保险以及相配套的体育法律法规。此外，加快体育保险强制性立法。比如，以法律手段保证运动员社保资金的征缴和使用，应对一些风险性较高的赛事（包括运动会）在保险方面做出明确规定，强制购买责任保险、职业体育赛事保险、运动员意外伤害险等。

[加快建立运动员保险保障的法规机制案例]

陕西省优秀运动员社会保障制度法规内容及实施困境

陕西省优秀运动员社会保险立法主要包括《陕西省人民政府办公厅转发省体育局等部门关于进一步加强运动员文化教育和保障工作意见的通知》(以下简称陕政办发〔2010〕177号文件)、《陕西省体育局直属事业单位运动员退役后转岗聘用(留用)暂行办法》以及《陕西省体育局直属训练单位招收优秀运动员暂行办法》三项法规,内容覆盖各类社会保险参加与缴费等问题。

1. 法规内容

(1)社会保险与公积金法规内容

医疗保险法规规定,运动员及其所在单位应按照有关规定参加社会保险,按时足额缴纳各项社会保险费,确保运动员享受相应的社会保险待遇,完善运动员多层次医疗保障体系。根据运动员伤病特点和运动训练、竞赛的特殊性,有条件的地方可在参加基本医疗保险基础上为运动员建立补充医疗保险,加大医疗保障力度。养老保险立法规定,退役运动员在役期间的运动年限可视为基本养老保险视同缴费年限。工伤保险法规规定,要将运动员纳入工伤保险统筹范围,针对运动员的职业特点,进一步研究和完善工伤保险管理和保障机制。凡参加工伤保险的运动员,在训练和比赛中遭受事故伤害或患职业病的,经工伤认定和劳动能力鉴定,由工伤保险基金支付工伤医疗、护理和康复等相关费用,并按规定享受一次性伤残补助金、伤残津贴等各项工伤保险待遇。尚未将运动员纳入工伤保险统筹的市(区),应确保当地运动员于2010年底前参加当地工伤保险。各地要将用人单位参加工伤保险前已确认因工致残并按有关规定鉴定伤残等级的运动员、教练员纳入工伤保险统一管理,由工伤保险基金按规定支付有关待遇,生育保险和住房公积金法规暂时处于缺位状态,陕西省目前尚未制定和出台任何相关法规。这与体人字〔2006〕(478)号文件提出"运动员在训期间,地方各级体育部门要按规定为其建立住房公积金账户,及时全额缴存"的指导要求相去甚远。

(2)职业转换立法内容

陕西省优秀运动员职业转换法规主要包括《陕西体育局关于进一步做好退役运动员就业安置工作的实施意见》和《陕西省人民政府办公厅转发省体育局等部门关于进一步加强运动员文化教育和保障工作意见的通知》两项法规,内容覆盖退役运动员职业培训、职业指导、职业介绍、职业鉴定等问题。职业培训立法规定,应当建立退役运动员就业培训制度。体育部门应重视运动员的专业技能培训工作,积极主动与省级有关部门联办各类职业培训,对于经过培训、考核合格的人员颁发相应的《职业资格证书》。不断提高运动员科学文化素质和专业技能,增强他们在市场经济条件下的竞争力。职业指导服务法规规定,要求体育部门开展体育行业职业技能鉴定工作。对退役运动员进行职业技能培训和鉴定发证,推荐他们到体育培训、体育中介、体育休闲等行业就业。各级公共就业服务机构和各级体育教育机构要积极为运动员提供职业培训、职业介绍、职业指导等服务,符合条件的运动员,可按规定享受职业介绍补贴和职业培训补贴政策;对持《再就业优惠证》及就业困难运动员通过初次职业技能鉴定,可按规定享受一次性职业技能鉴定补贴。

(3)退役免试入学法规内容

陕西省优秀运动员退役免试入学法规主要包括《陕西体育局关于进一步做好退役运动员就业安置工作的实施意见》和《陕西省人民政府办公厅转发省体育局等部门关于进一步加强运动员文化教育和保障工作意见的通知》两项政策法规,内容覆盖优秀运动员免试推荐入学和单独招录等问题。免试升学法规规定,为鼓励退役运动员加强科学文化知识学习,掌握专门的业务技能,适当降低国家体育总局《关于进一步做好退役运动员就业安置工作的意见》中关于运动员进入省属高等学校学习的免试条件,具体办法由体育、教育部门研究确定。单独招录立法规定,鼓励和支持各级各类体校毕业生和优秀运动员,通过高校运动训练、民族传统体育专业单独招生和高等学校招收高水平运动员等单考或统考形式,进入高等学校学习。

(4)货币补偿与转岗法规内容

陕西省优秀运动员货币补偿与转岗法规主要包括《陕西省自主择业退役运动员经济补偿办法》《关于调整陕西省自主择业退役运动员经济补偿标准的通知》《陕西省体育局直属事业单位运动员退役后转岗聘用(留用)暂行办法》三项法规,内容覆盖退役运动员经济补偿和转岗留用等问题。退役运动员经济补偿法规规定,陕西省退役运动员的自主择业经济补偿费,主要由基础安置费、运龄补偿费、成绩补助费三个部分组成,并在2012年较大幅度地调高自主择业退役运动员经济补偿标准,达到原有补偿标准的四倍。

优秀运动员退役留用法规规定了留用的具体资格条件,并在2011年增加了留用人员工作岗位的专业和学历要求,全运会冠、亚军的成绩门槛,以及特殊工作岗位需要、项目发展紧缺人才等其他要求。

2.实施困境

(1)社会保险和住房公积金立法难以落实

尽管陕西省社会保险法规明确要求体育管理部门确保运动员享受国民社会保险待遇,但是大多数优秀运动员都表示没有享受到养老保险、医疗保险、失业保险、伤残保险、生育保险等各类社会保险待遇。他们既对社会保险政策法规一无所知,也对社会保险待遇落实无能为力。优秀运动员日常伤病通常是在体育局下属医疗机构进行常规治疗,重大伤病由国家体育总局"伤残保险基金"视伤病情况和保险额度进行医疗经费援助。需要指出的是,体育行业内部的运动员伤病医疗和伤残保险,并非国家统一的国民社会保险制度。这意味着,由于领导重视不足和财政经费不足等诸多原因,体育局和运动队没有为优秀运动员缴纳国民社会保险,保障他们的社会保险待遇,这就导致陕西省运动员社会保险立法在实践中落空。

在住房公积金实施方面,尽管体人字〔2006〕(478)号文件规定地方体育管理部门应当同时保障运动员的社会保险和住房公积金待遇,但是陕西省相关配套立法选择性地忽略了住房公积金的保障要求,至今尚未制定和出台运动员住房公积金法规。这不仅体现出陕西省相关配套立法的滞后,更加折射出体育部门在地方立法博弈的弱势,难以说服地方政府和相关部门共同关心运动员住房公积金待遇问题。

(2)职业转换立法内容实施存在较多问题

陕西省运动员就业培训与职业转换制度立法建设较早,受到了体育部门领导的关怀重视,但是在法规实施方面仍然存在较多问题。对成绩一般的退役运动员就业安置方面政策界限比较模糊,可操作性也不强;缺少将运动员的就业安置工作和运动员队伍的建设,竞技成绩的取得和提高联系起来的配套政策和具体措施。运动员较多依赖计划安置政策,忽视职业培训,抵触市场选择。此外,也存在诸如培训项目内容简单、学习组织形式单一、知识偏离社会需求、运动员学习兴趣不高、参与积极性不强、学习效果不尽如人意等培训实施过程出现的具体难题。

导致这些问题的原因是多方面的,既有组织管理落后的原因,也有个人重视不足的原因,还有外部环境不利的原因。但是必须认清的是,运动员职业转换工作面临的最大障碍就是压倒一切的"唯竞赛成绩论"。体育管理者和运动员只在乎优异的竞赛成绩,并为此投入大量的时间、人力、物力、财力参加比赛训练,不懂得、不愿意、没时间考虑并不遥远的退役规划和职业转换问题,等到运动生涯即将结束时,仅仅依靠为期一年的职业转换培训进行突击学习,对于那些文化基础薄弱的运动员而言,实在难以完成职业技能培训,通过职业技术鉴定,完成社会职业转变。

(3)退役免试入学立法难获教育部门认可

陕西省运动员退役免试入学立法适当地降低了省内高校免试录取标准,有助于他们顺利进入大学,提升学历层次,方便运动员日后就业。实际上这些法规往往难以获得教育部门配合执行,这在很大程度上造成了运动员的入学难问题。面对此类问题,体育部门无权干预,运动员只能被动接受严格的入学标准。具体而言,目前陕西省省内接纳优秀运动员入学的学校主要是西安体育学院与西安交通大学等拥有高水平运动队的少数高校。这些高校数量较少,招生名额有限,且只愿意根据国家相关政策规定免试录取那些凤毛麟角的世界冠军、亚运会冠军和全国冠军。绝大多数不符合免试入学资格的优秀运动员,只能选择单独招考的入学方式。然而,现实中能够通过招录考试的运动员也是寥寥无几。除此之外,体工大队退役运动员也面临着优秀学生运动员的升学竞争。这是因为,大多数建设高水平运动队的高校更愿意通过"体教结合"的方式招收具有发展潜力的学生运动员,而不愿意接受伤病满身、成绩下滑的退役运动员。

(4)货币补偿与转岗留用立法保障水平不高

长期以来,陕西省制定了较为完整的退役运动员就业安置法规,基本能够保障陕西省优秀运动员的退役待遇。随着我国体育体制改革的不断深化,以及居民生活消费水平的不断提高,法规保障的优秀运动员就业安置难以实现,经济补偿标准相对降低。尽管近期陕西省颁布了关于提高经济补偿金与完善转岗聘用制度的政策办法,但是至今尚未建立起行之有效的执行办法,退役运动员自然无法受益。需要指出的是,现行退役运动员货币补偿制度没有建立联动物价的经济补偿金机制,这意味着随着时间的推移,退役运动员的货币补偿标准将会长期滞后于社会经济发展水平,陷于被动局面。此外,新近出台的退役运动员转岗聘用制度提出了大多数优秀运动员仍然难以企及的留用成绩条件和专业学历要求。如排名靠前的世界大赛成绩,以及"与所从事专业相关的本科学历"等条件,对于省内优秀运动员几乎是难以达到的高难要求,最终将大多数优秀运动员挡在转岗留用的资格门槛之外。

(材料选自:张恩利.陕西省优秀运动员社会保障制度法规建设与运行障碍分析.西安体育学院学报,2018,35(1):23-27.)

7.3.4 建立运动员保险保障的执法监督机制

社会保障监督管理能否做到科学缜密、基金管理能否做到安全到位,决定了社会保障体系能否正常运行。目前,运动员保险保障相关法规政策还不够完善,相关的监管制度还不够健全。建立运动员保险保障监督机构,尽快完善其运行机制,使运动员保险保障步入规范化、制度化。

(1)成立运动员社会保障委员会。在国家体育总局内部成立运动员社会保障委员会,主要的职责是行使立法、监督职能。一是制定法律政策,监督社会保障管理委员会的权力,审批相关运动员社会保障基金的预算决算方案。二是保护运动员社会保障的合法权益,为运动员在社会保障中存在的问题打开申诉通道,建立运动员社会保障争议解决机制。

(2)建立运动员社会保障监管中心,强化运动员保险保障执法的监督工作。监督责任主要体现在:对管理委员会下的社会保险管理中心、运动员救助优抚安置中心、退役运动员社会保障服务中心出台的各项法律法规及政策进行监督,对其开展的工作依法监督、审查,还要对基金管理中心具体的征收和发放标准进行监督;建立运动员社会保障争议解决机制;对争议的问题,通过合法的程序予以纠正,从而达到保护运动员合法权益的目的。

(3)联合相关部门,加强对运动员社会保障的监管力度。除了加大监察、审计、工会、新闻等部门的监督力度,明确监督权限,与运动员社会保障委员会一起加强监管,提高效率,防止不作为和乱作为之外,还应联合监察、审计、工会、新闻等部门,依法行使自己的监督权,形成立体监督网,共同监督运动员的社会保障工作。此外,应充分发挥舆论监督功能。

运动员社会保障监管机制流程如图 7-7 所示。

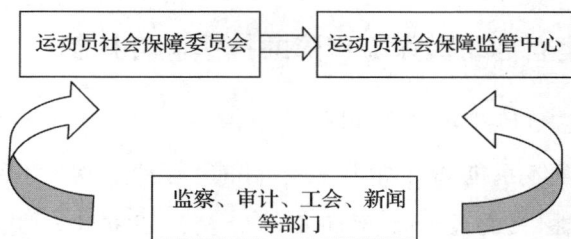

图 7-7　运动员社会保障监管机制流程

从理论意义上讲,理想化的社会主义政治文明应当追求的是决策民主、施政高效、官员廉政、法治健全、社会和谐的社会生态环境。而新闻批评和舆论监督也必不可少,可以说,舆论监督是实现对政府有效监督的重要渠道。正确发挥舆论监督功能迫在眉睫。

(1)人文精神的回归

人文精神是对人的生命个体的人格、价值、精神、情感和道德的关心、尊重和维护。人文精神也是人区别于动物的价值判断,是人类社会和谐发展的重要源泉和力量。体育是世界性的语言,运动员在竞技场上呈现更多的是生物体意义上的较量,但在运动场下应该给予运动员更多的人文关注。应该尊重运动员的隐私、人格、保护他们的名誉。坚持实事求是,客观地还原事件本身。

（2）舆论传播的综合性演变

目前,关于体育事业的舆论传播更多地体现一种娱乐性。

舆论透过体育应该给受众者传递更多的催人奋进的体育人物和体育事件,呈现体育舆论综合性的功能。也只有这样,舆论才能发挥其导向作用,理性地审视体育中存在的问题,发挥舆论监督的功能。

7.3.5 建立和完善运动员退出机制

7.3.5.1 构建竞技运动员退出机制的理论与现实意义

1. 运动员退出机制是竞技体育体制的重要组成部分

中华人民共和国成立以来,我国建立的竞技体育的举国体制为我国竞技体育发展腾飞提供了强有力的制度保障,成为我国竞技体育发展中的制胜法宝。多年来,在举国体制下以国家专业队为龙头,以省、区、市专业队为中坚力量的一条龙式运动员培养模式选拔了数以万计的青少年进入竞技体育领域接受专门培养,成为专业运动员;同时,每年又有为数众多的运动员,因为年龄、伤病、运动成绩上不去、主观放弃等而终止训练,退出原来所从事的竞技体育领域。对于竞技运动员来说,退出竞技舞台是每一个运动员最终都要面临的主动或被动的选择。进入机制与退出机制的合理衔接,使竞技体育人力资源成为流动的活水,防止竞技体育人力资源的淤积沉淀,为竞技体育发展注入新的活力。

2. 合理的运动员退出机制是对运动员的人性关怀的根本体现

中华人民共和国成立以来,累计退役运动员总数高达 27.9 万。运动员的退出不等于退休,而是另一种意义上的重新出发。对退出过程和方式的选择将影响运动员以后漫长的人生道路。可见,对运动员退出竞技领域的关注才真正体现"以人为本"的人文精神。长期以来,社会各界对运动员退出竞技体育的问题给予了高度重视。

3. 研究竞技运动员退出机制具有重要的理论价值

对运动员的退役问题学术界有过大量研究,主要集中在以下四个方面。第一,在运动员退役心理调整方面。如王进(2006)、宋红毅(2008)等人探讨了运动员的退役意识、心理状态和就业观念等退役安置问题。第二,运动员退役安置途径方面,于文谦(2004)、汤跃(2006)等人认为应通过政策扶持、社会支持、加强退役运动员继续教育等扩大就业渠道。第三,在运动员退役后生存与发展的理论研究方面,叶乔波(2007)提出建立运动员社会保障体系、推进"体教结合"进程、拓宽退役运动员再就业渠道等对策。第四,从建立退役运动员社会保障体系方面,闻又文(2006)、朱超巍(2006)等人提出退役运动员安置货币补偿措施、建立运动员退役养老保险和就业保险的构想。以上几方面的研究针对运动员退役这一社会现象从心理学、社会学、教育学等角度进行了有益的探索。但是,现有文献中缺少从制度层面上对运动员退出机制开展的研究。目前对运动员合理退出机制的系统研究尚未深入,相关管理实践也处于探索阶段。

目前,在政策指令性退役安置向自主择业转变的形势下,运动员如何退出原来的竞赛和训练状态,怎样退出以及选择什么方式退出,运动员退役安置政策是否合理等问题既是关系运动员发展的关键,又是我国竞技体育发展所必须要解决的问题。在此背景下,研究中国竞技运动员的退出机制具有重要意义。

7.3.5.2 竞技运动员退出机制的经济学分析

从人力资本的视角分析运动员的运动生涯,分为开发期、成长期、巅峰期和衰退期。因此,每一名运动员进入衰退期以后都将面临退出以前所从事竞技领域的境地。为提高运动员人力资源的成效,就必须合理构建运动员退出机制。

经典经济学原理指出,某种东西的成本是为了得到它所放弃的东西。这种成本就称为机会成本。在现有运动员培养体制下,运动员从事竞技训练或进入训练队经常会面临一些重要选择:对那些处在学业发展的运动员来说,训练他们所付出的成本就是放弃了学习机会;对于那些成年运动员来说,他们参与训练所付出的成本则还包括工作机会和金钱等。

按照补偿机会成本的经济学原理,竞技运动员的退出应有两层含义:一是竞技运动员实际退出原来所从事的竞技领域,二是运动员获得机会成本补偿的退出。这里的关键则是运动员在获得因为从事专业竞技运动训练所损失的机会成本的补偿,包括学习机会补偿、就业机会补偿和货币机会补偿等。补偿运动员参加训练竞赛所付出的机会成本,既能真正满足运动员的实际需要,又能给运动员打开多扇退出之门。建立以"补偿机会成本"为关键点的退出机制是实现运动员真实有效退出的合理途径。

7.3.5.3 构建竞技运动员退出机制的路径选择

1.构建竞技运动员退出机制的总体原则

(1)尊重运动员意愿的原则

随着市场经济深入发展,运动员市场主体地位也日益得到强化,他们的决策能力与参与市场竞争的能力也得到迅速提高。在这样的背景下,运动员的市场主体地位必须得到充分尊重。因此,在运动员退出的问题上还要充分考虑运动员自我意愿。必须确立运动员的市场主体地位,尊重运动员的生产决策意愿。而畅通的运动员退出机制,必须以运动员的意愿为依归,只有尊重农民的决策权利,才可以最大限度地降低竞技体育改革的社会成本。

（2）激励与示范的原则

一项好的制度，会起到激励与示范的作用。目前，运动员退役不退队的现象仍然存在，即使政府给予补偿，还有相当部分的运动员不愿离队。我们必须深入调查研究，了解运动员的真实意愿和利益诉求。让运动员退出机制能够真正起到激励与示范作用。

（3）统筹与兼顾原则

从现实来看，建立运动员退出机制是一项复杂的系统工程，它并不是简单的运动员放弃运动、退出运动队走向社会的问题。它不仅涉及对运动员退出运动生涯的激励设计，还涉及运动员退出过程中的利益分配以及退出后生活出路问题。换句话说，我们必须统筹兼顾到已退出运动员与在役运动员的生存与发展问题。健全的运动员退出机制应该实现双重的目标：确保已退出运动员在市场经济环境下有体面地劳动与有尊严地生活；同时也确保为现役运动员训练提供良好的社会保障。

2. 建立运动员合理有效退出机制

竞技运动员退出机制是建立在补偿运动员因参训所付出的机会成本的基础上，从运动队和运动员两个角度建立包括退出监管、退出时点、退出形式与去向和退出政策与法律保障等内容，使运动员在适当的时候合理有效地退出竞技体育领域。

（1）建立退出评估体系

目前，运动员的退出是在教练员意志主导下的被动选择。教练员往往根据经验来安排运动员是否应该继续从事训练或者退出。运动员是否真到了非退不可的地步？在什么情况下运动员可以选择退出？要解决这些问题，建立科学合理的退出评估体系必不可少。我们可以从运动员参训时间与运动成绩的双向比较、运动员的伤病情况、可被替代的情况等方面制定标准,形成运动员退出评估体系,指导队员退出。同时,作为运动训练的主体,运动员的参训意愿是其积极主动投身训练的内在动力。建立在补偿运动员机会成本的基础上的竞技运动员退出机制,应充分考虑运动队双主体——运动员与教练员的因素。在监管上采取在运动队主导管理下,运动员主动参与相结合的办法,为运动员提供真实有效的退出途径。

(2)科学选择退出时点

对于现代大多数运动项目而言,竞技运动的特点及激烈竞争决定了竞技运动员职业生涯的短暂。20 世纪 90 年代就有学者就运动员退役年龄及退役指引展开研究。其将运动员退役类型分为四类:一为"高原现象型",是指运动员在出现第一次最好成绩后,成绩停滞不前甚至下降,在以后的训练比赛中成绩再也没有超过第一次的好成绩,直至退役的一类;二为运动员多年训练过程比较完善并能在竞技保持阶段坚持多年,直到再也维持不了较高的竞技水平时,才退役的一类;三为"偶然事件型",即运动员退役是由偶然事件所引起的较突然的退役;四为"急流勇退型",即运动员在最佳竞技阶段取得一两次好成绩后断然退出运动训练,另择他途的一类。

这四种类型中,只有第二类是正常退役类型,其他三种类型均属多年运动训练不够完整,没能完全展示其遗传和训练潜力的非正常退役,对运动员个人、国家的投资、运动队伍的建设均产生了不良的影响。因此,应高度重视运动员的非正常退役。由于目前我国运动员退出评估不尽科学,运动员退出往往凭借教练员的经验和运动员的意愿,有可能流失了一些尚有潜力可挖的运动员。有研究表明,不同项目的运动员分别在14~22 岁达到个人的竞技高峰,并可保持 4—8 年不等,然后才逐步下降,如果训练水平高或个人条件好,还可以远远超过这个年限。研究运动员退出时点要注意考虑以下几个问题：首先，尽可能防止优秀运动员过早退出；其次，加强对运动员退出评估的科学化和标准化研究；再次，慎重对待精英运动员退出；最后，考虑运动员退出年龄与运动成绩的关联性。有学者指出，运动员退出年龄与运动成绩呈正相关，即运动成绩越好，运动员退出时的年龄越大。

（3）合理确定运动员退出形式及去向

人们往往把运动员退出同退役联系起来，认为退出就是退役。但是，实际意义上的退出应该包含更多的含义，而退役只是人才退出机制中最后的环节。运动员退出在最后退役之前还存在这样一个缓冲带，包括项目调整、岗位调整或接受再培训等。因此，完整的退出机制应该是一个连续的过程，它是为了在竞技赛场上持续地实现运动员与项目匹配，对那些从事当前项目运动成绩不理想的运动员，根据实际情况，采取转项、培训、换岗或退役等措施。

从退出去向上，主要包括：运动员退出的四种形式，即货币补偿退出、安置工作退出、学习补偿退出和自我补偿退出。建立以补偿"机会成本"为关键点的运动员退出机制，灵活运用货币补偿退出、安置工作退出、学习补偿退出和自我补偿退出的形式，重点为运动员提供学习机会和途径，对运动员进行就业培训，从根本上提高运动员的就业能力。

对自主补偿退出的运动员建议根据服役年限和成绩来进行分类界定；自主就业的，建议由中央财政安排专项基金作为一次性退役金，地方各级人民政府作适当的地方补偿。在国际、国内比赛获得奖项的，视奖项的层级适当提高补偿标准，补偿金应免征个人所得税；根据国民经济、社会发展水平确定退役金标准并进行动态调整；鼓励自主创业，鼓励继续投身体育事业，建议国家从税收、小额贷款、财政贴息、部分行政事业性收费减免等方面予以扶持;鼓励企事业单位优先招录退役运动员等。对国家安置工作退出的运动员在现有标准基础上适当降低。学习补偿退出这一部分已经在运动员职业教育和职业培训中详细阐述,在此不再一一赘述。

8 研究结论与展望

>>>

8.1 研究结论

（1）长久以来，我国竞技体育无论在国家的政治舞台、经济舞台还是社会文化舞台上，都发挥着重要的作用。运动员作为竞技体育的主体，发挥了不可或缺的重要贡献。但是，在国家高度重视社会保险保障的今天，运动员却成了社会保险保障的弱势群体。作为高危职业，绝大多数运动员的保险保障尚没有得到有效解决。特别是，退役运动员的伤病保障、文化教育、退役运动员的生存和发展问题堪忧。因此，对运动员进行相应的社会保险保障至关重要。

（2）我国运动员职业除了具备各类职业所共有的普遍特征，如社会性、稳定性、专业性和经济回报性，还具备运动员职业的一些独特特征，最突出地体现在高风险性、职业角色转换的必然性以及学习与训练的冲突性。完善运动员保险保障尤为重要。

（3）目前，运动员保险保障体系涵盖运动员社会保险（重点阐述：运动员养老保险、医疗保险、工伤保险）；运动员伤残保险；运动员优抚安置；运动员社会福利四个部分。

（4）影响我国运动员保险保障公平性的机制困境主要包括：运动员保险保障资金投入不足；运动员社会保障制度供给不足；运动员社会保险保

障的深度不足;运动员商业保险亟待培育和发展。

原因主要包括:

政府层面:投资目的单一影响了运动员人力资本存量;政府作为投资主体缺少激励而导致资源浪费;政府面对市场失灵的调控作用不足。

企业层面:企业社会保险水平偏低,主要表现在社会保险费率过高,企业压力大;经济发展不均衡,企业承受能力呈现不均衡;社会保险制度不完善导致的社会保障漏洞。

运动员层面:运动员保险意识有待提高;运动员投保能力不足;运动员维权动力不足。

(5)基于本课题的需要,本课题结合运动员培养体制、保险保障治理模式、法律体系等几个维度分别选取了极具代表性和可借鉴意义的美国、英国、德国、日本等国家,归纳出的特点包括:科学的运动员培养规划体系;发达的社会保险保障治理模式;完备的运动员保险保障法律体系;健全的运动员保险保障种类;科学的保险保障机构、共赢式的营销体制。这些发达国家的先进经验和做法,可以有选择性地为我所用。

(6)我国运动员保险保障机制的构建。包括:调整深化保险保障结构,完善运动员保险保障体系。

第一,确立"三结合"原则,即强制保险与自愿保险相结合;在编与非在编相结合;社会保险与商业保险相结合。

第二,加强退役运动员的养老保险建设,并提出如下建议:运动员基本养老保险要将"保基本"落到实处;创新投资模式,拓宽筹资渠道;为运动员建立补充养老保险。

第三,完善退役运动员伤残保障体系。针对运动员的职业特点,构建了政府、社会(非营利)组织、企业、家庭或个人四支柱的运动员伤残保障体系。

第四,发展运动员健康和意外伤害商业保险。包括:加快发展体育保险中介机构;立法保障运动员训练、比赛意外伤害;体、保深度融合,保证体育保险专业化；转变政府职能，维护体育保险市场秩序。

（7）构建了运动员终身教育体系。

从三个方面进行构建：

其一，统筹推进，提升青少年文化教育质量。首先，建立竞技后备人才学习的动力机制；其次，形成学校教育和家庭教育的合力；再次，建立运动员文化教育部门联席制度；最后，普及及优化运动员文化教育移动平台。

其二，共生视角下"体教结合"的路径选择。即，高校高水平运动队回归教育的发展路径，体育院校高水平运动队回归体育的发展路径，共生共享下的体、教深度融合路径。

其三，从运动员职业培训层面，提出了优化运动员职业教育，从宏观层面、中观层面、微观层面提出了完善运动员职业培训体系的对策。

（8）构建了运动员社会保障的法律法规体系。

第一，对运动员保险保障法律法规的构建进行价值判断。它有利于社会稳定，有利于保护运动员的合法权益，有利于促进体育后备人才的培养。

第二，从法律视角，提出了建立运动员保险保障的管理体制。首先确立了管理体制的架构以及建立运动员保险保障管理体制的原则，在此基础上提出运动员社会保险保障管理体制的构建路径。

第三，从明确运动员立法地位和立法层次，完善运动员社会保障法律体系、运动员社会保障法律环境入手，提出了加快运动员社会保险保障的立法工作。

第四，建立运动员社会保险保障的执法监督机制。包括成立运动员社会保障委员会、建立运动员社会保障监管中心，联合相关部门，共同加强运动员社会保障监管力度，使运动员社会保障步入规范化、制度化。

第五，对构建竞技运动员退出机制的理论与现实意义进行充分论证，提出以"补偿机会成本"为关键点的退出机制的构建思路。

8.2 研究展望

1. 共享发展理念下对运动员社会保险保障的新思考

我国社会保障价值理念经历了"平均主义—效率优先—注重公平—共享发展"四个阶段的嬗变,不同阶段呈现出差异化的价值选择和理念演进。在新常态经济背景下,倡导的是"更加公平可持续、法治共享化"的社会保障理念。因此,对运动员社会保障体系的构建应该充分体现时代性,把"共享发展"作为发展理念之一,作为运动员社会保险保障理念和制度选择的主导思想,这也是体现与时俱进的理性选择。

2. 保险保障多元主体协同发展的创新机制研究

党的十八届三中全会提出了"完善和发展中国特色社会主义制度,推进国家治理体系和治理能力现代化"的总目标,即全面深化改革的总目标。因此,有学者就把"国家治理现代化"提升到了"第五个现代化"的高度。解决多元主体的问题是实现国家治理现代化的首要任务,只有让各种主体充分发挥作用,并把各主体的力量整合起来,才能提高国家治理现代化的水平,进而提高其效能。在运动员保险保障中,也存在着政府、企业、俱乐部、家庭、运动队以及运动员等多元主体。以多元主体协同发展为研究视角,是应对目前运动员保险保障困境的创新性的研究思路。

3. 我国体育保险制度的进一步完善研究

着重探讨三个基本问题,分别是:机构设置、产品设计和定价机制。机构设置应从理论层面探索"体、保深度融合"模式,以及结合的具体路径。产品设计主要是在借鉴国外体育保险的基础上,探索适合本国国情的多样化体育保险产品。定价机制的研究首先纵观发达国家的体育保险市场对各项体育运动风险所进行的较为精准的测量数据,进行归纳整理,在此基础上,完善我国运动员保险的相关基础数据,建立运动员保险理赔数据库,对于我国体育保险产品的设计提供数据基础和技术支持。

4. 发展体育保险的理论研究

2015 年,《关于加快发展体育产业促进体育消费的若干意见》中提出 2025 年 5 万亿的发展目标,体育行业迎来重要的发展机遇期,由此带来的是体育保险巨大的发展空间。目前,我们国家体育保险尚处在初级发展阶段,市场化水平较低,专业中介市场活力不足,政策监管尚需完善。进行相关方面的理论研究,可以填补体育保险领域的研究空白。

5. 运动员保险保障法律体系的配套立法研究

配套立法是我国体育法治体系的一个基本特色。对于完善我国体育法律体系,保障体育法律的有效实施具有重要的现实意义。如果配套立法规定没有出台,将极大影响体育法律法规的威信力和效力。因此,后续研究将着重关注运动员保险保障法律法规中配套立法的各种问题,提出加强配套立法的措施,完善现有研究的不足。

6. 体、教结合虽然是老命题,然而 30 多年的发展,推进速度始终较慢

应进一步加大探寻体、教结合的研究思路,构建体、教深度融合的实施路径。比如,借助高校科研、培训优势,进一步完善复合型团队组织架构,加强与高校的深度合作;继续尝试探索"省队校办"培养尖端竞技体育人才的模式。同时,训练单位以训练问题为导向,探索为高校科研服务的反哺机制。

参考文献

>>>

[1] Baiju. Shah, Janet. Hux, Andreas Laupacis, Bernard Zinman, Merrick Zwarenstein. *Deficiencies in the Quality of Diabetes Care* [J]. *Journal of General Internal Medicine*, 2007:222.

[2] ThirunavukarasuBT, KalaikumaranS. Karth. *Integration of Data Mining and Internet of Things-Improved Athlete Performance and Health Care System* [J]. *Global Research & Development Service*, 2014:1.

[3] Harmon KimberlyG, Asif IrfanM, Klossner David, Drezner Jonathan A. *Incidence of sudden cardiac death in national collegiate athletic association athletes*[J]. *Circulation(Baltimore)*, 2011.

[4] DionneL. Koller. *Team Physicians, Sports Medicine, and the Law* [J]. *Clinics in Sports Medicine*, 2016, 35(2).

[5] Anonymous. AM. Best Co. *Best's Review Magazine Examines How Athletes Are Protecting Themselves With Debility Insurance* [J]. *Biotech Week*, 2009.

[6] William E. Prentice. *Essentials of athletic injury management* [M]. *Mc Graw-Hill*, 2013.

[7]　Katharine M. Nohr, JD. *Managing risk in sport and recreation : the essential guide for loss prevention*[M]. Champaign, IL: Human Kinetics, 2009.

[8]　Glenn M. Wong, Chris Deubert. *The Legal& Business Aspects Career-ending Disability Insurance Policies In Professional And College Sports. Villanova Sports and Entertainment Law Journal*, VoU7, p. 473, Spring 2010.

[9]　Lyn Jones, M McCabe. *Sports insurance and national governing bodies*[J]. *British Journal of Sports Medicine*, 25（1）21-3. April 1991.

[10]　Daniel A. Enge. *The ADA And Life , Health , And Disability Insurance : Where Is The Liability*? 33Tort&lns. L. J. 227（1997-98）.

[11]　房斌.亚洲日韩奥运举办国体育保险市场制度发展模式的比较研究[J].体育与科学,2010(5):38-43.

[12]　周爱光等.美国体育保险的研究[J].中国体育科技,2002,(09):10-14.

[13]　周爱光,陈慧敏,杨晓生等.日本体育保险的研究[J].中国体育科技,2002,32(6):68-72.

[14]　刘淑华,王东风.中国与发达国家体育保险比较研究———以美国、日本、澳大利亚为例[J].北京体育大学学报,2007,30(2):20-21.

[15]　毛伟民.国外体育保险制度模式及其对我国的启示[J].体育学刊,2008,15(7):33-37.

[16]　刘岩,吴继君.中外运动员保险之比较及我国运动员保险的发展对策[J].贵州体育科技,2011,(3):11-13.

[17] 张陵,刘苏.美日韩运动员的社会保障及其启示[J].体育文化导刊,2009(1):155-157.

[18] 庞善东.我国运动员保险发展研究[J].河北体育学院学报,2014,(02):4-8.

[19] 张锋,等.我国运动员保险问题的探讨与对策[J].中国体育科技,2004,(40)3:38-40.

[20] 丁英俊,穆瑞玲,李海.体育保险在我国的缘起与发展策略[J].体育学刊,2002,(01):27-29.

[21] 王文胜.论中国体育保险业的市场前景和发展思路[D].华东师范大学,2006,3.

[22] 宸铮.对我国退役运动员就业安置现状与再教育问题的研究[J].安徽体育科技,2010,(05):12-14.

[23] 李群,季浏,虞铁群.转型与就业--对我国三省市退役运动员安置现状的研究[J].沈阳体育学院学报,2014,(01):42-46.

[24] 叶乔波.退役运动员生存与发展的理论实践研究[D].中共中央党校博士学位论文,2007,05.

[25] 童星.社会保障与管理[M].南京:南京大学出版社,2002,14:1.

[26] 李娜娜,刘峥.我国运动员社会保障研究述评[J].体育学刊,2008,15(4):21-24.

[27] 同[2].

[28] 李业武.我国运动员保障体系的构建与完善.国家体育总局运动员保障专题培训,20U-7-ll.

[29] 陈超.我国运动员社会保障制度的法律思索[J].体育与科学,2008,29(1):44-46.

[30] 陈林祥,李业武.我国优秀运动员社会保障体系的研究[J].武汉体育学院学报,2002,(36)3:12-15.

[31]　张凤林.人力资本理论及其应用研究[M].北京:商务印书馆,2006.

[32]　杨年松.职业竞技体育人力资本所有权性质、特点与政策建议[J].体育学刊,2005,12(1):39-41.

[33]　徐丙奎.西方社会保障三大理论流派述评[J].华东理工大学学报:社会科学版.2006(03):24-31.

[34]　国际劳工局.社会保障导论[M].北京:劳动人事出版社,1989,3.

[35]　侯丽艳.经济学概论[M].北京:中国政法大学出版社,2012.

[36]　张大超,李敏.国外体育风险管理体系的理论研究[J].体育科学,2009,29(7):43-54.

[37]　李冬梅,等.我国运动员保险结构优化研究[J].保险研究,2012(06):70-76.

[38]　国家体育总局、教育部、财政部、人力资源社会保障部、中央编办.关于深入贯彻落实《关于进一步加强运动员文化教育和运动员保障工作的指导意见》的通知[EB/OL].国家体育总局网站,2012-07-07.

[39]　秦宝玉.我国退役运动员社会保问题研究[D].大连海事大学,2015.

[40]　国家体委政策研究室.体育运动文件选编(1949-1981)[G].北京:人民体育出版社,1982.

[41]　国家体育总局文件,国家体育总局关于运动项目管理中心工作规范化有关问题的通知[Z].体政字 2001 第 46 号.

[42]　KANE MA. *The Metagonic Transition:A study of career transition,marital stress and identity transformation in former professional athletes*[D]. US:Boston University,1991.

[43]　胡咏梅,等.退役运动员顺畅转型诱发因素及情商、职业倾向个性

特征的研究[J].体育科学,2010,3(6):38-47.

[44] 王建友.完善农户农村土地承包经营权的退出机制[J].农业经济与管理,2011(3).

[45] 刘鑫宏.企业社会保险缴费水平的实证评估[J].江西财经大学学报,2009,61(1):28-34.

[46] 新加坡中央公积金局网站.

[47] 毛伟民.国外体育保险制度模式及其对我国的启示[J].体育学刊,2008,15(7):33-37.

[48] 同上。

[49] 转引自陈志凌,孙娟,李冬梅.美国体育保险特征及其启示[J].体育文化导刊,2012,4(1):83-87.

[50] 张平,孟令忠.中美两国体育保险现状的比较分析[J].体育与科学,2009,30(3):25.

[51] 钱振伟.商业保险参与社会保险体系建设的理论与实践研究:基于政府购买服务视角[J].经济学家,2011,1.

[52] 奥运会3000亿需求体育保险需提升服务[N].解放日报,2007-10-24.

[53] 胡守钧.社会共生论[M].上海:复旦大学出版社,2006.

[54] 孙娟,陈志凌.我国"体企合作"面临的问题与发展路径[J].体育学刊,2011,18(1):61-63.

[55] 李强.运动员职业生涯规划的发展研究[J].体育与科学,2010,31(1):88-92.

[56] 刘文峰.浅议个人社会养老保险关系转接政策[J].经济研究导刊,2013(3):89.

[57] 邱晓德.体育保险学[M].北京体育大学出版社,2006:102-107.

[58]　西奥多·舒尔茨.对人进行投资-人口质量经济学[M].吴珠华，译.北京：首都经济贸易大学出版社，2002.

[59]　国内体育险：艰难中踯躅前行.证券日报，2011-08-04

[60]　韩光杰，陈传胜.社会保障基金筹集的困境与对策研究[J].特区经济，2008，11：208-209.

[61]　付晓静，延向东.我国优秀运动员社会福利制度的研究[J].武汉体育学院学报，2003，37(4)：13-16.

[62]　贾佩丰.世界体育强国优秀运动员培养模式研究[D].吉林大学硕士学位论文，2009，5.

[63]　张平，孟令忠.中美两国体育保险现状的比较分析[J].体育与科学，2009，30(3)：25.

[64]　虞重干，等.社会主义市场经济条件下解决退役运动员安置问题的观念、思路与对策[G].体育软科学成果汇编，国家体育总局法规司，2000：391-402.

[65]　伍绍祖.中华人民共和国体育史(综合卷)[M].北京：中国书籍出版社，1999：420.

[66]　詹姆斯·M·布坎南.自由、市场和国家[M].北京：北京经济学院出版社，1988：12.

[67]　DennisC. Mueller，Public ChoiceII. Cambridge：Cambridge University Press. l989：l-2.

[68]　[日]小林良彰.公共选择[M].北京：经济日报出版社，1989：154.

[69]　Alan Peacock，Public Choice Analysis in Historical Perspective . Cambridge University Press，1992，pp. 13-16.

[70]　蒋月.社会保障概论[M].北京：法律出版社，1999.

[71]　赵力.建立健全中国社会保障体系的思考[D].吉林大学硕士学位论文，2003，7.

[72]　国家体育总局、中编办、教育部、财政部、人事部、劳动保障部.《自

主择业退役运动员经济补偿办法》(国人部发〔2003〕18 号).2007,8,8.

[73] 杨文军.我国运动员社会保障制度之完善[D].江西师范大学硕士学位论文,2011,6.

[74] 新加坡中央公积金局网站.

[75] 关晶,王国军.我国体育保险的现状、瓶颈和突破[J].体育科学,2017,37(1):81-89.

[76] 王亚南.资产阶级古典政治经济学选辑[M].商务印书馆,1979.

[77] 秦开元.我国运动员职业转换模型研究[J].沈阳体育学院学报,2013,32(5):13-16.

附件 1　运动员保险保障相关政策

>>>

关于进一步加强运动员文化教育和运动员保障工作的指导意见

体育总局 教育部 财政部 人力资源社会保障部

运动员是我国体育事业发展的重要群体，加强运动员文化教育、切实做好运动员保障工作，对体育事业的全面、协调、可持续发展具有重要意义。多年来，各地区、各有关部门认真贯彻落实中央有关要求，在开展运动员文化教育和运动员保障工作中积极探索，取得了明显成效。为深入贯彻落实科学发展观，切实解决当前我国运动员文化教育和运动员保障工作中面临的实际困难，提高运动员综合素质，促进运动员全面发展，推动我国由体育大国向体育强国迈进，现就进一步加强运动员文化教育和运动员保障工作提出如下指导意见。

一、加强竞技体育后备人才培养阶段的文化教育工作，打好运动员文化教育基础

（一）处于九年义务教育阶段的运动员的文化教育，应根据《中华人民共和国义务教育法》的要求，与九年义务教育学校紧密结合，接受教育行政部门的业务领导，保证达到国家规定的基本质量要求。

（二）公办体育运动学校（含体育院校附属竞技体校）是我国竞技体育后备人才培养的重要基础阵地。地方各级政府要加强公办体育运动学校建设，将其纳入当地教育发展规划，将文化教育经费纳入同级财政预算，并加大经费投入，不断改善办学条件。教育行政部门负责向公办体育运动学校选派优秀文化课教师，公办体育运动学校文化课教师工资待遇按国家有关规定执行。公办体育运动学校要积极吸纳当地优质教育资源，通过联办、共建和远程教育等多种形式，不断提高运动员文化教育质量。

（三）教育和体育行政部门要从实际情况出发，研究制订和编写符合运动员文化教育特点的基础教育阶段课程方案、课程标准、质量评价体系和教材等，不断提高运动员文化教育的实际效果。

（四）基础教育阶段的竞技体育后备人才应按照体育总局制定的全国青少年教学训练大纲进行科学系统的训练。体育行政部门要根据不同运动项目和不同年龄阶段运动员训练规律，合理把握运动员从事专业化训练的年龄，切实保证文化学习时间。不断改革和完善青少年的竞赛体系，青少年比赛时间尽量安排在假期，并就近参赛。

（五）地方各级政府要高度重视竞技体育后备人才培养阶段的体育行政部门和教育行政部门的资源整合工作，建立相应的领导机制。各级体育和教育行政部门要建立运动员文化教育联席会议制度和督导制度，形成以体育行政部门为主，体育、教育行政部门各负其责的竞技体育后备人才管理体制和运行机制。各级各类体育运动学校（含体育院校附属竞技体校和非公办体育运动学校，以下简称体育运动学校）的日常管理，运动员训练、参赛，教练员配备和培训等以体育行政部门为主；体育运动学校的运动员文化教育，包括教学管理、教师配备、教师培训等以教育行政部门为主。

（六）制定完善关于加强体育行政部门和教育行政部门资源整合、加强运动员文化教育的法规制度。体育总局、教育部要制定有关少年儿童体育学校、体育运动学校文化教育准入标准和管理、考核办法。各地区要结合实际情况,建立健全有关规章制度,为文化教育和训练竞赛的相互促进、协调发展提供制度保障。

(七)教育和体育行政部门要定期督导检查体育运动学校文化教育情况,对违反有关制度和管理办法的行为,要坚决纠正并对学校作出相应处理。

二、拓宽体育运动学校运动员培养输送渠道,为运动员就学、就业创造条件

(八)各级体育和教育行政部门要高度重视竞技体育后备人才的选拔、培养和输送工作,在科学选材基础上,逐步建立起符合体育人才成长规律和教育规律的育才体系。

(九)鼓励体育运动学校的毕业生通过普通高校运动训练、民族传统体育专业单独招生和高等学校招收高水平运动员等单考或统考形式,进入高等学校学习。

(十)积极发展高等体育职业技术教育,开展运动员职业转岗和职业培训工作。鼓励运动员学习中等职业技术教育课程,将职业教育和职业培训内容纳入体育运动学校运动员文化教育必修课程;结合体育行业职业技能鉴定工作,培养具有一定体育职业技能、适应社会需求的人才。引进专业化、社会化的职业指导、职业介绍等服务项目。

三、发挥国家队运动员文化教育的示范作用,抓好运动队的文化学习

(十一)加强国家队运动员文化教育组织管理工作,发挥国家队运动员文化教育的示范和辐射作用。体育总局要明确专门的内设部门承担国家队运动员文化教育工作,在国家队配备专职的文化教育管理人员,协调、督促和组织实施国家队运动员的文化学习。充分利用现有网络教育资源,建设运动员网络远程教育系统,实现运动员文化教育资源共享。

（十二）鼓励运动队的运动员进入高等学校学习，接收运动员的高等学校要建立符合运动员教育特点的弹性学制，开发和设置适合体育人才的专业和课程，并利用多种教育手段切实提高运动员教育的质量。鼓励在役运动员通过成人教育、远程教育等方式灵活接受高等教育。

（十三）体育系统内部要建立运动队文化教育协调运行机制。体育总局负责规划、指导全国运动队文化教育工作。各地区体育行政部门负责组织实施、检查指导本地区运动队文化教育工作，明确相应职能部门，为所属教学单位配备得力的管理干部。各级运动队的领队、教练员对运动员文化学习负有管理、督促和帮助的责任，要主动支持运动员的文化学习，妥善解决运动员文化学习中的有关问题。

各级运动队要进一步加强科学训练，合理安排运动员的训练时间，提高训练质量和效益，为运动员进行文化学习安排出必要的时间。

四、完善并落实各项激励和保障政策，切实维护运动员切身利益

（十四）强化对运动员的有效激励，探索建立与岗位责任、风险和工作业绩相挂钩的激励机制。发挥工资政策的导向作用，完善运动员收入分配机制。结合事业单位收入分配制度改革和规范特殊岗位津贴补贴工作，完善运动员津贴奖金和运动员参加国际重大比赛的奖励方式等政策。

（十五）运动员及其所在单位应按照有关规定参加社会保险，按时足额缴纳各项社会保险费，确保运动员享受相应的社会保险待遇。

各地要将运动员纳入工伤保险统筹范围。要针对运动员的职业特点，进一步研究和完善工伤保险管理和保障机制。凡参加工伤保险的运动员，在训练和比赛中遭受事故伤害或患职业病的，经工伤认定和劳动能力鉴定，由工伤保险基金支付工伤医疗、护理和康复等相关费用，并按规定享受一次性伤残补助金、伤残津贴等各项工伤保险待遇。尚未将运动员纳入工伤保险统筹范围的省（区、市），应确保当地运动员于2010年底前参加当地工伤保险。

有条件的地区应尽可能将用人单位参加工伤保险前已确认因工致残

并按有关规定鉴定伤残等级的运动员、教练员纳入工伤保险统一管理,由工伤保险基金按规定支付有关待遇。其他地区由用人单位按规定足额支付有关待遇。

(十六)完善运动员多层次医疗保障体系。根据运动员伤病特点和运动训练、竞赛的特殊性,有条件的地方可在参加基本医疗保险基础上为运动员建立补充医疗保险,加大保障力度。地方各级政府要支持有关训练基地开展运动康复业务,符合条件的医疗机构可以按规定申请医疗保险、工伤保险定点。

(十七)科学规范训练,强化运动性伤病防治措施,切实做好运动性伤病的预防工作。在运动员、教练员和管理人员中广泛开展伤病防治宣传、教育工作。严格规范训练,加强医务监督,强化防护措施,切实提高科学训练水平,减少运动性伤病的发生。加强伤病防治机构和队伍建设。有条件的训练基地可以探索建立运动康复部门,通过选派和合理配备运动医学专家、医生、康复专业人员,引进社会化、专业化服务等方式,进一步提高防治工作水平。

五、构建和完善运动员职业转换社会扶持体系,帮助运动员顺利实现职业转换

(十八)各级人力资源社会保障行政部门与体育行政部门要积极创造条件,进一步做好退役运动员就业安置工作,拓宽就业渠道,引导和支持退役运动员进入高等学校和各类职业学校培训和学习,不断提高综合素质和就业能力,帮助运动员实现职业转换。

各级公共就业服务机构要积极为运动员提供职业介绍、职业指导等服务。符合条件的运动员,可按规定享受职业介绍补贴和职业培训补贴政策;对持《再就业优惠证》的就业困难运动员通过初次职业技能鉴定(限国家规定实行就业准入制度的特殊工种)、取得职业资格证书的,可按规定享受一次性职业技能鉴定补贴。各类体育职业教育机构要积极为运动员提供就业指导和职业培训服务。

（十九）运动员退役时，按规定领取退役费或自主择业经济补偿金。建立运动员自主择业经济补偿标准的动态调整机制，各地根据当地经济发展水平、物价指数等因素适时调整经济补偿金标准。运动员自主择业的，按规定享受相应的就业扶持政策。对退役运动员自主创业按规定给予政策性支持。

六、加强组织领导，确保工作实效

（二十）地方各级政府要高度重视运动员文化教育和运动员保障工作，强化相应工作机构和人员力量，保障工作经费。各级体育、教育、财政、人力资源社会保障行政部门要各负其责、密切配合开展工作，认真落实涉及运动员文化教育和运动员保障工作的各项政策。

运动员聘用暂行办法

（体人字〔2007〕412 号）

第一章　总　则

第一条　为促进体育事业健康可持续发展，加强运动员人事管理工作科学化、制度化和法制化，保障运动员合法权益，规范运动员招聘、培养和退役工作，依据国家有关规定，制定本办法。

第二条　本办法适用于各省级及以下优秀运动队的运动员。

第三条　本办法所称运动员是指专业从事某项体育运动训练和参加比赛，且享受试训体育津贴或体育津贴的人员。

运动员包括试训运动员和优秀运动员。

第四条　运动员实行试训、聘用和退役制度。优秀运动员实行职业转换过渡期制度。

第五条　政府人事行政部门是运动员聘用工作的主管机关，政府劳动保障行政部门是运动员社会保险工作的主管机关。各级体育行政部门会同教育、公安、财政、人事、劳动保障等部门负责本地区运动员的招聘、培养和退役等工作。

第二章　运动员试训

第六条　根据运动训练的特殊性，体育行政部门在办理优秀运动员聘用手续前，可组织一定规模人员进行试训。

试训运动员的人数由体育行政部门报请同级编制、财政等部门根据本地区具体情况和项目特点确定。

第七条　试训标准由各省、自治区、直辖市体育行政部门制定。

第八条　试训运动员通过定向选拔、推荐或面向社会公开招聘等方式产生。原则上从完成九年制义务教育的人员中择优招聘,个别项目根据项目特点可适当放宽。

第九条　体育训练单位应与试训运动员本人或其监护人签订试训合同。试训合同由省级体育行政部门根据本地实际情况制定。

第十条　试训时间原则上不超过一年。试训期内享受国家规定的试训体育津贴,达到领取成绩津贴条件的,可领取相应的成绩津贴。试训期间按国家和地方规定依法参加社会保险,并享受社会保险待遇,接受相应的文化教育。

第三章　优秀运动员招聘

第十一条　优秀运动员的招聘应在编制内进行,坚持公开、平等、竞争、择优、科学、规范的原则,按照事业单位公开招聘人员有关规定执行。

第十二条　各级体育行政部门根据本地区实际情况制定优秀运动员聘用标准。具体标准应体现项目特点和运动员成才规律,包括健康状况、身体形态、专项技能、文化水平等内容。

第十三条　优秀运动员招聘工作由体育训练单位根据聘用条件及要求,采取考试、考核的方法进行。

第十四条　政府人事行政部门与体育行政部门负责对运动员招聘工作进行指导、监督和管理。

第十五条　省属体育训练单位的优秀运动员招聘计划报上级主管部门核准并报同级政府人事行政部门备案。其他体育训练单位的优秀运动员招聘计划须报地区或设区的市政府人事行政部门核准。

聘用未满16周岁的运动员,需征得其监护人同意,并按规定报经县级以上劳动行政部门批准。

第十六条　体育行政部门应规范运动员聘用工作程序,完善运动员聘用工作公示制度。公示结束后,体育训练单位应按照干部人事管理权限的规定报批或备案,经同意后,与优秀运动员签订聘用合同,明确双方的权利和义务。

第十七条　跨地区或从农村聘用运动员的,公安部门根据政府有关行政部门出具的调函或批件,办理有关人员落户手续。

第十八条　试训结束后,符合聘用条件、办理优秀运动员聘用手续的,其最后一次在本体育训练单位试训时间可计算为连续工龄;未办理优秀运动员聘用手续的,回原输送单位或居住所在地。

第四章　优秀运动员在训

第十九条　优秀运动员实行岗位管理。优秀运动员岗位与事业单位专业技术岗位、管理岗位、工勤技能岗位并列管理,不划分岗位等级,不控制内部结构比例。

第二十条　坚持科学训练,合理安排训练比赛时间,有针对性地开展文化教育工作,保障优秀运动员接受文化教育的权利。

第二十一条　体育训练单位负责组织新聘用优秀运动员岗前培训,使优秀运动员明确自身的权利和义务。

第二十二条　建立健全优秀运动员档案,包括运动技术档案、健康体检档案、社会保险基础档案和文化学习学籍档案等。

第二十三条　优秀运动员应按岗位职责要求完成规定的训练比赛任务。

第二十四条　优秀运动员享受国家规定工资待遇,按照国家和地方有关政策参加社会保险并享受社会保险待遇,同时,按国家和地方有关规定享受住房等社会保障待遇。

第五章　优秀运动员停训

第二十五条　优秀运动员因训练水平、伤病等原因不宜继续从事专业训练的,经体育行政部门批准后停止训练。

第二十六条 优秀运动员停止训练后,给予不超过一年的职业转换过渡期。具体期限由体育训练单位与运动员协商确定。

第二十七条 职业转换过渡期内,不计算运龄,体育津贴照发,按国家有关规定参加社会保险并享受社会保险等待遇。

第二十八条 职业转换过渡期包括在聘用合同期限内。

第二十九条 在职业转换过渡期内,体育行政部门负责做好技能培训、就业辅导等工作。

第六章 优秀运动员退役

第三十条 各级体育行政部门应积极创造条件,拓宽退役运动员就业渠道,关心退役运动员的工作、生活。

第三十一条 优秀运动员与体育训练单位解除聘用合同后,公安、人事、劳动保障等部门协助体育部门为退役运动员办理户口、人事档案和社会保险关系的转移衔接手续。

第三十二条 优秀运动员退役时,按规定领取退役费或自主择业经济补偿金。

符合规定条件的,可进入高等学校学习。

第三十三条 运动员退役后执行新进入单位的工资和社会保险制度。进入全日制学校学习的,社会保险关系按照国家有关规定执行。

第三十四条 因工致残且被鉴定伤残等级的退役运动员待遇,按工伤保险有关规定执行。其中,不能解除聘用关系的,体育部门应当妥善解决其生活、工作等问题。

第三十五条 各类体育事业单位招聘体育工作人员的,对取得优异成绩的退役运动员,可以采取直接考核的方式招聘;对其他退役运动员,应在同等条件下优先聘用。

体育部门使用彩票公益金资助建成的体育设施所在单位,须安排一定比例岗位用于聘用退役运动员。

第三十六条 各类教育事业单位招聘体育教师、体育教练员等体育类专业技术人员的,对取得优异成绩且具有教师资格的退役运动员,可以采取直接考核的方式招聘;对其他具有教师资格的退役运动员,应在同等条件下优先聘用。

各级体育、教育行政部门要为退役后有意从事体育教师工作的退役运动员获取教师资格创造条件。

第七章 相关经费

第三十七条 运动员试训期间所需经费由同级财政负担。

第三十八条 职业转换过渡期期间,开展技能培训、就业辅导等相关工作所需经费以财政投入为主,体育部门使用的彩票公益金、社会捐助资金等为辅。

第八章 纪律与监督

第三十九条 运动员聘用工作要做到信息公开、过程公开、结果公开,接受社会及有关部门的监督。

第四十条 各级政府相关部门要认真履行监管职责,对违反本办法有关规定的行为要予以制止和纠正。

第四十一条 严格聘用纪律,严禁弄虚作假、营私舞弊。对违反有关规定的,要严肃处理。构成犯罪的,依法追究刑事责任。

第四十二条 对违反招聘纪律的运动员,取消聘用资格;对违反规定并已办理聘用手续的运动员,一经查实,应当解除聘用合同,予以清退。

第四十三条 对违反纪律的工作人员,视情节轻重调离工作岗位或给予处分;对违反招聘纪律的其他相关人员,按照有关规定追究责任。

第九章 附 则

第四十四条 各省、自治区、直辖市可根据本办法制定本地区运动员聘用具体实施办法。

其他部门设有优秀运动队建制的,其运动员聘用工作可参照本办法执行。

第四十五条 本办法自发布之日起实施。

优秀运动员伤残互助保险办法(试行)

第一章 总 则

第一条 为发展我国体育事业,积极推进体育强国建设,提高竞技体育运动水平,鼓励运动员刻苦训练,顽强拼搏,解除他们因训练比赛所致伤残的后顾之忧,建立多层次社会保障体系,依照《劳动法》《体育法》等有关规定,制定本办法。

第二条 本办法所称优秀运动员(以下简称运动员)是指:

(一)全国各省、自治区、直辖市、计划单列市、解放军及前卫体协、火车头体协高水平运动队中从事奥运会和全运会项目正式在编、享受体育津贴奖金制的运动员以及集训和试训运动员,解放军军事五项队运动员。

(二)各地市级运动队中承担省级高水平运动队训练、比赛任务并从事奥运会和全运会项目正式在编、享受体育津贴奖金制的运动员。

(三)各省、自治区、直辖市、解放军体育运动学校和各地高等院校中作为国家队、省区市高水平运动队后备力量培养的并从事奥运会和全运会项目的学生。

第三条 运动员伤残互助保险本着自愿参加,个人缴费、团体投保的形式,对运动员在训练、比赛过程中发生伤残事故时,提供一定经济帮助,是对国家职工工伤保险的一种补充。

第四条 本办法的宗旨是:互助互济,不足补贴,不以盈利为目的,全心全意为运动员排忧解难。

第五条 国家体育总局委托中华全国体育基金会(以下简称体育基金会)具体负责伤残互助保险工作。体育基金会如对以下前三款进行修订,需报国家体育总局批准。

(一)伤残互助保险办法的制定和修订。

（二）运动伤残等级标准的制定和修订。

（三）伤残互助保险缴费标准和保险待遇标准的制定和修订。

（四）伤残互助保险资金的收取、筹集、管理和支出。

（五）伤残等级鉴定。

（六）专家鉴定组成员的聘任和管理。

（七）宣传和组织管理。

第二章　伤残互助保险的范围及其认定

第六条　运动员由于下列情形之一负伤、致残、死亡的，应认定在伤残互助保险范围内：

（一）在训练、比赛期间发生的。

（二）在训练、比赛的规定时间和必经路线上，发生无本人责任或非本人主要责任的交通事故的（飞机失事因有航空保险除外）。

第七条　运动员由于下列情形之一负伤、致残、死亡的，不应认定在伤残互助保险范围内：

（一）有直接或间接使用兴奋剂行为的。

（二）在运动训练和比赛以外，发生意外人身伤害事故的。

（三）犯罪或违法的。

（四）以个人名义参加商业性比赛的。

第八条　运动员在发生伤残事故后，投保单位应及时救治。发生死亡事故的，应第一时间通知体育基金会，其他伤情严重的，也应及时通知体育基金会。运动员在指定医院治疗并开出伤残诊断证明之后，30日内向体育基金会提交保险金申请书。

第九条　体育基金会在接到保险金申请书后，根据以下材料予以受理：

（一）运动员的伤残互助保险金申请书。

（二）指定医院的诊断书及有关诊断的影像资料。

（三）特殊情况下，体育基金会进行调查的报告。

第十条　体育基金会对运动员的保险金申请书进行受理，做出伤残鉴定结论后，及时以简报形式向运动员公布赔付结果。

第三章　伤残等级鉴定

第十一条　体育基金会成立"伤残事故专家鉴定组"，作为运动员伤残等级的鉴定机构（以下简称鉴定机构）。

第十二条　鉴定机构依据《职工工伤与职业病致残程度鉴定》（GB/T16180-2014）制定《运动伤残等级标准》。

第十三条　鉴定机构在进行伤残等级鉴定时，应全面了解被鉴定人情况，严格执行伤残等级标准，客观公正地做出鉴定结论。

第四章　保险等级

第十四条　保险等级标准分为十一级，特级为 50 万元人民币，十级为 3500 元人民币。

第十五条　运动员根据鉴定机构鉴定的伤残等级，按规定的保险待遇获得伤残保险金。

第十六条　同部位慢性损伤每年可以申报一次，摔跤耳每人在役期间享受一次补助。

第十七条　运动员在国内（外）参加了其他社会或商业保险，并获得保险赔偿的，仍可享受本办法规定的保险待遇。

第五章　伤残互助保险基金

第十八条　体育基金会设立伤残互助保险基金，基金采取多渠道、多形式的筹集方法。基金的主要来源是：

（一）运动员个人缴纳的保费。

（二）体育基金会通过相关活动募集的资金。

(三)社会捐赠和资助。

(四)奥运项目国家队运动员参加有奖比赛获得奖金的捐赠。

第十九条 伤残互助保险基金按国家有关基金管理的规定进行严格管理。

第二十条 运动员按年度缴纳保险费,实行动态浮动办法,缴费标准根据运动项目伤残事故风险发生率、职业危害程度及近3年项目人均补助额分3类确定。

第六章 组织管理与监督

第二十一条 体育基金会办理团体运动员伤残互助保险业务,凡运动员申请自愿参加运动员伤残互助保险的,均应通过其所在单位集体组织投保。

第二十二条 运动员所在单位应配合体育基金会向运动员进行伤残互助保险知识的宣传和教育,落实安全预防措施和伤残医疗抢救、康复措施,并指定专人负责伤残互助保险工作。

第二十三条 运动员所在单位应如实上报运动员伤残情况,不得瞒报、虚报。如有发现,将追究相关人员责任,并给予相应的处罚。体育基金会或鉴定机构调查了解情况时,应予以配合和协助。

第二十四条 为做好伤残互助保险工作,体育基金会应建立健全各项规章制度,定期公布伤残互助保险工作执行情况和保险费支出情况,接受运动员和社会公众的监督。

第二十五条 运动员及其亲属或所在单位,对鉴定机构做出的伤残等级鉴定结论持有异议的,可向体育基金会提出复审。

第七章 附 则

第二十六条 运动员所在单位是指:各省、自治区、直辖市及计划单列市体育行政部门及解放军、前卫体协、火车头体协所辖的训练基地、运动技术学院、运动项目中心、体工大队；承担省级高水平运动队训练、比赛任务的地市级体育局；以及作为国家队、省区市高水平运动队后备力量培养的并从事奥运会和全运会项目的各省、自治区、直辖市体育运动学校和各地高等院校。

运动员在国家队期间发生伤残事故的，由主管国家队的全国单项运动协会向体育基金会提交保险金申请书。

第二十七条　伤残互助保险的投保周期，每年两次集中投保缴费，一是上一年度 12 月份投保下一年，保险期为下一年 1 月 1 日起至 12 月 31 日止（临时补报从缴费日起至当年 12 月 31 日止，按年缴费标准计算）。二是体校学生当年 9 月份投保，保险期为自缴费日起至下一年 8 月 31 日止（临时补报从缴费日起至下一年 8 月 31 日止，按年缴费标准计算）。

第二十八条　中华全国体育基金会对开展伤残互助保险工作较好的单位给予奖励。

第二十九条　运动员参加本保险的凭单，可作为各级体育行政部门举办各类比赛的保险凭证。

第三十条　本办法由中华全国体育基金会解释。

第三十一条　本办法自 2018 年 1 月 1 日起执行，有效期 4 年。《优秀运动员伤残互助保险暂行办法》（体人字〔2004〕525 号）同时废止。

运动伤残等级标准

特级　死亡或者成为植物人。

一级　器官缺失或功能完全丧失,其他器官不能代偿,存在特殊医疗依赖,生活完全或大部分不能自理。

1.因脑部创伤而致极重度智能减退。

2.重度面部毁容,同时伴有二级伤残之一者。

3.双眼无光感或仅有光感但光定位不准者。

4.四肢瘫肌力 3 级或三肢瘫肌力 2 级。

5.因脑、脊髓损伤致重度运动障碍(非肢体瘫)。

6.全身重度瘢痕形成,脊柱及四肢大关节部分功能丧失。

二级　器官严重缺损或畸形,有严重功能障碍或并发症,存在特殊医疗依赖,或生活大部分不能自理。

1.因脑部创伤而致重度智能减退。

2.一眼有或无光感,另一眼矫正视力小于等于 0.02 或视野小于等于 8%(或半径小于等于 5 度)。

3.三肢瘫肌力 3 级或截瘫、偏瘫肌力 2 级。

4.双侧前臂缺失或双手功能完全丧失。

5.双下肢高位缺失。

6.双下肢瘢痕形成,功能完全丧失。

7.双膝、双踝僵直于非功能位,或双膝以上缺失,不能装假肢,或双膝、双踝关节功能完全丧失。

8.四肢大关节(肩、髋、膝、肘)中四个以上关节功能完全丧失。

9.因脑、脊髓损伤而致截瘫及双下肢功能完全丧失。

10.因过度训练或其他运动性疾病而致心功能不全三级。

三级　器官严重缺损或畸形,有严重功能障碍或并发症,存在特殊医疗依赖,或生活部分不能自理。

1.面部重度毁容。

2.一眼有或无光感,另眼矫正视力小于 0.05 或视野小于等于 16％（或半径小于等于 10 度）。

3.双眼矫正视力小于等于 0.05 或视野小于等于 16％（或半径小于等于 10 度）。

4.截瘫肌力 3 级或偏瘫肌力 3 级。

5.因过度训练或其他运动性疾病而致Ⅲ度房室传导阻滞。

6.因外伤一侧肾切除,对侧肾功能不全失代偿期。

四级 器官严重缺损或畸形,有严重功能障碍或并发症,存在特殊医疗依赖,生活可以自理者。

1.因脑、脊髓损伤致中度运动障碍（非肢体瘫）,或中度智能减退。

2.因脑外伤而致外伤性癫痫重度。

3.面部中度毁容,全身瘢痕面积大于 70％。

4.一眼有或无光感,另一眼矫正视力小于等于 0.2 或视野小于等于 32％（或半径小于等于 20 度）。

5.一眼矫正视力小于 0.05,另一眼矫正视力小于等于 0.1。

6.双眼矫正视力小于 0.1,或视野小于等于 32％（或半径小于等于 20 度）。

7.双耳听力损失大于等于 91dBHL。

8.单肢瘫肌力 2 级。

9.双拇指完全缺失或无功能。

10.一侧踝以下缺失,另一足畸形行走困难。

11.因过度训练或其他运动性疾病而致心功能不全二级。

五级 器官大部分缺损或明显畸形,有较重功能障碍或并发症,存在一般医疗依赖,生活能自理者。

1.面部轻度毁容。

2. 一眼有或无光感,另一眼矫正视力小于 0.3 或视野小于等于 40％(或半径小于 25 度)。

3. 一眼矫正视力小于 0.05,另眼矫正视力小于 0.2。

4. 一眼矫正视力小于 0.1,另眼矫正视力等于 0.1。

5. 双眼视野小于等于 40％(或半径小于等于 25 度)。

6. 双耳听力损失大于等于 81dBHL。

7. 鼻缺损 1/3 以上。

8. 脊柱骨折后遗 30 度以上侧弯或后凸畸形,伴严重根性神经痛,神经电生理检查不正常,或有椎管狭窄者。

9. 四肢瘫肌力 4 级,或单肢瘫肌力 3 级,或利手全肌瘫肌力 3 级。

10. 肩、肘、腕关节之一功能完全丧失。

11. 一手拇指缺失或无功能,另一手除拇指外三指缺失或功能缺失。

12. 一髋或一膝关节功能完全丧失。

13. 因创伤脾摘除(18 岁以下)。

14. 因创伤胃切除 3/4。

15. 因创伤一侧肾切除,对侧肾功能不全代偿期。

六级　器官大部缺损或明显畸形,有中等功能障碍或并发症,存在一般医疗依赖,生活能自理者。

1. 因脑外伤而致轻度智能减退。

2. 因脑外伤而致外伤性癫痫中度。

3. 一侧完全性面瘫。

4. 面部重度异物色素沉着或脱失。

5. 一眼矫正视力小于等于 0.05,另眼矫正视力小于等于 0.3。

6. 一眼矫正视力小于等于 0.1,另眼矫正视力等于 0.2。

7. 双眼矫正视力小于等于 0.2 或视野小于等于 48％(半径小于等于 30 度)。

8. 双耳听力损失大于等于 71 dBHL。

9. 双侧前庭功能丧失,睁眼行走困难,不能并足站立。

10. 鼻缺损小于 1/3、大于 1/5。

11. 脊柱骨折后遗小于 30 度畸形伴根性神经痛(神经电生理检查不正常)。

12. 双足部分肌瘫肌力 2 级,或单足全肌瘫肌力 2 级。

13. 一拇指缺失。

14. 一拇指功能完全丧失,另一手除拇指外有二指功能完全丧失。

15. 一手三指(含拇指)缺失,或一手大部分功能丧失。

16. 除拇指外其余四指缺失或功能完全丧失。

17. 一侧踝以下缺失。

18. 一侧踝关节畸形,功能完全丧失。

19. 一下肢骨折成角畸形大于 15 度,并有肢体短缩 4 厘米以上者。

20. 一前足缺失,另一足仅残留拇趾。

21. 一前足缺失,另足除拇趾外,2-5 趾畸形,功能丧失。

22. 一足功能丧失,另一足部分功能丧失。

23. 一髋或一膝关节功能不全。

24. 因创伤胃切除 2/3。

25. 肾损伤性高血压。

26. 因创伤一侧肾切除。

27. 因睾丸创伤后萎缩所致血睾酮低于正常值,生精功能降低。

28. 一侧股骨头缺血性坏死,因股骨头发生塌陷而致髋关节功能不全。

七级 器官大部分缺损或畸形,有轻度功能障碍或并发症,存在一般医疗依赖,生活能自理者。

1. 全身瘢痕面积 50%~59%。

2. 一眼有或无光感,另眼矫正视力大于等于 0.8。

3. 一眼矫正视力小于等于 0.05,另眼矫正视力大于等于 0.6。

4. 一眼矫正视力小于等于 0.1，另眼矫正视力大于等于 0.4。

5. 双眼矫正视力小于等于 0.3 或视野小于等于 64%（或半径小于等于40 度）。

6. 双耳听力损失大于等于 56 dBHL。

7. 截瘫或偏瘫肌力 4 级。

8. 单手部分肌瘫肌力 3 级

9. 双足部分肌瘫肌力 3 级。

10. 单足全肌瘫肌力 3 级。

11. 因脑脊髓损伤而致轻度运动障碍（非肢体瘫）。

12. 一拇指指间关节离断。

13. 一拇指指间关节畸形，功能完全丧失。

14. 一手除拇指外，其他 2～3 指（含食指）近侧指间关节离断，或功能丧失。

15. 肩、肘、腕、踝关节之一功能不全。

16. 一足除拇趾外 4 指缺损。

17. 一足除拇趾外，其他 4 指瘢痕畸形，功能丧失。

18. 一前足缺失。

19. 四肢大关节（肩、肘、腕、髋、膝、踝，下同）之一人工关术后功能好。

20. 下肢伤后短缩小于 3 厘米、大于 2 厘米。

21. 因创伤肺叶切除。

22. 因创伤成人脾摘除。

23. 因创伤胃切除 1/2。

24. 一侧股骨头缺血性坏死，股骨头无塌陷，髋关节无功能障碍。

八级　器官部分缺损，形态异常，轻度功能障碍，有医疗依赖，生活能自理者。

1. 因脑损伤造成边缘智能。

2.全身瘢痕面积 40%～49%。

3.一眼矫正视力小于等于 0.2,另眼矫正视力大于等于 0.5。

4.双眼矫正视力等于 0.4。

5.双眼视野小于等于 80%(或半径小于等于 50 度)。

6.外伤性青光眼。

7.双耳听力损失大于等于 41 dBHL 或一耳听力损失大于等于 91 dBHL。

8.一耳或双耳缺损大于 1/3,小于 2/3。

9.脊椎压缩骨折,前缘高度减少 1/2 以上者。

10.双侧峡部裂合并滑椎 II 度以上,有中度功能障碍。

11.单肢瘫或单手全肌瘫肌力 4 级。

12.双足全肌瘫肌力 4 级。

13.单足部分肌瘫肌力 3 级。

14.一手除拇指、食指外,有两指近侧指间关节离断,或无功能。

15.一足拇趾缺失,另一足非拇趾一趾缺失。

16.一足拇趾畸形,功能丧失,另一足非拇趾一趾畸形。

17.一足除拇趾外,其他三趾缺失。

18.一足除拇趾外,其他三指瘢痕畸形,功能完全丧失。

19.因过度训练或其他运动性疾病而致心功能不全一级。

20.因创伤脾部分切除。

21.因创伤胃部分切除。

22.皮肤切割伤或穿入伤并发脏器伤,术后有轻度功能障碍。

23.因创伤而致一侧睾丸、附睾丸切除,术后睾酮值正常者。

九级 器官部分缺失,形态异常,轻度功能障碍,无医疗依赖,生活能自理者。

1.因脑外伤而致外伤性癫痫轻度。

2.一眼矫正视力小于等于 0.3,另眼矫正视力大于 0.6。或双眼矫正视力等于 0.5。

3.双耳听力损失大于等于 31 dBHL,或一耳听力损失大于等于 71 dBHL。

4.一耳或双耳廓缺损大于 1/5,小于 1/3。

5.牙槽骨损伤长大于 4 厘米,牙脱落 4 个以上。

6.二个以上横突或棘突骨折后遗腰痛。

7.三个节段脊柱内固定术后。

8.脊柱压缩骨折前缘高度小于 1/2。

9.四肢大关节之一外伤性脱位,整复治疗后仍有功能障碍。

10.肌肉、肌腱、韧带之一完全断裂,有部分功能障碍。

11.双侧峡部裂合并滑椎Ⅱ度(不含)以下,有轻度功能障碍。

12.一拇指末节部分 1/2 缺失。

13.一手食指两节缺失。

14.一手拇指关节功能不全。

15.一足拇趾末节缺失。

16.除拇趾外其他两趾缺失,或瘢痕畸形,功能不全。

17.重要部位骨折内固定术后,无功能障碍。

18.皮肤切割伤,并发肌肉、肌腱、韧带伤,术后功能好,或其伤口长度大于 20 厘米。

19.胸部挫伤引起咯血,治疗后无后遗症。

20.四肢各大关节外伤后,行软骨(包括半月板、韧带)切除、修补术后。

十级　器官部分缺损,形态异常,无功能障碍,无医疗依赖,生活能自理者。

1.面部轻度异物色素沉着或脱失。

2.全身瘢痕面积 10%～30%。

3.一眼矫正视力小于等于 0.5,另一眼矫正视力大于等于 0.8。

4.双眼矫正视力小于等于0.8。

5.双耳听力损失大于等于26 dBHL,或一耳大于等于56 dBHL。

6.双侧前庭功能丧失,闭眼不能并足站立。

7.一耳或双耳缺损大于2平方厘米。

8.一耳或双耳再造术后。

9.牙齿除智齿以外,切牙脱落1个以上或其他牙脱落2个以上。

10.一侧颞下颌关节强直,张口困难Ⅰ度。

11.四肢大关节之一脱位,复位后无功能障碍或枢寰椎外伤性脱位,不合并瘫痪。

12.四肢大关节之一或脊柱创伤性骨关节炎,无功能障碍。

13.四肢大关节之一骨骺损伤,无功能障碍。

14.肌肉、肌腱、韧带之一完全断裂,治疗后无功能障碍。

15.一手除拇指外,任何一指远侧指关节离断或功能丧失。

16.拇指指间关节部分功能不全。

17.除拇指外,其余3～4指末节缺失。

18.除拇趾外,任何一趾末节缺失。

19.身体重要部位骨折愈合后或一般部位骨折内固定术后,无功能障碍。

20.四肢各大关节外伤后,无功能障碍或明确诊断为半月板损伤,未做手术但症状明显,影响训练。

21.血、气胸行单纯闭式引流术后,胸膜粘连增厚。在运动训练过程中发生自发性气胸,治疗后无功能障碍。

22.头部创伤造成脑震荡,无功能障碍。

23.椎间盘突出症(包括椎间盘切除术后)或双侧峡部裂未合并滑椎。

24.皮肤切割伤,其伤口长度大于10厘米。

25.因从事摔跤、柔道项目致使发生单侧或双侧摔跤耳(菜花耳),不能治愈,影响容貌外观。

26.脏器(肾、脾、肝、睾丸等)挫裂伤,治疗后无功能障碍。

27.创伤性耳鼓膜穿孔,无听力障碍。

28.视网膜脱落。

注:1.本标准主要依据(GB/T16180-2014)《劳动能力鉴定　职工工伤与职业病致残等级》,并结合国家优秀运动队的实际情况制定。

2.本标准未列载的个别伤病情况可参照本标准中的相应等级进行评定。

运动员保障专项资金实施细则

体人字〔2011〕412 号

第一章 总 则

第一条 根据《财政部关于修订〈运动员保障专项资金财务管理办法〉的通知》(财教〔2011〕1 号)规定,为做好专项资金的使用、加强专项资金管理工作,特制定本实施细则。

第二条 运动员保障专项资金(以下简称"专项资金")是为了帮助运动员解决因重大伤残和特殊生活困难所面临的工作和生活问题,构建和谐体育的人文环境,由国家财政设立的专项资金,主要用于发放运动员重大伤残医疗补助金、运动员特殊困难生活补助金、运动员教育资助金以及组织开展运动员职业辅导、就业服务等职业发展项目。

第三条 专项资金适用的运动员是指:经国家体育总局认定的各级优秀运动队的运动员。

第四条 国家体育总局体育基金管理中心(以下简称"基金中心")和人力资源开发中心(以下简称"人力中心")分别作为运动员保障专项资金的经办机构。其中,基金中心具体负责运动员重大伤残医疗补助、特殊困难生活补助和教育资助的实施工作;人力中心具体负责运动员职业辅导项目经费的实施工作。

第二章 运动员重大伤残医疗补助

第五条 在役运动员因运动训练、比赛导致死亡和发生 1—4 级伤残事故的,可申请运动员重大伤残医疗补助。伤残事故由各级劳动保障行政部门按照国家技术监督局《劳动能力鉴定 职工工伤与职业病致残程度鉴定标准》(GB/T16180-2006)予以评定。

第六条 在役运动员重大伤残医疗补助,按如下项目及标准执行:

(一)在合同或医保定点医院住院治疗和康复期间,对检查、治疗、康复费用中个人自费和自付部分,按50%给予补助,补助金额每人每年最高不超过5万元;

(二)因国内无法医治,经国家体育总局批准可到国外进行治疗。在国外治疗期间,按其在国外治疗费用的50%给予补助,补助金额每人每年不超过50万元,治疗时间一般不超过一年。确需继续治疗的,经批准可适当延长治疗时间;

(三)经财政部同意的其他不可预测费用。

第三章 运动员特殊困难生活补助

第七条 运动员因重大疾病、运动伤残、慢性运动损伤等原因,导致生活非常困难的,可以申请运动员特殊困难生活补助。

重大疾病参照国家《职工非因工伤残或因病丧失劳动能力程度鉴定标准》(试行)(劳社部发〔2002〕8号)和中国保险行业协会制定的《重大疾病保险的疾病定义使用规范》中的有关规定进行认定。因工致残等级按照《劳动能力鉴定 职工工伤与职业病致残程度鉴定标准》(GB/T16180-2006)标准由工伤保险鉴定部门进行认定。退役运动员运动伤残是由国家体育总局、省区市体育局、民政部、工伤保险鉴定部门、司法鉴定机构等认定的运动伤残等级。慢性运动损伤由国家体育总局委托基金中心组织医疗专家认定。

第八条 在役运动员本人年平均工资标准低于当地城镇职工年平均工资,且符合下列条件之一的,按照如下标准申请特殊困难生活补助:

(一)患重大疾病的,一次性补助3万元;

(二)工伤1～4级伤残的,一次性补助3万元;工伤5～8级伤残的,一次性补助1万元;工伤9～10级伤残的,一次性补助0.4万元;

（三）因重大疾病、工伤伤残同时造成特殊生活困难的，按高标准给予一次性补助，不再给予补差；

（四）因重大疾病、工伤伤残造成特殊生活困难的，按其中一项补助标准给予一次性补助。

第九条　运动员因在役期间长期运动训练导致重大疾病、运动伤残使退役后生活较为困难或因在役期间长期运动训练导致退役后出现慢性运动损伤旧病复发，在治疗康复期间按照如下标准申请特殊困难生活补助。

（一）无固定收入来源且未参加工伤保险和基本医疗保险的，给予一次性补助，补助金额最高不超过 5 万元。

1.患重大疾病的，一次性补助 5 万元。

2.工伤 1～4 级伤残的，一次性补助 5 万元；工伤 5～8 级伤残的，一次性补助 2 万元；工伤 9～10 级伤残的，一次性补助 1 万元。

（二）有固定收入来源或已参加工伤保险和基本医疗保险的，但本人年平均工资标准低于当地城镇职工年平均工资的，给予一次性补助，补助金额最高不超过 3 万元。

1.患重大疾病的，一次性补助 3 万元。

2.工伤 1～4 级伤残的，一次性补助 3 万元，工伤 5～8 级伤残的，一次性补助 1 万元；工伤 9～10 级伤残的，一次性补助 0.4 万元。

（三）运动伤残等级参照工伤等级标准给予补助。

（四）因慢性运动损伤导致存在护理依赖的，根据护理依赖程度，按照如下标准给予一次性补助：

1.无固定收入来源且未参加工伤保险和基本医疗保险的：属于完全护理依赖，补助 5 万元；属于大部分护理依赖，补助 4 万元；属于部分护理依赖，补助 3 万元。

2.有固定收入来源或已参加工伤保险和基本医疗保险，但本人年平均工资标准低于当地城镇职工年平均工资的：属于完全护理依赖，补助

3 万元；属于大部分护理依赖，补助 2 万元；属于部分护理依赖，补助 1 万元。

（五）因重大疾病、运动伤残、慢性运动损伤同时造成特殊生活困难的，按高标准给予一次性补助，不再给予补差。

（六）因重大疾病、运动伤残、慢性运动损伤造成特殊生活困难的，按其中一项补助标准给予一次性补助。

第十条　在役运动员在役期间已经享受过重大疾病、工伤伤残特殊困难生活补助的，退役后不再给予重大疾病、运动伤残补助。

第四章　运动员职业发展经费

第十一条　运动员职业发展经费主要用于组织开展运动员的职业辅导、就业服务、教育资助等以提高综合素质和就业能力而开展的运动员保障工作。

第十二条　关于教育资助金的使用。

为鼓励运动员接受高等教育，提高自身素质及就业能力，对运动员自费参加学习，给予教育资助。

（一）在役运动员参加高等学校学习，按个人所付学费标准给予资助，原则上每人每学年资助金额不超过 2500 元。

（二）退役运动员进入高等学校学习，学习期间无固定收入来源的，按个人所付学费标准给予资助，原则上每人每学年资助金额不超过 5000 元。

（三）高等学校是指国家教育行政部门承认的全日制大学、独立学院和高等专科学校、高等职业学校和其他教育机构（包括函授、电大、夜大、成人教育、党校以及国外高等教育机构等）。

第十三条　关于职业辅导工作的主要内容。

开展职业辅导的宏观指导、理论研究、基础建设、规划编制、工作体系培育、信息平台搭建、宣传推广及工作质量的评估、检查和监督；开展职业指导、职业测评工作,制定并组织实施运动员职业辅导和就业服务工作标准;组织工作人员培训和队伍建设,推动组织机构的建立、完善;开发、培育职业转型项目,编写培训大纲和教材,扶持和培育培训机构和培训力量;搭建实习、就业合作平台和网络,建立运动员再就业社会扶持体系;组织退役运动员免试进入高校学习、举办预科班等工作;相关文件以及总局明确的其他运动员职业辅导工作项目。

第十四条　关于运动员职业辅导经费的开支方向。

职业辅导经费主要由人力中心根据工作需要开展运动员职业辅导工作。同时,结合运动员职业辅导实际工作情况以及国家关于支持西部等方面的政策和要求,运动员职业辅导专项经费可向以下项目适当倾斜或支持:

(一)需要重点推动的典型性、实验性、示范性项目;

(二)探索、培育能结合运动员特点、发挥运动员特长、面向全国退役运动员的职业转型项目;

(三)运动员职业辅导工作开展困难大,但又具有典型意义、示范效应的省区市的职业辅导工作项目;

(四)西部省区市的职业辅导工作项目。

第十五条　职业辅导经费的开支内容及标准。

(一)各类职业辅导工作中培训工作所需的食宿、授课、场租、交通、资料(印刷)等费用;各类重点倾斜或支持项目涉及的食宿、交通、授课、补助等费用;各类基础性研究工作等费用。

(二)职业辅导经费开支内容及标准应符合国家有关培训、出差、会议及课题管理等有关规定,并结合实际情况据实支出。

第五章　申请、审批程序

第十六条　运动员申请重大伤残医疗补助程序如下:

(一)由工伤保险机构对伤残等级进行鉴定;

（二）运动员本人根据鉴定结果提出申请；

（三）运动员所在单位汇总核实相关材料；

（四）所在地体育行政主管部门审核报送；

（五）基金中心负责审核发放。

第十七条 申请重大伤残医疗补助需提供以下材料：

（一）运动员重大伤残医疗补助申请表；

（二）运动员伤残事故导致死亡的相关材料；

（三）工伤保险机构的伤残等级鉴定结果；

（四）合同或医保定点医院出具的个人自费或自付的清单。

第十八条 运动员申请特殊困难生活补助的程序如下：

（一）填写特殊困难生活补助申请表；

（二）所在单位（或街道）汇总核实相关材料；

（三）所在地体育行政主管部门审核报送；

（四）基金中心负责审核发放。

第十九条 申请特殊困难生活补助需提供以下材料：

（一）运动员特殊困难生活补助申请表；

（二）在役、退役运动员身份证明材料；

（三）退役运动员收入情况证明材料：

1.有固定收入的，由其所在单位或所在地居民委员会出具申请年度收入证明；

2.无固定收入的，由其所在地社保机构或居民委员会出具申请年度收入证明。

（四）重大疾病需提供运动员在役期间患有重大疾病的医院诊断证明或病历复印件（加盖医院公章）及相关证明材料；

（五）慢性运动损伤需提供本人申请年度内国家认定的二级甲等以上综合医院及专科医院加盖公章的诊断证明、病历复印件（加盖医院公章）、影像资料（最好光盘）；

（六）运动伤残等级鉴定证明。

第二十条　参加高等学校学习的运动员按照学制期限享受资助，按每学年申请。申请程序如下：

（一）填写高等教育资助申请表；

（二）所在单位（或街道）汇总核实相关材料；

（三）所在地体育行政主管部门审核报送；

（四）基金中心审核发放。

第二十一条　申请运动员教育资助需提供以下材料：

（一）运动员高等教育资助申请表；

（二）在役、退役运动员身份证明材料；

（三）退役运动员无固定收入证明，参加全日制学习的，可不提供无收入证明；

（四）学籍证明（应包括学制、学历、是否全日制等情况）、学习成绩单（加盖公章）及学费单据原件。学费单据要求是本申请年度内的单据并加盖高校财务收款专用章。

第二十二条　国家体育总局委托基金中心组织医疗专家，对申请重大伤残医疗的运动员在治疗中个人自费或自付费用进行复核，并对重大疾病、运动伤残慢性运动损伤及依赖程度进行认定。

第二十三条　运动员重大伤残医疗补助、特殊困难生活补助、教育资助由运动员所在单位统一申请，基金中心办理。程序及注意事项如下：

（一）运动员所在省、区、市体育行政主管部门，负责统一将申请材料报送基金中心。申请材料包括：单位申请报告、《运动员保障专项资金上报统计表》、个人申请材料。

（二）基金中心审核、认定后，将获得补助或资助的运动员名单及标准在中华全国体育基金会的网站上公布（网址是：www. tyjjh. org. cn）。对需补材料人员及不符合条件人员名单一并公布，申报单位需及时到网站上进行查阅、下载。

（三）对符合补助或资助条件的运动员，将补助金或资助金统一划入运动员所在地方体育行政部门，并由其主管部门负责发放给运动员本人。

（四）地方体育行政部门在收到补助或资助款后一个月内将收款收据寄给基金中心。

（五）基金中心如发现申请者提供的情况与事实不符或严重失实的，有权取消其申请资格。

第六章 专项资金的预算及管理

第二十四条 运动员保障专项资金纳入预算管理。

经办机构应根据运动员保障工作规划及年度计划，本着精打细算、合理安排的原则编制年度预算。运动员重大伤残医疗补助金、运动员特殊困难生活补助金、运动员教育资助金根据上年实际需要据实核算，由基金中心负责管理及执行。职业辅导经费的预算管理及执行由人力中心负责。

第二十五条 专项经费的管理。

（一）经办机构要切实加强对专项经费的管理工作，坚持单独核算，要严格按照国家有关财务制度执行。

（二）专项经费实行专款专用，不得以拨代支。经办机构对运动员保障专项资金实行专人负责，设立专用账簿。

（三）国家体育总局财务管理和审计中心负责对专项资金使用工作的监督及核算工作。

（四）经办机构每年年初分别向国家体育总局和财政部上报上年度运动员保障专项资金使用情况。

（五）经办机构接受国家财政审计及国家体育总局检查及指导。

第七章 附 则

第二十六条 经办单位应做好运动员保障专项资金的宣传工作，各级体育行政部门应予以协助做好运动员保障工作,充分体现党和政府对在役和退役运动员的关怀。

第二十七条　本实施细则由国家体育总局负责解释。

第二十八条　本实施细则自 2011 年 1 月 1 日起执行。原《运动员保障专项资金实施细则》(体人字〔2008〕430 号)一并废止。

第二十九条　对于 2008 年—2010 年间参加学习并缴纳学费的,按照原《运动员保障专项资金实施细则》(体人字〔2008〕430 号)标准资助,执行期至 2011 年 12 月 31 日。2011 年以后(含 2011 年)参加学习并缴纳学费的,按照本实施细则标准执行。

第三十条　解放军运动员自 2011 年 1 月 1 日开始执行此办法。

体育总局关于进一步做好退役运动员就业安置工作有关问题的通知

（体人字〔2014〕382 号）

各省、自治区、直辖市、计划单列市、新疆生产建设兵团体育局，各厅、司、局，各直属单位：

党和国家高度重视退役运动员就业安置工作，各部门大力配合，制定出台了一系列促进退役运动员就业安置工作的政策措施，取得明显实效。为认真贯彻《国务院办公厅转发体育总局等部门关于进一步加强运动员文化教育和运动员保障工作指导意见的通知》（国办发〔2010〕23 号）和全国运动员文化教育和运动员保障工作电视电话会议精神，完善运动员职业转换社会扶持体系，进一步做好退役运动员就业安置工作，现就有关问题通知如下：

一、加快适应转变体育发展方式的新要求，积极拓宽退役运动员就业安置渠道

（一）在发展体育产业，增加体育产品和服务供给的过程中努力创造更多适合退役运动员的职业转换机会。结合各地统筹城乡经济发展和加快完善体育公共服务体系的需要，发挥退役运动员在体育专项技能上的比较优势，引导退役运动员从事体育服务业，顺利转换到健身指导、竞赛表演、体育培训、体质监测、运动防护等就业岗位。

（二）体育行业新增就业岗位要优先选用退役运动员。体育部门使用彩票公益金资助建成的体育设施所在单位，须安排一定比例岗位用于聘用退役运动员。充分利用体育社会组织等公共服务平台，大力支持退役运动员从事社团管理、社区体育服务、社会体育指导以及各级各类体校或青少年体育俱乐部从事体育教练等工作。

（三）加强与教育部门合作，为运动员从事学校体育工作创造条件。结合教育系统高水平运动队建设、传统项目校和体育特长校布局规划，鼓励运动员进入学校从事体育教师、体育教练或从事课外体育辅导、体育训练、健康咨询、场地管理等工作。整合青少年体育俱乐部等资源，有条件的地方可对聘用或接收退役运动员从事课外体育辅导和体育训练活动的学校给予体育器材和装备、志愿服务、竞赛、培训等方面的支持。继续加大专项培训力度，提高运动员从事学校体育工作的专项能力。

（四）加大与人社、民政等部门协调力度，积极争取面向退役运动员开发和设立社区公益性岗位、体育社会工作岗位的配套政策及措施，鼓励和引导退役运动员面向基层就业和通过多种形式灵活就业。

（五）引导运动员进入高等学校继续学习和深造，并通过高校毕业生渠道实现职业转换。为鼓励运动员接受高等教育，提高自身素质及就业能力，对运动员自费参加学习，给予教育资助。引导运动员选择与体育管理、运动训练、体育教育、体育产业等相关的体育专业，提高体育工作的组织与管理能力。

二、创新办法和规范程序，不断改进退役运动员就业安置方式

（六）坚持人才优先、合理使用、人尽其才、各得其所的原则，以组织安置和自主择业相结合的方式为主，实行安置方式与运动员在役期间的表现和贡献、与运动员的专业技能挂钩。

（七）继续加强与各级政府有关部门的沟通协调，体现运动员人才特殊性，加大退役运动员组织安置力度。根据退役运动员德才表现、专业特长、业绩贡献、运龄、年龄等因素，结合工作需要，采取直接考核、转岗聘任等方式合理安排工作和职务。

（八）积极引导退役运动员主动适应社会需要通过市场自主择业。采取提供政策咨询、组织就业培训、拓宽就业渠道、向用人单位推荐、纳入人才市场等措施，为退役运动员自主择业创造条件。

（九）落实和完善创业扶持政策，帮助确有自主创业愿望和创业能力的退役运动员成功创业。健全创业培训体系，鼓励退役运动员参加创业培训课程。对创办经营实体和接收退役运动员就业的创业项目，给予经营扶持。健全创业服务体系，为创业运动员提供项目信息、政策咨询、开业指导、融资、跟踪扶持等综合性服务。

（十）完善退役运动员就业安置配套工作。做好工资待遇、资助补偿、户口档案、人事关系、教育培训等环节的衔接工作。进一步细化工伤、医疗、养老等社会保险关系的转移接续，切实做好退役运动员各项社会保险的衔接工作。

（十一）加大与人社部门、民政部门沟通协调力度，下大力气妥善解决因伤病、历史遗留等原因滞留体育系统的退役运动员就业安置问题。

三、围绕不断提高退役运动员职业转换能力，做好职业转换过渡期的职业辅导工作

（十二）在运动员停训后，要加强运动员思想意识教育，通过团队辅导、专题讲座、个体咨询等形式，帮助运动员做好新的职业发展定位，增强职业转换信心。

（十三）发挥职业指导师和职业指导工作室的作用，为运动员提供职业心理咨询、职业测评、心理调适等职业指导，帮助运动员尽快制定符合个人需求的学习培训、职业发展、家庭生活等规划。

（十四）强化运动员文化学习和职业培训，全面提升运动员职业素质和就业能力，提高职业转换质量。统筹推动通用技能提升培训、就业技能培训和创业培训。

（十五）支持退役运动员参加职业技能鉴定，使运动员具备"一技多能"。加大对运动员进行免费的体育行业职业技能培训力度，对技能鉴定费用按照相关规定实行减免。

四、不断整合资源并形成合力，做好退役运动员就业服务工作

（十六）加强舆论引导，创造有利于运动员就业安置的社会环境。大力倡导"人才资源优先开发"的工作理念,广泛宣传运动员群体的整体优势和专业特长,消除社会偏见和就业歧视。

(十七)建立健全退役运动员就业信息服务平台,提供政策发布、岗位信息、网络招聘、远程面试、指导咨询等服务。继续加强国家体育职业信息网建设。利用专栏、海报、信息、微博、微信等多种方式,开展全面、深入、细致的政策宣传和信息服务。

(十八)创新就业服务模式,完善服务措施,指导退役运动员参加就业实习、见习。充分发掘和利用体育系统内外部资源,鼓励机关、事业单位、企业以及各类社会组织为退役运动员提供实习、见习岗位,建立职业转换合作网络、实习基地和工作平台。

(十九)根据退役运动员就业安置工作特点,组织企事业单位开展专场招聘会、供求洽谈会和网络招聘等活动。通过为运动员提供就学就业信息、实习见习、求职指导、就业推荐、创业扶持等服务,帮助退役运动员掌握求职技巧与方法,畅通求职渠道。

(二十)充分借助体育人才服务机构等力量,进一步做好运动员就业服务工作。积极引进和借助各级政府部门公共就业服务平台、社会公益机构、培训组织、社会团体及个人等力量帮助开展相关工作。引导运动员接受各级公共就业服务机构提供的职业介绍、职业指导等服务。

切实加强退役运动员就业安置工作的组织领导。建立运动队伍管理、训练竞赛、文化教育、人事服务保障等机构联动的工作机制,广泛动员社会各方面力量,千方百计做好退役运动员就业安置工作。

国家体育总局

2014 年 10 月 8 日

国家体育总局关于进一步
加强运动员职业辅导工作的意见

（体人字〔2013〕488 号）

各省、自治区、直辖市、计划单列市、新疆生产建设兵团体育局,各共建单位,各直属单位,各厅、司、局:为认真贯彻落实《国务院办公厅转发体育总局等部门关于进一步加强运动员文化教育和运动员保障工作指导意见的通知》(国办发〔2010〕23 号)和全国运动员文化教育和运动员保障工作电视电话会议精神,完善运动员职业转换社会扶持体系,全面推进新时期运动员保障工作,促进运动员全面发展和体育事业可持续发展,现就进一步加强运动员职业辅导工作提出如下意见。

一、充分认识加强运动员职业辅导工作的重要意义

（一）运动员职业辅导是指以促进运动员职业发展为目标,围绕提高运动员在训期间的综合素养和退役后的职业转换水平,对运动员实施的以职业意识养成、职业道德教育、职业理想培育、职业生涯规划、职业培训等为主要内容的指导和帮助。运动员职业辅导工作贯穿运动员在训和职业转换过渡期等运动员职业生涯全过程,是各级体育行政部门创新运动队管理模式的重要工作。

（二）进一步加强运动员职业辅导工作是促进运动员全面发展,维护运动员切身利益的现实需要;是充分调动运动员训练、竞赛积极性,激励运动员为体育事业多做贡献的必然要求;是帮助运动员成功实现职业转换,促进运动队长远建设的重要途径。

二、突出重点,不断提高运动员职业辅导工作的针对性

（三）加强职业意识教育。引导运动员了解体育运动特点,树立职业理想,培育职业道德,充分开发运动潜能,冲击运动生涯高峰。可结合新聘用运动员岗前培训同步安排。在运动员停训后,应加强运动员职业转换意识教育,通过团队辅导、专题讲座、个体咨询等形式,帮助运动员树立正确的职业转换观念,做好新的职业发展定位,增强职业转换信心。

(四)加强运动员职业生涯规划。通过引进专业化的职业测评工具或同步开发体现运动员特点的职业测评系统,开展职业心理咨询、职业测评、心理调适等职业指导活动,为运动员提供个性化的职业生涯规划,并建立职业生涯规划档案管理系统,帮助运动员综合平衡训练竞赛、文化学习、职业教育,全面提高职业素质,实现职业生涯不同阶段的职业目标。

(五)加强运动员职业培训。鼓励和引导运动员在提高体育技能基础上,增强沟通协调、自我管理和人际交往能力,掌握更多的通用技能和实用技能。停训前后,帮助运动员了解就业形势与政策法规,获取更多的职业转换所需要的知识和技能,提高求职技能和社会竞争力,顺利实现就业(就学)或创业。加强运动员职业辅导与就业服务的联系,为运动员参与社会化实践提供实习、见习岗位。

三、明确职责分工,不断加强运动员职业辅导工作的组织领导

(六)各级体育行政部门要高度重视运动员职业辅导工作,切实加强对运动员职业辅导工作的组织领导。通过不断完善各项配套政策制度,强化工作措施,建立科学高效、有机统一的运动员职业辅导工作运行机制。

(七)运动员职业辅导工作由各级体育行政部门人事部门牵头,竞体、青少、科教等部门密切配合。运动员所在训练单位、各级各类体育人才服务机构、体育职业教育机构等在各自职责范围内承担运动员职业辅导工作职能。

(八)体育总局有关司局和相关直属单位根据各自职责、任务和实际工作需要,负责做好制定政策、筹集经费、组织设立全国性示范项目、构建职业辅导合作网络、建设课程体系等工作,指导开展全国运动员职业辅导

工作。

（九）各省级体育行政部门通过完善配套措施，保证经费来源，细化工作措施，明确相应职能部门及人员，负责组织实施和检查指导本地区运动员职业辅导工作。总局相关直属单位负责做好国家队运动员的职业辅导工作，积极支持并参与配合所管理项目的运动员职业辅导工作。

（十）运动员职业辅导应由专业职业辅导人员或职业辅导团队组织实施。有条件的运动队应在复合型训练管理团队中配备专职职业辅导人员。运动队管理人员、教练员应担负起管理、督促和帮助运动员职业辅导工作的职责。

四、切实加大运动员职业辅导保障工作力度

（十一）运动员职业辅导工作以财政投入为主，积极筹措各类资金予以补充。体育总局设立运动员职业发展经费和退役运动员创业扶持基金。各省级体育行政部门要对运动员职业辅导工作加大经费投入，拓宽经费渠道。

（十二）不断完善运动员职业辅导激励约束政策措施，通过建立目标责任制、加强考核等方式，健全运动员职业辅导考核评价体系。

（十三）整合体育系统内外资源，形成工作合力，提高运动员职业辅导专业化水平。加强运动员职业辅导信息平台建设。加大宣传力度。做好各项职业辅导基础性工作。

本意见适用范围为全国体育系统优秀运动队运动员。

自主择业退役运动员经济补偿办法

（国人部发〔2003〕18 号）

根据国家体育总局、中央编办、教育部、财政部、人事部、劳动保障部等六部委《关于进一步做好退役运动员就业安置工作的意见》（体人字〔2002〕411 号）精神，为鼓励运动员通过市场自主择业，现提出自主择业退役运动员经济补偿办法。

一、指导思想

认真贯彻落实《中共中央、国务院关于进一步加强和改进新时期体育工作的意见》（中发〔2002〕8 号）精神，适应社会主义市场经济体制改革和体育事业发展需要，通过对自主择业退役运动员实施经济补偿办法，鼓励退役运动员自主择业，进一步拓宽退役运动员就业渠道，解除运动员的后顾之忧，促进体育事业可持续发展。

二、基本原则

1. 要适应社会主义市场经济体制和人事制度改革的需要，与各地区社会经济发展水平相适应。

2. 积极创造条件，拓宽就业安置渠道，鼓励退役运动员自主择业，建立运动员进出畅通机制，促进体育事业可持续发展。

3. 建立对优秀运动员的激励机制，有利于鼓励运动员多出成绩，多作贡献，有利于保持运动员队伍的稳定。

4. 正确处理自主择业退役运动员与在役运动员和其他就业安置形式的退役运动员以及社会各方面的关系，保持社会稳定。

三、实施范围

正式办理招收手续、人事关系在体育系统运动队且实行运动员基础津贴和成绩津贴的退役运动员,本人自愿提出不需组织安置,要求自主择业,经组织批准,并在规定时间内办妥相关人事关系手续的,可以享受一次性经济补偿。

以下人员不列入自主择业的范围:

1.经组织研究决定留队执教的优秀退役运动员;

2.经组织安排到机关、企事业单位工作的退役运动员;

3.受过开除或刑事处分的退役运动员;

4.不服从组织安排,因个人原因要求停训的退役运动员。

四、经济补偿费标准

对自主择业的退役运动员,改革现行退役补助办法,发给一次性经济补偿费。经济补偿费根据运动员参加运动队的年限、取得的成绩和本人退役前的工资待遇等因素,由各地人事、财政和体育行政部门根据当地实际情况共同研究确定,由当地体育行政主管部门一次性发给。经济补偿费由基础安置费、运龄补偿费和成绩奖励三部分组成,其标准为:

1.**基础安置费**。即对退役运动员与运动队解除工作关系的一种补偿,主要用于解决退役运动员的基本安家费以及再就业所需的基本职业技能学习培训费等。基础安置费可由各省、自治区、直辖市参照其上年度城镇职工年平均工资收入水平自主确定,最低不少于1万元。

2.**运龄补偿费**。即对退役运动员在训期间挑战生理极限而带来的身体伤害的一种补偿。运龄补偿费与本人实际运动年限和退役前体育基础津贴水平挂钩,每满一年运龄发给本人4个月的基础津贴。运龄计算办法按国家有关规定执行。

3.**成绩奖励**。即对退役运动员在训期间取得奥运会、世锦赛、世界杯赛、亚运会、亚锦赛、亚洲杯赛、全运会、全国比赛等录取名次以上成绩给予一定的奖励,以鼓励运动员多出成绩,多作贡献。成绩奖励费的具体标准由各地根据当地实际情况自行确定。获得全国比赛录取名次(奥运项目前八名、非奥运项目前六名)退役运动员的成绩奖励标准最低不少于

5000 元。

五、经费来源

经济补偿所需资金纳入年度预算统筹考虑,不足部分通过自筹、社会捐助、归体育部门使用的彩票公益金等弥补。省、自治区、直辖市体育行政主管部门每年年底根据下一年度自主择业退役运动员情况,提出下一年度所需经费,向财政部门提出申请,由财政进行安排。

六、其他有关问题

1. 自主择业的退役运动员享受经济补偿后,不再执行人薪发[1994]12 号文件规定的一次性退役费制度。

2. 各省、自治区、直辖市可根据本办法的精神,结合本地经济发展状况和生活水平,制定自主择业退役运动经济补偿具体实施意见,并将实施意见报我们备案。

关于做好运动员职业转换过渡期工作的意见

体人字〔2007〕410 号

为进一步加强运动员职业辅导工作,引导广大运动员根据市场需求,提高再就业能力,顺利实现从在训到退役的过渡和职业转换,根据《运动员聘用暂行办法》,现就做好运动员职业转换过渡期有关工作提出如下意见。

一、运动员职业转换过渡期

运动员职业转换过渡期(以下简称"过渡期")指运动员从停训到办理退役手续、解除聘用合同之间的时期,一般不超过一年。过渡期是运动员所在体育训练单位为运动员实施职业辅导的重要阶段,是运动员进行再就业准备的关键时期。

运动员停训后未实现组织安置、就学或自主择业并办理退役手续的,可自愿申请,经所在体育训练单位审核并报体育行政主管部门批准,进入过渡期。过渡期的具体期限由体育训练单位与运动员根据入队时间、运动成绩、停训原因等因素协商确定。运动员在过渡期内,不计算运龄,享受在训期间国家规定的体育津贴和各项社会保险。过渡期内,运动员实现组织安置、就学或再就业的或过渡期满的,聘用合同终止。除组织安置的运动员领取一次性退役费外,其他运动员可按照本地区相应政策享受自主择业经济补偿。

各级体育行政部门在运动员在过渡期内实现就业或运动员过渡期结束时,应及时为运动员办理退役手续,并及时将运动员的各项人事关系、劳动关系、社会保险关系等进行转移。

过渡期各项工作所需经费以财政投入为主,不足部分用回归体育部门使用的彩票公益金、社会捐助资金等予以补充。

二、运动员职业转换过渡期的主要任务

培养、提高运动员再就业意识。在运动员在训阶段有关培训工作的基础上,引导运动员进一步了解自己,了解社会,强化退役再就业意识,为运动员职业转换做好思想准备和心理准备。帮助运动员积极规划自身的再就业方向,鼓励运动员认真学习文化知识、参加职业技能培训,提高自身综合素质。

为运动员参加文化学习接受继续教育创造条件。指导符合条件的运动员通过免试保送的方式进入高等院校学习;为不符合免试保送的运动员提供集体辅导、个别培训,帮助他们通过单独招生考试或参加高考进入高等院校学习。

面向运动员开展各类职业教育和技能培训。通过举办各类培训班、进修班、讲座,发放宣传材料等形式,积极为运动员创造条件,帮助运动员获得更多的再就业技能,提高社会适应能力和竞争能力。

充分利用体育行业特有工种职业技能鉴定工作的平台,帮助运动员获得与运动项目相关的、符合运动员本人特长的、社会急需的体育行业职业资格证书,为运动员退役后继续在体育行业发挥特长创造条件。

提供就业指导和援助。通过职业测评、咨询服务等手段,向运动员提供再就业政策法规、社会就业形势和国内外就业信息,帮助运动员了解自身职业倾向,掌握求职、创业的技能和方法。

三、运动员职业转换过渡期的组织实施

各级体育行政部门、运动项目协会、体育训练单位及相关部门要高度重视运动员职业转换过渡期内各项工作的开展,确保运动员退役后平稳、顺利地实现职业转换。

国家体育总局、中国奥委会等部门通过制定政策、筹集经费、组织全国性示范项目、构建职业辅导合作网络等形式指导全国运动员过渡期的

组织实施工作。各级体育行政部门负责本地区运动员过渡期工作的组织领导,运动员所在体育训练单位负责具体实施各项职业辅导工作。单项运动项目协会应积极协助各级体育行政部门做好本项目运动员过渡期内各项保障政策的贯彻和落实。

为确保过渡期工作质量,各级体育行政部门要对运动员所在体育训练单位、运动项目协会、运动员职业辅导基地实施过渡期工作质量定期评估,逐级进行检查和监督。

为推动过渡期工作的开展,要大力加强运动员职业辅导信息化建设,通过建立网站、提供网络培训等形式向运动员宣传就业政策,提供再就业信息。要建立运动员再就业网络,广泛联络社会人力资源开发机构和职业介绍中介机构,与国内外企业、社会团体广泛建立合作关系,帮助运动员实现再就业。要组织人才推荐会、供需见面会等活动为运动员提供再就业信息服务。要在全国范围内扶持和建立一批运动员职业辅导示范性基地,与体育行业特有工种职业技能鉴定站、职业技能培训基地实现资源共享。有条件的省区市体育行政部门可以建立本地区的运动员职业辅导基地,确保过渡期各项工作的实施。

附件2　国家队基础教育阶段网络教学工作方案

>>>

　　为进一步贯彻落实国办发《关于进一步加强运动员文化教育和运动员保障工作指导意见》（〔2010〕23号）文件精神，切实加强运动员文化教育工作，在部分国家队中开展网络教学试点工作。为保证试点工作顺利进行，特制定此工作方案。

　　一、教学内容

　　教学内容以基础学科为主，初中三门课程，即：语文、数学、英语；高中四门课程，即：语文、数学、英语、政治。

　　二、教学组织

　　1. 授课：采用网络学习和面授相结合的方式进行授课。教师根据教学进度安排，每周发布各年级各学科学习任务，每周约10课时，预计学习时间约6小时。由运动员自行安排学习时间，登录网站，观看授课视频，完成课堂检测，下载并完成课后作业。每学年在暑期集中面授，为期7天，每天2—3小时，面授内容包括重难点强化、综合复习、习题讲解、专题讲座、学法指导等。

　　2. 答疑：采用非实时答疑和实时答疑相结合的方式解答运动员问题。任课教师定期（每周不少于3次）登录网站，审核运动员提出的问题，做出相应的回答，并对运动员的回答做出评价；运动员也可回答同学的问题，优良的回答将给予积分奖励。实时答疑采用 QQ 群,各年级各学科任课教师每周 1 次实时答疑,答疑时长为 1 小时。

3.反馈:定期对运动员学习情况进行统计,统计内容包括运动员在线学习时长、在线学习行为、在线观看视频课时数、课堂检测完成情况、提出或回答问题情况等。根据统计结果,班主任以私信方式反馈运动员学习现状和学习效果,做出鼓励或提醒。

4.评价:采用过程性评价和效果性评价相结合的方式对运动员进行综合评价。评价内容包括在线学习情况、课堂检测成绩和期末考试成绩,各占 40%、30%、30%。

具体算法:

(1)在线学习情况由完成学习课时数和提问回答积分综合而成,各点 90% 和 10%。运动员每学期学习课时数约 150 课时,完成规定学习课时计 90 分,不足按比例递减。提问回答积分超过 100 分,计 10 分,不足按比例递减。

(2)课堂检测成绩由完成课堂检测课时数和每次检测成绩平均值综合而成,各占 70% 和 30%。完成规定课堂检测课时数,计 70 分,不足按比例递减。每次成绩的平均值总计 30 分,按实际成绩的 30% 折算。

(3)学期结束将统一组织网络期末考试,期末考试共计 100 分,按实际成绩计分。

三、组织管理

由国家队提供适龄运动员的学籍卡,包含姓名、身份证号、就读年级;提供网络学习条件,包括学习用计算机、网络等;督促运动员按时完成网络学习任务;安排面授、考试的时间地点。建议各队配一名学习辅导老师,负责辅导运动员完成课后作业,并对运动员课后作业的批改和讲评。

南京体育学院附属学校负责对运动员进行注册和管理,提供学习资源,制订学习计划和进度,布置学习任务,安排教师面授和答疑,记录学习情况并及时反馈,组织考试,对运动员综合评价。国家队运动员单独按年级编班,每班配一名班主任和相应科目的辅导老师。